Quando o amor e o destino se encontram

Quando o amor e o destino se encontram

Copyright by © Petit Editora e Distribuidora Ltda., 2015

3-10-22-100-10.100

Direção editorial: **Flávio Machado**
Capa, projeto gráfico e editoração: **Ricardo Brito | Estúdio Design do Livro**
Imagens da capa: **MNStudio | Shutterstock**
Anneka | Shutterstock
Eugênio Marongiu | Fotolia
Preparação: **Maria Aiko Nishijima**
Revisão: **Maiara Gouveia**
Impressão: **Infinity Gráfica**

Ficha catalográfica elaborada por
Lucilene Bernardes Longo – CRB-8/2082

Gomes, Izabel.
    Quando o amor e o destino se encontram / Izabel Gomes. – São Paulo :
Petit, 2015.
    408 p.

ISBN 978-85-7253-290-7

1. Espiritismo   2. Romance espírita   I. Título.

CDD: 133.93

Prezado(a) leitor(a),

Caso encontre neste livro alguma parte que acredita que vai interessar ou mesmo ajudar outras pessoas e decida distribuí-la por meio da internet ou outro meio, nunca deixe de mencionar a fonte, pois assim estará preservando os direitos do autor e, consequentemente, contribuindo para uma ótima divulgação do livro.

Izabel Gomes

∞

Quando o amor e o destino se encontram

editora

Av. Porto Ferreira, 1031 | Parque Iracema
CEP 15809-020 | Catanduva-SP
17 3531.4444

www.**petit**.com.br | petit@petit.com.br
www.**boanova**.net | boanova@boanova.net

CONFORME
NOVO ACORDO
ORTOGRÁFICO

SUMÁRIO

CAPÍTULO 1

Um funeral

Ao cair da tarde, tímidos raios luminosos de Sol teimavam em transpassar o céu acinzentado, enquanto uma garoa fina deslizava sobre os guarda-chuvas pretos, amplos e elegantes. Durante o sepultamento, dezenas de pessoas estiveram presentes à última homenagem àquela bondosa mulher, que havia sido chamada por Deus ainda tão jovem.

Os presentes no funeral eram, em sua maioria, gente de classe abastada, entre familiares e amigos do casal, trajando vestes elegantes sob pomposos casacos negros de fino corte. Estavam lá também os amigos mais humildes da falecida, com trajes simples, alguns até maltrapilhos. Eram pessoas que nutriam os mais sinceros sentimentos pela caridosa mulher e que, para estar ali, enfrentaram os olhares repreensivos dos outros presentes.

Após salientar o perfil de Elizabete, a falecida, como esposa e mãe dedicada, seguidora dos desígnios de Deus, bondosa e caridosa perante os necessitados, o padre proferiu as últimas palavras de conforto e fé à família. Em seguida, Mário Pedrosa, o viúvo, e

Mariana Pedrosa, a filhinha de sete anos do casal, acomodada em uma cadeira de rodas, cobriram o caixão com muitas orquídeas brancas — as flores preferidas de Elizabete —, dentre tantas que cultivava em seu belo jardim.

Dando continuidade aos rituais fúnebres, o caixão foi sepultado em túmulo suntuoso no Cemitério da Consolação, localizado na região central da capital paulistana, o qual era visto como um sinal inequívoco de *status* social. No epitáfio, a frase: *"Aqui jaz Elizabete, uma mulher de alma sublime e pura, que em vida dedicou-se exclusivamente ao amor caridoso e abnegado ante todos com quem conviveu (★ 07-04-1955 † 15-06-1985)"*.

Após o sepultamento, os familiares receberam as últimas condolências dos presentes, que, pouco a pouco, foram deixando o cemitério.

Violeta Pedrosa, mãe de Mário, caminhava lentamente de braços dados com o filho, em direção ao carro. O pai, Joaquim Pedrosa, estava do lado oposto ao da esposa, tendo o filho entre ambos.

— Precisa ser muito forte agora, meu filho — disse Violeta diante do desânimo de Mário, enquanto caminhavam. — Não se esqueça de que estou aqui para ampará-lo e preciso muito de você — ela fez ligeira pausa, desviando o olhar friamente para Mariana, que vinha logo atrás com a babá. — E há a menina também, claro. Agora, sem a mãe, você lhe será ainda mais valioso.

Mesmo que se esforçasse para mostrar o contrário diante do filho, as palavras de Violeta soavam negligentes e indiferentes ao tecer qualquer comentário relacionado a Mariana, bem como a qualquer pessoa que lhe roubasse a atenção do filho.

Ela continuou:

— Ao chegarmos a nossa casa, eu lhe providenciarei um bom banho quente. Tomará um calmante e dormirá o necessário para recuperar as forças.

Com a mão sobre o ombro de Mário, Joaquim tentou confortá-lo, endossando as palavras da esposa:

— Sua mãe tem razão, meu filho. Sei que este momento está sendo muito difícil para você e para todos nós, mas agora será preciso reunir toda a sua força e fé em Deus para seguir em frente, principalmente, pela nossa pequena Mariana.

Mário, cujo pranto já havia serenado, ouvia o discurso dos pais, ainda que alheio ao seu conteúdo. Imerso nas próprias lembranças, apenas assentia com a cabeça. Estava agora com trinta e nove anos, viúvo e com uma filha ainda criança sob sua responsabilidade.

Logo atrás, Gorete caminhava lentamente, guiando a cadeira de rodas de Mariana, que ainda chorava baixinho.

— Não chore assim, minha pequena — cochichou a babá ao ouvido da menina. — A sua mãe deve estar vendo você neste momento. Certamente, está muito triste diante de suas lágrimas — completou e entregou-lhe outro lencinho de papel.

Mariana segurou o lencinho e agradeceu, enxugando as lágrimas que lhe rolavam pelo rostinho delicado. Nesse momento, ela fixou o olhar na direção de um casal de crianças que corria sorridente em torno de um dos túmulos, a certa distância dali. Ambas trajavam vestes claras e seguravam flores, enquanto brincavam felizes e saltitantes.

— Você tem razão, Gorete — disse Mariana, meneando a cabeça na direção das crianças, para continuar fitando-as ao longe. — Minha mãe gostaria de me ver feliz, como aquelas crianças — apontou para onde olhava contemplativa.

Gorete virou-se na direção indicada pela menina e também em outras direções, mas nada viu.

— Você acha que as crianças estão felizes? — indagou a babá, fingindo que também as via.

— Claro! Você não vê que estão sorrindo, brincando e cantando? Devem estar muito felizes, como eu gostaria de estar agora.

Gorete parou a cadeira de rodas um instante e posicionou-
-se agachada de frente para Mariana. Em seguida, tomou as suas
mãozinhas delicadas com carinho e disse:

— Então, se deseja agradar à sua mãe, você precisa se esforçar para voltar a sorrir feliz, como aquelas crianças, mas também
como você sempre foi quando dona Elizabete estava entre nós.
Está bem? — Mariana assentia com a cabeça enquanto Gorete
falava. — Promete que vai tentar?

— Sim, Gorete. Eu prometo! Vou pensar nos momentos bons
que vivi ao lado de minha mamãezinha e com isso não ficarei triste.

— Isso mesmo! — aquiesceu a babá, já percebendo um pouco
mais de ânimo na fisionomia da menina. — Agora vamos, que seu
pai e avós já estão quase chegando ao carro.

Mariana nascera forte e saudável, porém, aos dois anos de
idade, fora acometida por poliomielite, que a deixara paraplégica.
Desde então, utilizava cadeira de rodas para locomover-se. Aos
seus sete anos de idade, era esperta, inteligente, perspicaz, alegre
e generosa. Tinha o corpo franzino, cabelos castanhos compridos e
ondulados, olhos castanho-claros e pele muito branca, como a neve.

Os cuidados especiais necessários ao trato com a menina
dificultavam a permanência das babás por períodos longos de
tempo, de modo que, normalmente, elas não duravam mais do
que dois meses no emprego. Assim, era Elizabete quem cuidava
pessoalmente da filha na maior parte do tempo.

No entanto, Gorete, uma moça jovem, séria e um tanto sisuda,
mas com um coração bom e generoso, estava se adaptando bem ao
cargo. Naquele dia, havia completado exatos seis meses no posto
de babá de Mariana. Apesar de pouco afeita a demonstrações de
afeto, ela gostava da menina e se esforçava ao máximo para servi-
-la e agradar-lhe.

Porém, para a tristeza de Mariana, Gorete havia recebido uma
carta de sua mãe, que morava no interior de São Paulo, na qual ela

pedia à filha que voltasse para casa porque estava muito doente. Sendo assim, Gorete estava com data marcada para deixar a casa dos Pedrosas.

Joaquim, esposo de Violeta, havia herdado uma pequena fortuna de família, que conseguiu multiplicar diversas vezes mediante muita dedicação e trabalho árduo. Era empresário de renome na capital paulistana, do ramo imobiliário. Sete anos antes, ele resolvera ratear metade do patrimônio que possuía entre os três filhos: Juarez, Mário e Vinólia. A outra metade deixaria para a esposa quando ele viesse a falecer.

Mário, um homem alto, bonito, elegante, de cabelos e olhos escuros e pele morena clara, era o filho do meio, que, formado em Administração de Empresas, presidia ao lado do pai os negócios da família Pedrosa. Seus irmãos, Vinólia e Juarez, deixaram a casa dos pais após se casarem, e ambos viviam fora do país. No entanto, quando chegou a vez de Mário, Violeta fizera de tudo para tentar impedir a sua união com Elizabete. Não obtendo sucesso, implorou para que, após o casamento, o filho ao menos continuasse morando com ela e Joaquim no pomposo casarão em um bairro nobre de São Paulo.

A princípio, Mário e Elizabete recusaram a oferta; porém, Violeta não se deu por vencida e iniciou uma sequência de chantagens emocionais. Ela não conseguiria viver longe do filho! Não do seu querido Mário, por quem nutria um amor excessivo, egoísta e irracional, que chegava a ser patológico. Violeta alegara que estava doente do coração e não poderia sofrer aborrecimentos. Além disso, o casarão era grande demais para albergar apenas um casal — ela e o esposo. Precisava de mais vida dentro dele. Precisava da presença de seu filho.

Assim, vencido pelos apelos emocionais da mãe, Mário cedeu aos seus caprichos. Não desejando contrariar o esposo, Elizabete aceitou a situação, embora soubesse que sua vida não seria nada

fácil dentro daquela casa. De fato, logo de início, Violeta implicava com a nora por tudo, não lhe permitindo tecer comentários ou opinar sobre nada naquele lugar.

Porém, o tempo foi passando, e Violeta, se ausentando a cada dia, sempre com o pretexto de acompanhar as amigas em lugares frequentados pela alta sociedade paulistana, entre clubes, restaurantes, lojas de luxo e outros. Assim, aos poucos, Elizabete foi cuidando cada vez mais do casarão, dando o seu toque pessoal em cada cantinho que organizava, mas, sobretudo, no jardim.

A casa dos Pedrosas era muito grande, confortável e decorada com bom gosto. No primeiro andar, ficava a maioria dos dormitórios, unidos por uma varanda lateral decorada com flores perfumadas e de cores variadas. No andar térreo, ficavam o quarto de Mariana, o de Gorete e o de uma antiga criada com autonomia de governanta — Berta —, além de uma enorme cozinha, a biblioteca, uma sala de estar, uma sala de visitas e dois banheiros sociais. Tudo muito espaçoso e agradável. Por fora, o casarão de admirável decoração em estilo colonial era circundado por uma ampla varanda que, de todos os ângulos, estava voltada para o belíssimo jardim. Os demais empregados se acomodavam em um alojamento externo, que ficava a uns trinta metros de distância do casarão principal, também de instalações relativamente confortáveis.

Todos que ali residiam sabiam que cada local daquela propriedade traria recordações de Elizabete, mas era o jardim que mais lembraria a jovem senhora. Era naquele lugar que ela passava a maior parte do tempo quando estava em casa. Muitas vezes, na companhia de Mariana ou de Mário, do senhor João, o jardineiro, ou mesmo sozinha.

Naquele belíssimo pedaço de paraíso, gigantescas árvores centenárias coabitavam com espécies de pequeno porte em um ambiente singular. Algumas das mais jovens haviam sido plantadas por Elizabete, principalmente as que davam flores, dentre azaleias cor-de-rosa, jasmins, coroas-imperiais e muitas outras. Próximo ao portão de entrada, havia um pequeno lago de água fria e pouco cristalina, pois nele habitavam diferentes espécies de peixe, a maioria carpas coloridas. No orquidário, encontravam--se diversas espécies das mais variadas cores, predominando as brancas, as preferidas de Elizabete. Quando não estava no jardim, nem voltada aos cuidados de casa, de Mariana e do marido, ela destinava o seu tempo às obras beneficentes, que costumava realizar por toda a grande metrópole.

CAPÍTULO 2

Retomando a rotina

Após retornar para casa, Violeta mal pôs os pés na sala de estar e já disparou uma sequência de ordens à Gorete.

— Leve a menina e dê-lhe um banho! Depois, traga-a para o jantar e, logo em seguida, coloque-a para dormir.

Dizendo isto, Violeta foi até a cozinha e deu as coordenadas do jantar à cozinheira. Quando retornou à sala para tomar a escada que dava acesso aos seus aposentos, encontrou Mário sentado no sofá de mãos dadas com Mariana, ao lado de Joaquim. Gorete aguardava de pé a um canto da sala.

Violeta fitou a babá, furiosa.

— O que essa menina ainda está fazendo aqui, Gorete? Não ouviu as minhas ordens?

— Prefiro ficar um pouco com o meu papai, vovó — objetou Mariana. — Não tenho fome.

— O seu pai vai banhar-se para em seguida jantar, e você vai fazer o mesmo agora!

— Por favor, vovó, deixe-me ficar com ele só um pouco!

— Não discuta com os mais velhos, menina! — imperou Violeta. — Vamos, Gorete! Tire-a daí.

A babá fitou Mariana com pesar, mas, quando fez menção de tirá-la do sofá, Mário interveio.

— Pode deixá-la aqui um pouco, Gorete. Nem ela nem eu temos fome. A única coisa de que precisamos neste momento é da companhia um do outro.

— Sim, senhor — respondeu Gorete.

A atitude de Mário tranquilizou a babá, pois, na ausência de Elizabete para defender a filha, se o seu patrão não o fizesse, a vida da menina poderia se tornar insuportável naquela casa.

Violeta lançou um olhar fulminante para Mariana. Em seguida, fitou o filho e retrucou:

— Meu querido, você não percebe que não deve lhe fazer todos os gostos, assim como o fazia a mãe dela? Elizabete estragou essa menina, e agora eu irei ajudá-lo a pôr-lhe limites.

— Por favor, minha mãe, não fale assim de Elizabete nem de minha filha. Minha esposa não a criou mimada, apenas dava-lhe oportunidade de expressar suas opiniões e preferências, e sempre o fez de maneira regrada e bem conduzida.

— Você fala assim agora, meu anjo, mas quando não conseguir mais controlá-la, virá correndo pedir ajuda para mim.

— Nosso filho sabe o que faz, Violeta, não seja impertinente — repreendeu Joaquim, enquanto se levantava. — Peço licença a todos. Vou tomar um banho. Estou exausto!

Violeta deu de ombros ao marido. Porém, sem querer discutir com o filho, não mais insistiu.

— Faça como quiser, então — disse, com rancor. — Só não diga depois que não o avisei.

Ela deixou o recinto fazendo um muxoxo, pois, a seu ver, mais uma vez, Mariana fora defendida em seus gostos de menina mimada. Subiu as escadas com passos pesados e desistiu de preparar pessoalmente o banho do filho, pois certamente a água iria esfriar.

Pai e filha permaneceram juntos na sala durante quase uma hora. Mário reiterou para Mariana o que Gorete já havia lhe falado — o desejo de Elizabete de vê-los felizes —, o que deixou a menina mais animada, mesmo diante da tragédia que acabara de assolar a sua tenra idade. Com isso, eles sentaram-se no espaçoso tapete da sala, juntamente com Gorete, e se divertiram um pouco juntos, com brincadeiras e jogos infantis que afastaram por um momento a tristeza do coração deles.

Violeta passou por eles quando desceu para o jantar, lançando-lhes um olhar rancoroso. Mas continuou fazendo vista grossa, mesmo diante daquela cena que a torturou por dentro. Em seguida, jantou na companhia de Joaquim. Após deixarem a mesa, seguiram juntos aos seus aposentos.

Logo depois, Mário quebrou as regras convencionais da casa e seguiu direto para a mesa, para jantar ao lado de Mariana e Gorete. De início, a babá relutou em sentar-se ao lado do patrão, mas, por insistência dele, acabou cedendo. Após o jantar, por fim, eles se recolheram, depois de um dia exaustivo e triste.

Quando se viu sozinho em seus aposentos, após tomar um banho quente e relaxante, Mário deixou-se cair sobre a cama, triste e pensativo. O brilho de duas lágrimas em seus olhos ameaçou molhar-lhe as faces novamente.

Porém, rememorando as recomendações da esposa para que ele se esforçasse em não sucumbir à tristeza quando ela partisse, Mário procurou elevar os seus pensamentos mais uma vez. Recordou os momentos felizes que haviam passado juntos, as conversas divertidas sobre as peripécias de Mariana, as visitas ao jardim... Então, um calor brando aqueceu o seu corpo, e um leve sorriso esboçou-se em sua boca. Sim, eles haviam sido felizes, e isso era o que importava. Apenas a felicidade e a alegria plantada

por Elizabete no coração de todos que cruzaram o seu caminho mereciam ser recordadas.

No quarto de Violeta, Joaquim já havia adormecido, enquanto ela passava os cremes habituais de beleza. Em seguida, vestiu uma camisola de seda vermelha e apagou a luz principal, deixando aceso apenas o abajur sobre o criado-mudo ao seu lado.

Como costumava demorar a conciliar o sono, sentou-se na cama, recostada em um travesseiro, retirou um livro da gaveta do criado-mudo e tentou ler um pouco. Folheou algumas páginas, mas não conseguiu se concentrar. Fechou o livro e o abriu novamente mais duas vezes. Não conseguia ler nem dormir, embora pensasse que naquele dia seria diferente, pois estava exausta.

Com o corpo esgotado pelo cansaço, alguns pensamentos e lembranças também lhe atormentavam a mente. Violeta não percebeu quando um vulto escuro atravessou o quarto rapidamente. Em seguida, aproximou-se dela e sussurrou-lhe ao ouvido:

— *Ela agora se foi. Já está conseguindo sentir remorso? Ou está ainda mais feliz?*

Violeta sentiu um calafrio percorrer-lhe a espinha e imaginou que teria pesadelos novamente naquela noite.

— *Sua consciência não a deixa dormir? Durma e será ainda pior!* — disse o vulto, soltando gostosa gargalhada logo em seguida. Violeta não escutou, mas sentiu um novo calafrio e uma sensação de má digestão.

Ela fora criada sob os preceitos da Igreja Católica, porém, não suportava obrigações para com nenhuma religião. Não tinha paciência para rezar ou orar e, às vezes, até se pegava duvidando da existência de Deus. Quando ainda solteira, frequentava missas e proferia orações, sempre sob a imposição de seus pais. Por vezes, fingiu rezar enquanto o pensamento vagava por diversos mundos de seu imaginário. Após casar-se com Joaquim, homem culto e cristão, porém sem o hábito de frequentar igrejas ou templos, ela sentiu-se aliviada e desobrigada de tudo o que um dia lhe fora imposto.

Naquele dia Violeta estava demasiadamente cansada. Precisava dormir e repousar verdadeiramente. Já não suportava mais aqueles pesadelos a atormentar-lhe as noites, por vezes acordando-a de madrugada, sempre com o coração palpitante, o que a deixava com forte ressaca no dia seguinte. Os calmantes também já não lhe serviam como antes. Na verdade, pareciam piorar a situação.

Então, ela fechou definitivamente o livro que segurava distraidamente e o depositou sobre o criado-mudo. Em seguida, apagou a luz do abajur, cobriu-se com um lençol de cetim e, mesmo sentindo-se desconfortável com aquela situação, decidiu abster-se de orgulho e preconceitos e pediu ajuda a Deus. Assim, mesmo com frieza, Violeta proferiu uma prece, na qual rogou a Ele ajuda para conseguir dormir em paz, ao menos naquela noite.

∾

O dia amanheceu ensolarado e luminoso, com algumas poucas nuvens desenhando formas diversas no céu, deixando-o ainda mais majestoso. Em nada lembrava o horizonte nublado, cinza e chuvoso do dia anterior.

Como havia muito tempo não acontecia, Violeta tinha dormido tão bem que até passara da hora habitual de levantar-se. Joaquim havia despertado bem cedo e, àquela altura da manhã, já estava na empresa, juntamente com Mário, pois ambos decidiram ocupar o pensamento com o trabalho. Com isso, sofreriam menos a falta de Elizabete.

Já passava das nove da manhã quando Berta, preocupada com a patroa, bateu à porta do quarto dela.

— Dona Violeta? A senhora está acordada?

Violeta não respondeu prontamente, e ela bateu novamente. Finalmente, ouviu a voz da patroa vinda de dentro do quarto:

— Entre — disse, ainda sonolenta.

Violeta retirou os tapa-olhos do rosto e fitou Berta adentrando o quarto com cautela.

— Que eu me lembre, não lhe dei ordens para que me acordasse.

— Desculpe, senhora, é que já passa das nove.

— Nove? — gritou, sentando-se abruptamente na cama. — Entre de uma vez neste quarto e abra as cortinas!

Berta acelerou o passo e rapidamente abriu as cortinas, deixando que os fortes raios de Sol penetrassem as enormes janelas de vidro.

— Todos nesta casa sabem como eu odeio acordar tarde — resmungou, insinuando uma culpa que não pertencia à Berta.

— Desculpe não ter vindo antes, dona Violeta, mas imaginei que a senhora estivesse muito cansada e quisesse dormir um pouco mais.

— É verdade que estava cansada. E é verdade também que eu até pretendia dormir um pouco mais, mas daí a passar das nove da manhã?! Isso já é demais! — Ela levantou-se da cama e saiu em direção à toalete. — Dou-lhe uma nova ordem, Berta: nunca mais me deixe dormir tanto! Agora vou tomar um banho, não me incomode.

— Sim, senhora! — E após a patroa fechar a porta do toalete, Berta resmungou baixinho: — Se eu acordo, sou atrevida; se não acordo, sou irresponsável. Hum! — E continuou no quarto, arrumando tudo como de costume.

Berta era uma senhora de seus sessenta anos, pele morena jambo, acima de seu peso, mas muito ativa e disposta. Não havia casado, nem tivera filhos. De parentesco, possuía apenas duas irmãs que viviam no interior. Servia à família de Violeta desde o nascimento do primogênito dela. Todos na casa a estimavam e respeitavam, mas isso não amenizava a sua carga de trabalho, tampouco lhe dava privilégios. Apenas vez ou outra, Violeta lhe agradava presenteando-a com sapatos e roupas usadas, que com frequência não serviam na criada. Quando se sentia sozinha, Violeta costumava solicitar-lhe a presença. Desfrutava de sua devoção e paciência, enchendo-lhe os ouvidos com lamentações e resmungos sobre o marido, os filhos distantes, a nora, a neta, os demais criados... Mas nunca se queixava de Mário. Violeta tinha algumas conhecidas, que costumava chamar de "amigas", mas Berta era a única confidente em quem realmente podia confiar, bem como sua cúmplice muitas vezes. Por isso, mesmo ralhando com a criada com frequência, jamais chegou ao ponto de despedi-la.

Após o banho, Violeta foi até a cozinha e serviu-se apenas de um pouco de café. Em razão do avançado da hora, decidiu aguardar até o horário do almoço para alimentar-se melhor.

Sentada à mesa, entre um gole e outro de café, ela repassava na mente as obrigações do dia. Precisava entregar uma lista de mantimentos para Berta realizar as compras da semana, acompanhar a poda de algumas árvores do jardim e dispensar os serviços do professor de piano de Mariana. Agora que Elizabete não estava mais lá para alimentar os sonhos da menina de se tornar uma pianista famosa, não havia mais a necessidade de manter o mimo, aturando aquele professor medíocre em sua casa. Por fim, iria chamar a costureira e encomendar-lhe novos vestidos pretos para o cumprimento do enfadonho luto.

Após repousar a xícara vazia no pires sobre a mesa, ela chamou Berta por duas vezes consecutivas.

— Pois não, senhora? — disse a criada, esbaforida, já ao seu lado. — Desculpe a demora, é que eu estava...

Violeta deu de ombros às explicações da criada, pois, como uma mulher prática que era, não costumava perder tempo com coisas que considerava "sem remédio".

— Não me interessa saber por que demorou — disse, interrompendo as explicações da criada. — Se já está aqui, ouça as minhas ordens.

— Sim, senhora.

— Aqui está a lista de compras da semana — Berta tomou a lista nas mãos, e Violeta continuou. — Também quero que ligue para Adelaide e peça a ela que venha hoje à tarde, às quatro em ponto, pois preciso encomendar vestidos novos.

— Tudo bem, senhora. Vou ligar agorinha mesmo.

— Ah... e quando aquele professorzinho de piano chegar, me avise.

— Sim, senhora.

— Agora vá.

CAPÍTULO 3

Um passado distante

Abril de 1865, a noite havia caído sombria sobre a província de Corrientes, na Argentina. Uma esquadra paraguaia de cinco fragatas desceu o rio Paraná e, após uma breve luta, com algumas baixas, aprisionou os navios argentinos ancorados no porto fluvial da cidade. Um mês depois, a província foi tomada por militares das tropas paraguaias e abandonada pelo seu governador, Manuel Lagraña.

Felizmente, Josué e sua família já estavam longe quando a temida invasão ocorreu à estimada Corrientes, onde tinha levado uma vida pacata, de muito trabalho, mas cheia de júbilo, ao lado da esposa e um casal de filhos. Quinze anos após terem deixado o país de origem, Espanha, Josué e sua esposa, Maria, haviam conseguido se estabelecer com sucesso naquela cidade. O jovem fazendeiro tinha muitas posses e certa influência na comunidade. Inteligente, obstinado, corpulento, de pele morena queimada pelo Sol, trazia nas mãos calejadas a marca do labor, por meio do qual havia feito fortuna.

No ano anterior, em meados de 1864, acompanhando os noticiários da região, Josué e muitos na cidade tomaram conhecimento do perigo iminente que os desentendimentos entre a Argentina, o Brasil, o Uruguai e o Paraguai ofereciam a todos que ali viviam. Esses países estavam pleiteando o controle das fronteiras e a liberdade de navegação nos rios platinos. Com o agravamento da situação, em novembro daquele ano, quando o Paraguai — determinado a forçar uma saída para o Atlântico — aprisionou um navio brasileiro e um mês depois (em dezembro de 1864) invadiu o sul de Mato Grosso, Josué decidiu de uma vez por todas que iria deixar Corrientes. Logo, começou a se desfazer de seu patrimônio, acumulado durante anos de trabalho árduo.

Em fevereiro de 1865, julgando-se preparado para abandonar a cidade, Josué avisou a esposa que eles partiriam naquela noite, o que a deixou insegura.

Chegado o momento, tudo estava calmo e silencioso naquela noite iluminada de estrelas que piscavam brilhantemente no céu. Josué arrumava os últimos pertences dentro de um coche atrelado a dois cavalos, que havia comprado para a ocasião. Ao seu lado, esfregando as mãos no ardor já da partida, aflita, Maria indagou:

— O que vai ser de nós, Josué? Você tem certeza do que está fazendo, homem? Vamos deixar nossas terras, nossa vida construída com tanto esforço por um motivo incerto?

Josué interrompeu por um instante o que estava fazendo e, fitando a esposa com serenidade e firmeza, respondeu:

— Maria, não se trata de um motivo incerto. Eu sei o que estou fazendo.

— E quem lhe garante que o Paraguai vai mesmo invadir a Argentina também? — indagou Maria.

Josué inspirou profundamente, tentando manter-se calmo. Fitou novamente a esposa e respondeu:

— Eu mesmo garanto. — Ele voltou a arrumar as malas na carroça, mas continuou falando: — Eu sei o que vai acontecer em breve. E estou certo disso não apenas com base no nosso cenário político atual, mas, principalmente, porque tive um sonho premonitório, em que dois anjos avisaram-me que Corrientes será invadida e que eu preciso deixar a cidade com minha família antes que isso aconteça.

Diante da explicação do marido, Maria calou. Sabia que não devia contestar-lhe a intuição, nem ignorar os avisos que ele costumava receber em sonhos. Ela recordava perfeitamente da única vez que o fizera, e toda a família havia amargado as consequências.

E percebendo a fisionomia da esposa já menos contraída, Josué tornou a encorajá-la:

— Vai dar tudo certo, querida! Precisamos apenas orar bastante, rogando a Deus forças e proteção nessa longa e difícil empreitada. Mas sei que logo estaremos muito bem novamente. Você vai ver.

Maria acenou com a cabeça, em sinal de assentimento, demonstrando o seu apoio ao esposo. E ele continuou:

— Consegui juntar uma grande quantia em notas e outro tanto em ouro. Será suficiente para nos mantermos por um bom tempo, até que possamos nos instalar em terras férteis e recomeçar a vida.

— E para onde vamos? — perguntou a esposa, já transparecendo a serenidade da alma na voz.

— Brasil — respondeu Josué, finalizando os últimos ajustes da bagagem. — Com a ajuda de alguns amigos influentes, consegui acertar tudo da viagem. Os monarcas brasileiros estão oferecendo lotes de terra para imigrantes se estabelecerem como pequenos proprietários agrícolas na região sul do país. Por lá pretendo firmar nossa nova morada. Agora vá, Maria. Precisamos acordar Maria Eugênia e Pablo.

Enquanto a esposa adentrava a casa para chamar os filhos, Josué parou um instante, contemplando o amplo pedaço de terra próspera que se estendia diante dos olhos, fruto do trabalho de longos anos. Por pouco, lágrimas de emoção não lhe rolaram pelas faces.

Meia hora depois, tomou o chicote nas mãos e estalou-o no ar com força, pondo os cavalos em trote. Estava levando embora sua família e a esperança de um novo recomeço em terras estrangeiras.

Algumas semanas depois, as previsões de Josué haviam sido concretizadas. O então presidente argentino, Bartolomeu Mitre, aliado do Brasil na intervenção no Uruguai, negou autorização ao presidente paraguaio Solano López para atravessar a província de Corrientes — visando combater no Uruguai e invadir o sul do Brasil. Em resposta a essa negativa, em março de 1865, o Paraguai declarou guerra à Argentina, e, em maio do mesmo ano, invadiu a província de Corrientes, exatamente como Josué havia sido avisado em sonho.

∽

Noite de novembro de 1868, uma Lua cheia majestosa iluminava o céu estrelado de Lages, interior da província de Santa Catarina, enquanto Maria Eugênia esperava ansiosa, em seus aposentos, pelo sinal de Romero.

Alguns minutos depois, o som de uma pedra atirada contra a madeira fez seu coração bater ainda mais descompassado. "Só pode ser ele!", pensou. Então, apressou-se em abrir a pesada janela para fitar o jardim, do alto primeiro andar, quando constatou o que o coração já pressentia: era mesmo ele!

Imediatamente, Maria Eugênia virou-se e correu até a porta, abrindo-a com cuidado para não fazer barulho. Olhou em ambas as direções e não viu ninguém. Toda a casa dormia em plácido silêncio. Finalmente, o caminho estava livre.

Suspendendo um pouco a barra de seu longo e pesado vestido azul-claro, de várias camadas de anáguas, ela retirou os sapatos e caminhou descalça os degraus da escada, a passos rápidos, porém silenciosos, sob a penumbra natural da madrugada.

Quando, finalmente, chegou à sala de estar e rodou a chave da porta para sair de casa, sentiu certa mão áspera e forte segurar-lhe o braço direito com firmeza.

— Aonde a sinhazinha pensa que vai? — indagou Zuíla, tendo o rosto iluminado pela chama de uma vela que trazia sobre um prato na outra mão.

Ao virar-se rapidamente e fitar o reflexo da negra por trás da vela, Maria Eugênia sufocou com a mão um grito de espanto. Em seguida, levando uma das mãos ao lado esquerdo do peito, sussurrou aliviada:

— Ai, Zuíla, você quase me matou de susto! Da próxima vez, não sei se me manterei viva para atestar a sua inocência!

A mucama sorriu meio sem jeito e retrucou:

— E o susto que a sinhazinha também me deu, "num" conta não?

— Shhh! Fale baixo, Zuíla! Não quero acordar ninguém.

Zuíla baixou o tom da voz e continuou:

— De longe, pensei logo que era um fantasma! Meu coração quase que saltou pela boca! Mas sou corajosa e vim "devagazim", até que vi que era a sinhá. "Tá" fazendo o quê aqui, que "num" "tá" na cama uma hora dessas, menina?

— Estava sem sono... — mentiu ela, meio sem jeito. — Então, decidi sair para tomar um pouco de ar fresco lá fora.

A mucama semicerrou os olhos, fitando a jovem duvidosamente. Maria Eugênia agora estava com dezesseis anos. Era uma bela moça, de estatura mediana, delicada, ombros caídos, olhos

e cabelos negros, longos e em cachos, pele branca e faces rosadas, com o viço da juventude. Quando partira de Corrientes, tinha apenas doze e ainda brincava com bonecas. Quase quatro anos depois, ela e o irmão caçula, Pablo, já estavam bem adaptados à nova moradia, na região serrana da cidade de Lages. Maria Eugênia falava bem a língua portuguesa, restando-lhe apenas um pouco de sotaque espanhol. Porém, seus interesses pessoais haviam mudado, não havendo mais espaço para bonecas em suas prioridades.

Diante do desconcerto de Maria Eugênia, desconfiada, Zuíla decidiu testá-la.

— "Intaum", se vai passear no jardim, eu acompanho a sinhazinha — e segurou com firmeza a maçaneta da porta, fazendo menção de girá-la.

— Não precisa me acompanhar, Zuíla, obrigada — retrucou Maria Eugênia, enquanto retirava a mão da mucama da maçaneta. — Agora deixe-me ir e vá dormir, pois não tardarei a retornar.

— A sinhá não me engana... Vai encontrar aquele moço rico, "num" é?

Maria Eugênia fitou Zuíla, irritada, e assumiu a intenção:

— Está bem, mucama! Eu admito. Vou encontrá-lo, sim, e pronto!

— Vosmecê "tá" se "arriscano", menina! E se seu pai acorda no meio da noite e pega sinhazinha lá fora "proseano" "cum" o moço?

Maria Eugênia uniu as palmas das mãos com os dedos entrelaçados e as colocou juntas em frente ao rosto, enquanto implorava à negra, por quem nutria profundo carinho:

— Por favor, Zuilazinha, querida, não tente me impedir! Deixe-me ir agora e também me prometa que não contará nada a ninguém sobre isso.

Em mente, a mucama avaliava a situação para decidir se acatava ou não os apelos de Maria Eugênia.

— Se aquela "fiote" de bruxa namorada dele descobre que "ocês" tão se "encontrano", "num" vai "dá" coisa boa!

— Quanto a isso, pode ficar tranquila, pois Romero já terminou tudo com Carmelita. Está livre para mim, para o nosso amor.

— "Mai" os pais dele "inda" "num" morreram, sinhá. E enquanto eles "tiverem" vivo, "num" vão "querê" casar o "fio" "cum" vosmecê, pois a sinhá "num" é rica como a menina Carmelita.

Maria Eugênia objetou:

— Romero não vai permitir ser infeliz casando-se com quem não ama apenas por conveniências sociais e econômicas. Isso não! Da última vez que nos falamos, ele prometeu-me esclarecer tudo aos pais. Estava pronto para confessar-lhes que terminou o relacionamento com Carmelita para vivermos o nosso amor! Um amor que não pode ser sufocado nem reprimido por motivos fúteis.

Zuíla coçou o queixo, com o cenho franzido, e Maria Eugênia continuou:

— Percebe agora por que preciso falar com Romero? Ele vai contar-me o resultado dessa conversa que teve com os pais! Agora, deixe-me ir, está bem? Prometo que será rápido.

Vencida pelos apelos de sua sinhazinha e pela grande estima que nutria por ela, Zuíla não mais se opôs às suas intenções, e Maria Eugênia, finalmente, foi ter com o amado. Vendo-a abrir a porta em êxtase e sair correndo descalça, erguendo a barra das saias e com o coração cheio de júbilo, a mucama sorriu de satisfação. Mesmo se arriscando, estava feliz pela felicidade da "menina". Permaneceu em vigília enquanto o casal se encontrava dentro das terras de seu patrão.

Elevada à categoria de cidade no ano de 1860, Lages era formada originalmente por fazendeiros paulistas e seus familiares, além de bugres (indígenas não cristãos, de diversos grupos do

país) e negros escravizados e uma camada popular de homens livres, entre brancos, pardos, negros, indígenas e outros. De clima temperado, a região se caracterizava pela exploração da pecuária, onde as fazendas conjugavam a criação de gado com a produção de gêneros alimentícios.

Romero era filho do maior fazendeiro e comerciante da região, o ex-tenente-coronel Fonseca Goes de Furtado Sá, um oficial de prestígio que, outrora, quando vivia no Rio de Janeiro, privara da amizade do próprio imperador. Aposentado por invalidez em razão de um acidente de cavalo, em que perdera parte da perna esquerda, o ex-tenente-coronel estabeleceu residência no Rio Grande Sul. Contudo, em decorrência dos períodos de instabilidade política da província rio-grandense, ele viu na região de Lages um potencial de grande lucratividade, tanto na pecuária quanto na comercialização de tropas e aluguel de campos de invernada. Assim, mudou-se com a família do Rio Grande do Sul para Lages. Em apenas uma década, havia duplicado sua fortuna, de modo que, quando Josué chegou àquela região, ele já reinava soberano como o maior dono de terras e do comércio local.

Logo que chegou ao Brasil com a família, Josué tentou firmar moradia no Rio Grande do Sul, mas se deparou com terras de alto valor, e o governo local em nada o auxiliou, como ele imaginou que aconteceria. Sem êxito, migrou pouco depois para São Paulo e, em seguida, para os campos de Lages, onde, finalmente, conseguiu estabelecer-se. Com o pouco dinheiro que ainda lhe restara após meses de árdua peregrinação, conseguiu comprar um bom pedaço de terra que, por se tratar de "campos sujos" (composto de matos, capoeiras e faxinais), foi adquirido por um baixo valor.

Acostumado ao trabalho braçal, com a ajuda da esposa e de um criado livre contratado, Josué derrubou a mata nativa, limpou os faxinais e "produziu" campos para obter pastagens destinadas à sua pequena criação e lavoura de subsistência. Quase quatro anos depois, já se encontrava em uma condição de vida confortá-vel. Em suas terras arduamente trabalhadas, havia erguido uma bela casa, criava gado, porcos, galinha e cultivava milho, arroz, feijão, batata, frutos diversos, além de comercializar parte de sua produção com tropeiros que trafegavam pela região. Algum tempo depois, expandiu sua clientela também à capital. Suas terras improdutivas de outrora eram agora alvo de cobiça dos grandes fazendeiros locais, como o pai de Romero.

Quando Maria Eugênia, finalmente, encontrou seu amado no jardim, os dois abraçaram-se emocionados durante alguns se-gundos, sentindo o calor de seus corpos, gerado pela velocidade do sangue a percorrer-lhes os vasos sanguíneos, tamanho era o descompasso de seus corações.

Após se afastarem, Romero tomou entre suas mãos as mão-zinhas delicadas da amada e beijou-a com um misto de respeito e paixão. Em seguida, acariciou-lhe os cabelos em desalinho.

— Meu amor, quanta saudade! — exclamou finalmente, fi-tando os olhos brilhantes de Maria Eugênia.

— Digo-lhe o mesmo, meu querido! Já não suportava mais a sua ausência. — E se abraçaram novamente por mais alguns segundos.

Romero era um jovem de vinte anos, alto, de feições deli-cadas e harmônicas e uma elegância natural. Cursava Direito na cidade de São Paulo, visitava a família com relativa frequência e tinha ideias abolicionistas, o que lhe rendia boas discussões com o pai escravocrata.

Quando se afastaram pela segunda vez do abraço caloroso, Maria Eugênia tinha ânsia de saber sobre a conversa que Romero teria travado com os pais, sobre o amor que unia o casal.

— Então, meu amor — começou a jovem, esperançosa —, os seus pais compreenderam o motivo pelo qual você terminou o relacionamento com Carmelita? Vão aceitar nosso amor?

Romero se entristeceu de repente e respondeu:

— Infelizmente... — Ele fez uma breve pausa. — Não, minha querida. — Maria Eugênia empalideceu boquiaberta. — No fundo, eles sempre souberam que eu nunca amei Carmelita e não se importaram quando confirmei esse fato. Como você sabe, nosso relacionamento foi arranjado por pura conveniência, porque ela é filha de um desembargador de grande influência em nossa cidade. Porém...

Ansiosa, Maria Eugênia o interrompeu:

— Você está querendo dizer que eles entenderam por que a deixou, mas vão insistir para que continue com ela? É isso?

— Sim, eles entenderam que eu terminei tudo porque não a amo, mas, mesmo assim, exigem que eu volte a namorá-la e que me case com ela em breve.

Maria Eugênia sentiu como se o chão se abrisse sob seus pés. Trêmula, indagou:

— Mas, Romero, você chegou a comentar sobre o nosso amor?

Romero segurou as duas mãos da amada entre as suas e, fitando-a nos olhos, disse com firmeza:

— Escute bem, minha querida. Não importa o que eles querem, eu não vou ceder. Você é a mulher que amo e com quem pretendo casar-me e ter filhos. Ficaremos juntos de qualquer forma, com ou sem o consentimento de meus pais.

Após as palavras de Romero, eles voltaram a se abraçar, como que buscando forças um no outro para enfrentar os obstáculos que, certamente, surgiriam pela frente, em oposição ao amor do casal.

De repente, Maria Eugênia olhou na direção da estrada, fora da propriedade, e percebeu que lá havia alguém fitando-os de longe, imóvel, trajando uma capa preta sobre a roupa e um capuz escuro a esconder-lhe a face. Com o susto daquela presença sombria, Maria Eugênia afastou-se de Romero de sobressalto, e este virou-se rapidamente na direção em que ela olhava.

De súbito, a figura retirou de dentro da capa uma arma de cano longo, apontou na direção do casal e acertou Maria Eugênia no abdômen.

— Não! — gritou Romero, desesperado, vendo a amada deslizar entre seus braços, esvaindo-se em sangue.

Segurando-a com cuidado, ele a deitou delicadamente no chão, mantendo sua cabeça suspensa entre as duas mãos, e soltou um grito forte, que ecoou na escuridão da noite.

— Socorro, alguém nos ajude!

— Estou morrendo, meu amor!

— Não. Não está! Vai ficar tudo bem, minha flor, eu estou aqui! Você não pode me deixar! Resista, por favor! — E voltou a gritar por ajuda:

— Socorro, seu Josué... Alguém nos ajude, por favor!

Com as forças minguando, Maria Eugênia olhava alternadamente de Romero para o próprio ventre, encharcado de sangue.

Com as próprias mãos, o casal tentava conter em vão o sangramento indomável. Quando não mais conseguiu conter o pânico, a bela jovem soltou um forte gemido de dor...

∾

— Sofia?! Sofia, querida, acorde!

Sofia acordou de sobressalto, banhada em suor, com a respiração e o pulso acelerados. Olhou em volta e constatou que estava em seu quarto, com Solange sentada ao pé da cama, envolvendo-a em um olhar de carinho e preocupação.

— Estava tendo um pesadelo, minha irmã. Por isso a acordei.

CAPÍTULO 4

Lembranças despertadas

Após sentar-se na cama e agradecer à Solange por tê-la despertado de um sonho tão trágico, Sofia considerou:

— Tive aquele sonho novamente, minha irmã.

— Aquele que se passa no século 19, em que a mocinha sempre acaba morrendo no final? — indagou Solange, ainda sentada ao pé da cama da irmã.

— Sim. Esse mesmo! Não entendo por que, mas costumo tê-lo com muita frequência.

— Pelo que você me disse da última vez que falamos sobre isso, não é exatamente o mesmo sonho que se repete, não é mesmo?

— Não. Apenas alguns sonhos se repetem minuciosamente. Mas, embora sejam quase sempre diferentes um do outro, eles se conectam entre si, como se fizessem parte de uma mesma história, ambientada em uma mesma época e com o mesmo núcleo de pessoas.

— Entendo. É um tanto curioso.

— Mas isso não é a única coisa interessante. — E percebendo que Solange a ouvia com atenção, continuou: — O que mais me

intriga é que são sonhos muito reais, recheados de detalhes, inclusive históricos. É como se tudo tivesse realmente acontecido.

— Mas você também me disse certa vez que os finais são sempre iguais, não foi?

— Sim. Isso eu também acho curioso. Ainda que sejam passagens diferentes de uma mesma história, o final é sempre o mesmo, como lhe falei da última vez. A mocinha protagonista sempre é assassinada no final. A forma como ela é ferida varia muito de um sonho para o outro, mas em todos eles há sempre muito sangue; precisamente, na região de seu ventre.

Notando um livro ao lado da irmã, Solange segurou as mãos dela entre as suas e, fitando-a com carinho, considerou:

— Minha querida, não tente entender as questões da mente humana. Você deve ter ficado impressionada com alguma história que leu em um livro. Comigo também acontece sempre. Principalmente quando se trata de uma história forte e marcante.

— Não é nada disso, Solange — retrucou Sofia, franzindo o cenho. — Esse sonho não tem nada a ver com as histórias que costumo ler em meus livros. É algo muito diferente. Peculiar, entende?

— Não. Não entendo. É curioso, concordo. Mas o que tem mais de tão diferente?

— Na verdade, trata-se de uma linda história de amor com um final infeliz, como muitas que costumo ler. Porém, embora a protagonista tenha um biótipo diferente do meu, sinto como se ela... — Sofia fez uma breve pausa. — ... como se ela fosse eu.

Solange expandiu o cenho, surpresa, enquanto soltou as mãos da irmã e indagou:

— Você está falando de... reencarnação?

— Não sei. Não entendo quase nada sobre esse assunto. Portanto, não posso afirmar que estou realmente sonhando com alguma encarnação minha anterior a esta.

— Você acha mesmo que isso seria possível?

— Não sei, Solange. O que sei é que sinto como se eu fosse aquela moça de meus sonhos. Se isso é possível ou não, não tenho como avaliar. Por outro lado... também não duvido de nada. Entende?

— Entendo.

Sofia recostou-se em um travesseiro sobre a cabeceira da cama, enquanto Solange deitou-se ao lado dela, apoiando-se nos cotovelos para fitá-la.

Após se acomodarem melhor, continuaram a conversar.

— Bem, minha irmã — retomou Sofia —, sabemos que o nosso querido tio Breno estuda sobre esses assuntos que envolvem reencarnação desde quando era adolescente. Em muitas das cartas que me escreveu da Europa, ele comenta que seus estudos estão cada vez mais aprofundados. E, para dizer a verdade, tenho me interessado muito pelo assunto ultimamente, principalmente porque esses sonhos têm se intensificado nas últimas semanas. Por tudo isso, ontem comecei a ler um livro indicado por nosso tio.

— Ah, Sofia, e por falar nele... Nós ficamos aqui conversando e me esqueci de lhe contar que o tio Breno acabou de falar com a nossa mãe ao telefone.

— Verdade, Solange? E o que ele disse? Já faz um tempo que não me escreve.

— Então, você não vai acreditar — Solange fez suspense.

— Ah, fale de uma vez, por favor! Estou ficando ansiosa! — E sorriu para a irmã.

— Simplesmente, o nosso tio está voltando para o Brasil ainda este mês!

Sofia teve um sobressalto de alegria e, com os olhos arregalados, comentou feliz:

— Que maravilha, Solange! Eu não esperava por isso. Tio Breno não me falou nada em sua última carta! Sinto tanto a falta dele, sabia?! — exclamou saudosa. — Ele sempre foi tão sábio!

Sempre me ajudou muito com suas palavras de conforto e sabedoria. Mesmo de longe, conseguiu se fazer presente em diversos momentos especiais de minha vida.

— Tio Breno é mesmo especial — concordou Solange. — Tem um coração como nunca vi igual, sempre compreensivo, equilibrado, pronto a ajudar a quem dele necessite, sem esperar nada em troca.

— Um incansável estudioso dos mistérios da vida e da morte...

— O tio de vocês é muito é variado da cabeça, isso sim — disse Adelaide, no vão da porta do quarto onde as duas irmãs conversavam animadas.

— Não fale assim do tio Breno, mamãe — censurou Sofia, virando-se na direção da mãe.

Adelaide ignorou as palavras da filha e continuou, dirigindo-se apenas a ela:

— E se eu fosse você, mocinha, ficaria afastada das conversas malucas de seu tio. Você já não é lá essas coisas de normal, e se ainda por cima for dar ouvidos a Breno... vai endoidar de uma vez!

Solange sentou-se na cama, fitando a mãe com olhar repreendedor.

— Mamãe, agora sou eu que lhe peço. Não fale assim de Sofia! Ela é uma moça maravilhosa! Inteligente, generosa... Não sei por que a trata com tanta rispidez.

— Todos em nossa família sabem por que, Solange, inclusive você. Trato-a assim, simplesmente, porque não a acho inteligente como você, que se casou com um homem de posses, ficou viúva e está aí, com a vida ganha. Não precisou "ralar" para criar seu filho. Enquanto sua irmã, em vez de estudar sobre as prendas domésticas que agradam aos homens de boa família, ela vive enfurnada, só indo daquela faculdade para aquele hospital. Mal me ajuda em casa. Isso tudo me dá bons motivos para ralhar com ela.

— Estou estudando para me formar e ser independente, mamãe — objetou Sofia. — A cada dia que passa, a emancipação feminina se faz mais presente em nossa sociedade. Se até a senhora trabalha, por que eu não deveria investir em uma carreira?!

— Ainda que queira trabalhar, tudo bem, mas em vez de estudar tanto, com o tempo que lhe resta, deveria investir em arrumar um bom casamento, isso sim. E quanto a mim, trabalho muito porque casei com um homem pobre, para a minha desgraça.

— Mamãe... — interveio Solange —, mesmo sendo pobres, sempre tivemos o suficiente para vivermos com dignidade. Nunca nos faltou nada, graças a Deus!

— Ora, Solange. O que vocês consideram "viver com dignidade", para mim significa "viver na pobreza". Comigo a coisa é diferente. Nasci para ser rica, ter luxo e tudo mais que mereço. Ao invés disso, tudo o que possuo é restrito, contado na ponta do lápis. E ainda assim porque trabalho duro para isso, porque, se dependesse do dinheiro que o seu pai ganha, ainda seria muito pior.

— A senhora deveria agradecer a Deus de joelhos o marido e a vida que tem, mamãe, ao invés de reclamar tanto — falou Sofia, desconfortável com o discurso da mãe.

— Não seja insolente, sua moleca — Adelaide levantou a mão na direção da filha. — Ou lhe bato na cara! E agora vamos deixar de moleza, que você já descansou demais. Vamos, vamos! — Deu-lhe dois tapinhas às costas, instigando-a a levantar-se da cama.

— Não vivo na moleza, minha mãe — redarguiu Sofia. — Eu trabalho de dia e estudo à noite durante todos os dias de semana. Será que nem aos sábados posso descansar um pouco após o almoço?

— Você trabalha demais fora de casa, mas aqui dentro está deixando a desejar. Vamos, levante! Preciso que me ajude com o jantar, porque a minha cliente mais importante solicitou os meus serviços logo mais às quatro da tarde. Dona Violeta está querendo

vestidos novos para cumprir o luto pela nora. Vou precisar pegar duas conduções até chegar lá.

— Lamentável o que aconteceu à dona Elizabete — comentou Sofia. — Nunca cheguei a conhecê-la pessoalmente, mas sei que era uma pessoa especial, bastante conhecida pelos seus serviços sociais e beneficentes.

— Era uma mulher de coração bom, puro e generoso, cheia de amor para com o próximo — completou Solange.

— Vai ver foi por isso que Deus a levou tão cedo — presumiu Sofia.

— Uma boba, isso sim — retrucou Adelaide. — Uma mulher jovem, bonita, com um marido maravilhoso... Ao invés de aproveitar a vida com o dinheiro que tinha, perdeu a maioria dos seus dias se doando para um bando de mortos de fome. E o que ganhou? Nada! Morreu cedo e deixou tudo aí para o marido gastar com outras.

— Mamãe, Deus há de perdoá-la, porque a senhora não sabe o que diz — considerou Solange. — Dizem que o marido dela era muito apaixonado e que tem sofrido bastante desde o dia em que a esposa adoeceu. A última coisa que ele está pensando neste momento é em gastar dinheiro com mulheres.

— Além do mais — acrescentou Sofia —, aos olhos de Deus, dona Elizabete não "perdeu" o tempo dela realizando obras de caridade, ela ganhou, e muito, com o que fez em vida. Era uma servidora fiel, como nós todas juntas, muito provavelmente, nunca viremos a ser um dia.

— E nem quero! Está maluca, menina?! Deus me livre de um dia viver a minha vida como ela viveu a dela e acabar no fundo de uma cova.

— Mãe, concordo com Solange. Deus perdoa as coisas que a senhora fala porque Ele entende que a senhora não sabe o que diz — concluiu Sofia.

— Vou fingir que nem a ouvi, sua atrevidinha. Agora vamos já para a cozinha. Duas conduções me tomarão mais de uma hora do meu precioso tempo.

— Não será necessário pegar condução alguma, mamãe — afirmou Solange. — Eu ajudo Sofia com o jantar, depois levo a senhora aonde quiser.

— Eu vou mesmo aceitar a oferta, minha filha. Já que teve a sorte de herdar um carro de seu marido, não vejo problema que ele sirva para seus familiares também.

Sofia e Solange se entreolharam, lamentando a maneira distorcida de Adelaide enxergar a vida.

— Agora vou ver se meu neto não está a aprontar em meu quarto de costuras. Ele vive entrando lá sem minha permissão — e saiu em direção à porta. Parou um instante, virou-se para Sofia e disse: — E vá logo para a cozinha! Aproveite que sua irmã é bondosa e vai ajudá-la, mesmo estando aqui só de visita — e se retirou.

Enquanto se dirigia para o quarto de costura, Adelaide rememorava a sua história de vida, o que costumava fazer com certa frequência. Eram essas lembranças que alimentavam a sua revolta pela condição de vida que levava.

Adelaide era de origem humilde, mas havia tido uma boa educação. Quando adolescente, sonhava com um casamento que lhe satisfizesse todos os desejos consumistas que seus pais não lhe puderam atender.

Aos quatorze anos, conheceu Vicente e, como o rapaz também era de origem humilde, inicialmente, ela relutou em namorá-lo. Mesmo assim, Adelaide não conseguiu resistir por muito tempo a todo o carisma, inteligência e bom humor de Vicente, apaixonando-se por ele perdidamente. Contudo, mesmo apaixonada, só aceitou desposá-lo porque acreditava que o rapaz faria fortuna com as duas lojas de sapatos que havia herdado do avô.

Com esse pensamento, aos dezesseis anos, Adelaide casou-se com Vicente, que tinha dezoito. Solange nasceu um ano depois, quando Adelaide completou dezessete anos, coroando uma relação de amor entre o casal.

Os primeiros seis anos do casamento foram bastante satisfatórios para Adelaide, pois, além de amar o marido, os negócios dele estavam prosperando, de modo que ela levava a vida com que sempre havia sonhado. Enquanto Vicente trabalhava arduamente, Adelaide comprava roupas da moda, maquiagem e perfumes importados. Enchia Solange de mimos, frequentava clubes e viajava com frequência. Mas após esse período de muita fartura, os negócios começaram a enfraquecer gradativamente. Até que Vicente precisou vender uma das lojas para quitar dívidas contraídas em empréstimos, e Adelaide se viu privada de todo o luxo que a cercava.

O faturamento de apenas uma loja era suficiente para cobrir os gastos essenciais da família, mas não sobrava para os exageros e supérfluos de Adelaide, pois a concorrência estava cada vez maior no ramo de negócios de Vicente. Diante dessas condições financeiras, Adelaide desistira de dar um segundo filho, tão sonhado, ao marido. Porém, mesmo contra a sua vontade, acabou engravidando novamente, e Sofia nascera pouco depois de Solange completar onze anos.

Adelaide estava com vinte e oito anos e não aceitou a gravidez de bom grado. Pensava em trabalhar para aumentar a renda da família e poder, ao menos, comprar alguns cortes de tecido para encomendar roupas novas, pois não aguentava mais as antigas, porém Sofia iria impedi-la de seguir com seus objetivos supérfluos.

— Meu bem, você não precisa trabalhar, o que eu ganho é suficiente para os nossos gastos — dizia Vicente, tentando fazer a esposa se conformar —, ainda mais agora que teremos mais um filho abençoado por Deus.

— Não me venha com esse discurso derrotista. O que temos mal dá para pagar as contas. Não me lembro da última vez que comprei um bom perfume. Depois que esse filho nascer, irei trabalhar e ponto final.

Sofia nasceu linda e saudável. Era a alegria da casa, sempre ativa e irrequieta, divertia Vicente e Solange com suas peripécias infantis, mas Adelaide não via muita graça na menina. Estava mais preocupada em conseguir dinheiro para as suas futilidades. Assim, quando Sofia completou dois anos, Adelaide fez um empréstimo ao banco e começou a negociar informalmente com joias, de modo que, durante a semana, a menina ficava aos cuidados de Solange, e, aos sábados e domingos, era Vicente quem fazia as vezes de pai e mãe.

Dois anos se passaram, e os negócios de Adelaide não prosperaram, pois ela retinha para uso pessoal grande parte de seu estoque em joias, em vez de lucrar com elas. Quando a situação financeira do marido piorou ainda mais, ela precisou vender todas as joias que possuía para quitar as dívidas da família.

Assim, foi diante das dificuldades financeiras que Adelaide aprendeu um novo ofício, a costura. Com o dinheiro que ganhava costurando para fora, ela e Vicente conseguiram se equilibrar financeiramente, mas não voltaram mais ao luxo de outrora. Adelaide, a contragosto, aprendera a se regrar em tudo, para não precisar receber cobradores em sua porta, e aprendera, principalmente, a sobreviver com o que ela e o marido ganhavam.

No entanto, essa situação transformava cada vez mais o seu humor, de modo que ela vivia a reclamar de tudo e de todos, principalmente do marido e da filha Sofia, enquanto a sua primogênita, Solange, já com vinte e um anos, era o seu orgulho, pois estava noiva de um homem maduro, de quarenta anos de idade, já estabilizado na vida. Certamente, daria à filha uma vida como a que ela havia tido nos primeiros anos de seu casamento.

— Enquanto Solange cuidou de arrumar um bom partido para casar-se — dizia Adelaide ao marido —, a *sua* filha Sofia vive agarrada com aqueles livros. Para quê, se neste país mulher não tem vez?

— Você quis dizer a *nossa* filha — retrucou Vicente. — Sofia é *nossa* filha, e ela faz muito bem em continuar os estudos. Não sei se você percebeu, mas as mulheres estão se emancipando a cada dia. Será bom que nossa filha cresça na vida independentemente de um bom casamento. A pobrezinha já esteve parada nos estudos por muito tempo para trabalhar e nos ajudar com as despesas de casa. Felizmente, ultimamente, ela tem conseguido conciliar o trabalho com o estudo. Deixe a menina em paz.

— Ela nos ajudaria muito mais se arrumasse um bom partido para casar-se, como fez Solange.

Solange casou-se aos vinte e dois anos e foi com pesar que se separou de Sofia, de quem havia cuidado desde criança como se fosse sua filha. O marido de Solange não era exatamente rico, como Adelaide costumava afirmar, mas tinha posses e vivia confortavelmente com a esposa. Era bom e generoso e fazia questão de ajudar os pais de Solange sempre que eles necessitavam, o que era raro, pois Vicente não costumava deixar faltar nada à sua família. Solange estimava, respeitava e admirava muito o marido, pois era um homem bom, generoso, amigo, sincero — um porto seguro de uma relação estável.

Apesar do intenso desejo do casal de ter um filho, eles só foram agraciados com a chegada de Pedro seis anos depois do casamento, quando Solange estava com vinte e oito anos. Porém, para a tristeza de toda a família, ela enviuvara quando o menino completou pouco mais de seis anos.

Após o desencarne do estimado esposo, Solange teve de aprender a enfrentar a vida e a cuidar de seu único filho sozinha. Com o apoio de sua família e com a boa pensão em dinheiro e os bens herdados do esposo, ela não teve tanta dificuldade. Assim, seguiu em frente com fé em Deus, dando vazão à sua força interior, que sempre estivera adormecida pelo excesso de mimos que lhe foram dedicados por Adelaide. Até aprendeu a dirigir o carro herdado do marido, passando a ser vista como uma mulher moderna, o que era uma tendência para a época.

Graças ao comportamento da mãe diante das adversidades surgidas, Pedro estava agora com dez anos e era um menino saudável, inteligente, seguro e feliz. Na visão de Adelaide, apenas a vida da filha mais velha tinha dado certo.

C A P Í T U L O 5

Uma proposta inusitada

O carro de Solange parou à frente da mansão dos Pedrosas cinco minutos antes das dezesseis horas. Conhecendo bem a pontualidade e exigência de sua melhor cliente, Adelaide procurou não se atrasar. Agradeceu à filha, despediu-se dela e saiu do carro, porém Solange ofereceu-se para aguardar até que a mãe estivesse livre e pudessem voltar juntas, ao que Adelaide aceitou de bom grado.

Assim, mãe e filha foram recebidas por Berta, que as acompanhou até a sala de visitas, onde Violeta, sentada em uma confortável poltrona, checava a hora em um pomposo relógio de parede. Eram dezesseis horas em ponto quando elas adentraram o recinto.

Vendo-as entrar, Violeta levantou-se e estendeu a mão para cumprimentar Adelaide.

— Aprecio a sua pontualidade, Adelaide.

— Muito grata, dona Violeta. Mas confesso que me esforço porque sei bem que a senhora detesta atrasos.

— A vida me ensinou a não perder o meu precioso tempo com trivialidades — disse Violeta. Por isso, costumo ser pontual e objetiva no que faço. E esta moça, é uma de suas filhas?

— Sim, sim. Essa é a minha mais velha.

— Sentem-se, por favor — Violeta apontou um sofá à frente de sua poltrona, para que elas sentassem.

Após se acomodarem, Adelaide acrescentou mais detalhes à apresentação de Solange. Ela não perdeu a chance de enfatizar que a filha era uma mulher estabilizada na vida porque havia herdado posses após enviuvar de um homem rico. Disse também que Solange era mais bonita e esperta do que a outra, que fazia faculdade de Enfermagem. Solange sentiu-se muito desconfortável diante do discurso da mãe, mas não a interrompeu.

Violeta ouviu tudo com atenção, o que não era de costume. Em seguida, encomendou vários vestidos pretos de fino corte, deixando Adelaide radiante, pois ela teria de pagar bem caro por todos eles.

Após tirar as medidas do corpo de Violeta, Adelaide ia despedir-se, porém mãe e filha foram surpreendidas com um convite para um chá rápido com biscoitos. Violeta chamou Berta e deu-lhe algumas instruções. Em menos de dez minutos, uma criada adentrou a sala de visitas trazendo uma bandeja com chá de erva-cidreira, o preferido da patroa, e xícaras para todas. Logo em seguida, Berta vinha trazendo variados tipos de biscoito, entre doces e salgados. Após servirem as visitas, as criadas pousaram as bandejas sobre uma mesinha de centro e se retiraram.

Adelaide olhava tudo aquilo com desconfiança, pois Violeta nunca a havia convidado a permanecer em sua casa nem por um minuto a mais do que o necessário para acertarem as encomendas das roupas.

"Será que ela está se sentindo sozinha, sem a nora?", pensou. "Não, isso não é típico dela. Deve estar interessada em algo. Mas em quê?"

— Estes biscoitos são preparados pela minha cozinheira com uma receita exclusiva que eu trouxe de Paris — comentou Violeta, enquanto repousava sua xícara em um pires. E levou um dos biscoitos à boca.

— São deliciosos! — disseram juntas mãe e filha.

Como que distraidamente, Violeta fitou a costureira e indagou:

— Adelaide, e quanto à sua outra filha?

— Quem, Sofia?

— Sim. Se não me engano, você disse que ela fazia faculdade de Enfermagem.

— É, sim. Ela faz. Bem, durante o dia, trabalha em uma loja como vendedora de roupas, e à noite, faz sim a faculdade de Enfermagem. Quando não está na faculdade, vive enfurnada em hospitais de caridade visitando criancinhas. Não sei para quê! Sou do tempo em que as mulheres se dedicavam às prendas do lar para conseguir um bom casamento, como fez Solange.

— Os tempos mudaram, mamãe — comentou, finalmente, Solange. — Sofia é diferente. É mais nova que eu e pensa em ser independente. Por isso está estudando.

— E ela recebe um bom salário pelo trabalho na loja? — indagou Violeta, interessada.

— Qual nada! — respondeu Adelaide. E serviu-se de mais um biscoito. — Recebe uma miséria para trabalhar feito uma burra de carga. Mas como precisa do dinheiro para ajudar com as contas de casa, eu mesma faço questão que permaneça trabalhando.

E Violeta continuou interrogando Adelaide:

— Pelo que entendi, ela gosta de crianças, então. E deve também saber lidar com questões de saúde, já que está estudado para ser enfermeira.

— Ah, sim. Ela adora crianças. Também não entendo isso, porque não há nada para tirar mais o meu juízo do que crianças e... — Adelaide parou abruptamente de falar, ao lembrar-se de que

Violeta tinha uma neta pequena. Em seguida, tentando emendar o discurso, continuou:

— Bem... nem todas as crianças me atormentam, claro. Aquelas de boa classe, bem-educadas, certamente não dão tanto trabalho assim. O meu neto, filho de Solange, por exemplo, é um menino de ouro. A sua neta também deve ser adorável — concluiu Adelaide.

Mesmo servindo Violeta como costureira havia algum tempo, Adelaide nunca havia tido qualquer contato com Mariana.

Violeta ignorou as retificações de Adelaide, pois não pretendia perder o foco, e foi direto ao assunto.

— Convide a sua filha para uma entrevista de trabalho comigo. Em breve estaremos precisando de uma nova babá para cuidar de minha neta, pois a atual logo deixará o cargo. Diga-lhe que pagarei o dobro do que ela ganha na loja e ainda poderá continuar com o curso de Enfermagem, o que será útil ao serviço, pois minha neta tem muitos problemas de saúde.

Violeta e Solange se entreolharam, surpresas com a proposta. A oferta parecia-lhes muito boa.

— Muito agradecida pelo convite, dona Violeta — articulou Adelaide. — Vou pedir a Sofia que marque um horário com a senhora o quanto antes. Caso consigam acertar o emprego, acredito que a senhora não se arrependerá. Mesmo não concordando com o jeito tosco de minha filha levar a vida, posso lhe garantir que Sofia é uma moça muito responsável e disposta. Além de honesta e bem-educada também.

— Faça isso, Adelaide, e eu lhe serei muito grata. Já estou entediada das entrevistas exaustivas que sempre realizei com as candidatas ao cargo, mesmo quando Elizabete estava viva. Caso sua filha consiga o emprego, pouparei muito tempo e esforço.

Violeta deu a conversa e o chá por encerrados. Levantou-se e estendeu a mão para despedir-se de suas visitas. Em seguida, as três deixaram o recinto. Adelaide e Solange entraram no carro e partiram, enquanto Violeta seguiu com seus afazeres programados para o dia, inclusive, aguardar o professor de piano para dispensá-lo.

Em razão dos problemas de saúde de Mariana, que incluíam a limitação física e crises respiratórias frequentes, ela não frequentava a escola regularmente. Em comum acordo entre seus pais e a diretora de uma escola da cidade, até aquele momento, Mariana comparecia ao colégio apenas para prestar os exames de avaliação. Para isso, tinha aulas particulares em casa sobre todas as matérias necessárias à sua formação, mas estava se preparando para frequentar regularmente a escola no ano seguinte. Tinha também aulas de língua estrangeira e de piano, as suas preferidas. Por sorte, o professor Leônidas se atrasou um pouco em seu horário habitual, de modo que, ao chegar à casa dos Pedrosas, Mário e Joaquim já haviam retornado da empresa e impediram que Violeta privasse Mariana de seu principal lazer.

∾

Na casa de Adelaide, foi com surpresa que Sofia recebeu a notícia do convite para trabalhar como babá da neta de Violeta. Assim como a mãe e a irmã, ela também imaginou que poderia ser uma boa oportunidade de emprego e, logo no dia seguinte, entrou em contato com Violeta, marcando uma entrevista para dali a dois dias.

No dia e horário marcados, Sofia apresentou-se pontualmente para a entrevista. Violeta a recebeu com certo desconforto, pois, logo no primeiro instante, percebeu que a moça não era exatamente o que ela procurava. Era bonita e irradiava simpatia sem ao menos dizer uma palavra.

Com a continuação da conversa, a situação ficou ainda pior, pois Violeta pôde constatar que Sofia era também inteligente,

perspicaz, alegre e generosa. Uma mulher com qualidades suficientes para atrair facilmente a atenção de qualquer homem, sobretudo, se ele estivesse livre e carente, como o seu filho. Ela não poderia correr esse risco. Não agora que o filho havia se livrado de um casamento que sempre considerou fadado ao fracasso, desde o seu início.

Após algumas perguntas de praxe, sobre os dotes profissionais de Sofia, a entrevista tomou um rumo diferente, que causou estranheza à moça. Violeta lhe indagara sobre seus relacionamentos e compromissos amorosos. Quando, finalmente, certificou-se de que Sofia estava solteira e era descompromissada, teve o seu veredicto concluído. Não entrou em detalhes sobre as atribuições do cargo de babá, nem apresentou Mariana à candidata.

— Então, você já pode ir — disse Violeta enquanto se levantava. — Entrarei em contato, caso você seja escolhida para assumir o emprego.

Passadas duas semanas, Sofia recebera um telefonema de Berta, avisando que o cargo havia sido preenchido por outra pessoa, o que não era verdade. Gorete tinha partido havia uma semana, e Violeta continuava entrevistando moças, mulheres e senhoras, vindas de todas as partes. E enquanto não encontrava a pessoa ideal, Mariana ficava aos cuidados aleatórios de uma e de outra criada da casa, nos intervalos de seus afazeres domésticos. Além de sofrer as hostilidades da avó com mais intensidade ainda.

"Se não fosse tão interessante como mulher, Sofia seria a pessoa ideal para assumir o cargo", pensava Violeta. Diante dessa conclusão, ela iria continuar procurando a pessoa que viesse a atender ao seu rigoroso crivo.

Sofia não se abateu por não ter sido escolhida para o emprego, pois acreditava que Deus fazia tudo certo. Sua fé a guiava em todos os passos de sua vida, e ela nunca desanimava. Mas Adelaide não recebeu a notícia de bom grado e resmungou durante quase duas horas. Não entendia por que a filha não teria conseguido preencher a vaga. Mesmo que vivesse questionando suas decisões e modos, tinha plena consciência de seu potencial. Por isso, decepcionou-se tanto, estava certa de que o emprego seria dela.

"Ah, aquele dinheiro iria ajudar bastante!", lamentou diversas vezes naquele dia.

CAPÍTULO 6

Aprendendo sobre Espiritismo

Uma semana depois, Sofia acordou radiante, não cabendo em si de tanta felicidade, pois havia recebido um telegrama de seu tio Breno informando de sua chegada naquela manhã de sábado. Solange e Pedro, como de costume, foram passar o final de semana na companhia de Adelaide, Vicente e Sofia, mas, dessa vez, chegaram bem cedo para aguardarem, juntos, notícias da chegada de Breno.

O telefone tocou, e Sofia atendeu ansiosa:

— Alô.

— Eu gostaria de falar com uma das moças mais maravilhosas da capital — disse a voz do outro lado da linha.

— Tio! É o senhor! — exclamou Sofia feliz, ao reconhecer a voz de Breno, enquanto Solange dava pulinhos de alegria ao seu lado.

— Sim, minha querida, sou eu. Acabei de chegar e estou ansioso para ver todos vocês.

— De onde o senhor está ligando? Está no aeroporto?

— Não, querida. Já estou hospedado em um hotel próximo ao aeroporto, mas pegarei um táxi para ir até aí visitá-los.

— Não precisa, tio. Nós iremos pegá-lo onde estiver e faze-mos questão que fique em nossa casa até conseguir se reinstalar na cidade. Temos um quarto sobrando aqui, que preparamos, exclusivamente, para recebê-lo.

— Fico muito agradecido, minha sobrinha querida. Prometo que depois avalio sua preciosa oferta. Por agora, tomarei um bom banho e em seguida irei até aí. Pode, por gentileza, me confirmar o endereço?

— Nada disso, tio. Nós vamos pegá-lo — insistiu Sofia.

Após convencer o tio de ir buscá-lo, Sofia tomou o endereço do hotel e desligou o telefone, satisfeita. Em seguida, saiu de carro com Solange. Adelaide ficou em casa preparando um generoso almoço de recepção para o irmão, que não via havia sete anos.

Com quarenta e dois anos de idade, Breno era um homem dotado de muito conhecimento, tanto científico quanto religioso. Desde muito cedo, assuntos relativos à vida e à morte sempre lhe suscitaram muitos questionamentos íntimos, que o instigaram a uma busca incansável por respostas. Era muito diferente da irmã, Adelaide, principalmente no modo como ambos enxerga-vam a vida. Enquanto ela procurava satisfazer as necessidades materiais que o dinheiro pode comprar, ele buscava alimentar o espírito, estudando, lendo, sorvendo conhecimentos em boas fontes, aprofundando-se no conhecimento das leis naturais que regem o mundo espiritual.

Ana Maria, a segunda dos três irmãos, não era tão materia-lista quanto Adelaide. Havia se casado com um bom homem, era professora primária e levava uma vida simples e feliz. Não lhe agradava ostentar o luxo, pois era grata a Deus por possuir o suficiente para levar uma vida plena ao lado do marido e dos dois filhos. Quando Breno ainda morava no Brasil, eles chegavam a conversar durante horas. Ela gostava de ouvir atentamente as teorias espiritualistas do irmão, que costumavam confortar-lhe o coração em momentos de provações. Contudo, nunca procurara aprofundar-se no assunto, pois tinha medo do que pudesse encontrar.

No Brasil, Breno havia se formado em Filosofia e era professor de uma universidade pública em São Paulo, antes de conseguir uma bolsa para realizar o mestrado na Europa. Dois anos depois, seguiu também com o doutorado. No entanto, nesse ínterim, esteve aprofundando os seus conhecimentos sobre espiritualidade. Frequentou diversos centros religiosos e viajou pelo mundo conhecendo diferentes povos e culturas. Agora estava de volta ao Brasil para reassumir o posto de docente e dar continuidade aos estudos que lhe alimentavam o espírito.

Já de volta, Sofia adentrou a casa falando alto, animada:

— Mamãe, papai, já estamos de volta! Venham receber o nosso tio querido. Ele aceitou ficar conosco um tempo!

Sofia e Solange haviam convencido Breno a se hospedar na casa de Adelaide, até que conseguisse um lugar para morar em definitivo.

Adelaide foi a primeira a cumprimentá-lo com um abraço caloroso. Mesmo achando que o irmão era meio "perturbado da cabeça", ela o estimava bastante. Concordava que era também um homem inteligente e muito generoso. Em seguida, foi a vez de Vicente abraçar o cunhado com afabilidade.

Quando Pedro aproximou-se, Solange o posicionou de frente para Breno e disse:

— Veja, meu tio, como Pedro cresceu.

— Nossa! Está um rapagão muito bonito! Dê-me aqui um abraço, rapaz!

Após certificar-se da chegada de Breno à casa de Adelaide, Ana Maria, que residia no mesmo bairro que a irmã, logo apareceu

por lá, juntamente com seu esposo Osório e os dois filhos, Beatriz e Paulo, completando a "festa" em família.

Depois dos cumprimentos, Breno tomou um banho revigorante, botou uma roupa confortável e acomodou sua bagagem no quarto previamente arrumado para ele. Em seguida, a família se reuniu em torno da mesa para o almoço.

Enquanto saboreavam uma deliciosa comida, Breno era bombardeado de perguntas sobre a vida que havia levado durante os anos que passara na Europa, e ele respondia a todas com satisfação. Após o almoço, percebendo o carinho e interesse de todos, mesmo exausto, ele continuou a conversa em família na sala de estar durante mais algumas horas. Foi apenas ao cair da tarde, quando rendido pelo cansaço, que ele, finalmente, decidiu dormir um pouco para repor as energias.

A casa de Adelaide era antiga e bastante espaçosa. Breno ficou acomodado no quarto que fora de Solange. Não havia luxo, mas Adelaide fazia questão de manter tudo sempre muito limpo e arrumado, tornando a residência agradável e aconchegante, ainda que modesta.

Após o jantar, com exceção de Beatriz, filha de Ana Maria, Breno e seus familiares voltaram a se reunir. Desta vez, acomodaram-se na ampla varanda lateral da casa, que dava acesso ao estreito jardim.

A conversa agradável, regada ao delicioso café preparado por Solange, fez as horas passarem rápido. Assim, Ana Maria, seu esposo e o filho mais novo foram os primeiros a se despedir de Breno. Em seguida, foi a vez de Adelaide e Vicente, que pediram licença para se recolher. Por fim, Pedro acomodou-se no quarto de Sofia, pois Solange iria dormir na casa da mãe aquela noite.

Com isso, restaram na varanda apenas Breno e as duas sobrinhas.

— O senhor não pretende se recolher também, meu tio? — indagou Sofia, sentada ao lado de Solange.

— Ainda não, minha querida. Aquele sono vespertino me repôs toda a energia gasta durante a viagem. Ficarei um pouco mais — ele olhou para o céu —, contemplando a bela noite de Lua cheia. Fiquem à vontade as duas, se quiserem se recolher.

— Pelo contrário, não estou com sono algum — objetou Sofia. — Na verdade, irei adorar continuar aqui conversando um pouco mais com o senhor, já que também não tem sono.

— E eu digo o mesmo — ajuntou Solange. — Pedro já está acomodado, então me sinto à vontade para permanecer aqui um pouco mais.

— Que ótimo, então! Minhas sobrinhas queridas me farão companhia em uma linda noite de luar, quando eu estaria sozinho a contemplar essa majestosa Lua — disse Breno, sorrindo amavelmente, e as duas irmãs retribuíram-lhe o sorriso.

— Então, tio Breno, quando retornará às suas atividades na universidade? — indagou Sofia.

— Antes de retornar, tenho em média uma semana para procurar um lugar e me reinstalar na cidade. Conseguindo ou não, após esse tempo, terei de retomar minhas atividades de qualquer forma. Quem sabe, com um pouco de sorte, eu consiga encontrar logo um cantinho de meu agrado.

— O senhor não precisa ter pressa — comentou Solange.

— Exatamente. Fique o tempo que for necessário — ratificou Sofia.

— Agradeço bastante a hospitalidade de todos. Sinto-me lisonjeado mesmo. Mas começarei a procurar um lugar o quanto antes. Não pretendo incomodar por muito tempo.

— O senhor não incomoda, de forma alguma — respondeu Solange, e Sofia assentiu com a cabeça, apoiando a afirmativa da irmã. Breno sorriu, como que agradecendo o carinho.

— Tio, mudando de assunto... como andam os seus estudos sobre espiritualidade? — indagou Sofia. — Quais são seus planos quanto a isso?

— Bem, Sofia, depois que conseguir me instalar, pretendo retomar o contato com algumas pessoas muito especiais e queridas que conheci em grupos de estudo e nos centros espíritas que frequentei antes de deixar o Brasil. Depois, pretendo formar o meu próprio grupo, em minha nova residência, onde iremos nos reunir para estudar, orar em benefício do próximo e trocar ideias sobre espiritualismo, Espiritismo e demais temas relacionados.

Sofia franziu o cenho.

— Não entendi — disse ela.

— E o que foi, exatamente, que você não entendeu, minha sobrinha?

— O que o senhor falou no final. Como leiga no assunto, pensei que espiritualismo e Espiritismo fossem a mesma coisa.

Breno sorriu.

— Entendo. Muitos são os que pensam assim como você, Sofia. O que é bastante natural para quem desconhece o assunto. Porém, Espiritismo e espiritualismo são sim expressões distintas, embora representem eventos interligados.

— Será que conseguiremos compreender melhor se o senhor nos explicar? — indagou Solange.

— Mas claro que sim, minha querida. — Seus lábios se entreabriram em um largo sorriso. — Bem, tentarei ser o mais didático possível...

— Afinal, o senhor é um professor renomado — interrompeu Sofia, sorrindo.

Solange e o tio também sorriram. E Breno continuou:

— Então, vou começar explicando o termo espiritualismo.

As duas irmãs assentiram positivamente com a cabeça, e Breno seguiu com a explicação:

— De maneira bem simplista, podemos dizer que o espiritualismo é o oposto do materialismo. Ou seja, aquelas pessoas que acreditam que somos feitos por algo além do corpo físico e material — que somos, em essência, espíritos —, estes são considerados espiritualistas. Independentemente da religião.

— Ah, tio, compreendi! — exclamou Solange, surpresa. — Então, quer dizer que, eu mesma, que sou católica, também sou espiritualista, simplesmente porque não acredito que somos feitos apenas de matéria. Sou convicta de que a nossa essência é o espírito.

— Exatamente! — exclamou Breno, animado. — Enquanto os materialistas consideram apenas a matéria, o corpo físico, os espiritualistas creem na espiritualidade do ser. E a espiritualidade, por sua vez, remete às características, fatos e/ou ações do espírito. É tudo o que transcende a compreensão meramente material. Assim, podemos observar espiritualidade no cristianismo, no judaísmo, no islamismo e em tantas outras.

E percebendo que as sobrinhas continuavam escutando com atenção, Breno continuou:

— E só para reforçar o fato de que o espiritualismo não está relacionado com nenhuma religião em específico, digo a vocês que logo no início de meus estudos sobre Filosofia, descobri que o termo "espiritualismo" foi adotado por um filósofo — espiritualista, óbvio —, nascido em Paris, no final do século 18.

— Um filósofo, tio? — indagou Sofia, surpresa.

— Isso mesmo, minha querida. Um influente filósofo francês, chamado Victor Cousin.[1] Ele pregava que a nossa verdadeira doutrina era o espiritualismo, uma filosofia sólida e generosa,

---

1. Nota da Editora: Victor Cousin, (Paris, 28 de novembro de 1792 – Cannes, 14 de janeiro de 1867) foi um filósofo, político, reformador educacional e historiador francês. Líder da Escola Eclética, integrou a Academia Francesa de Letras. Filósofo espiritualista, editou obras de Descartes, traduziu Platão e Proclo. Suas obras mais notáveis foram *Histoire de la philosophie au XVIII* siècle* (1829) e *Du Vrai, du Beau et du Bien* (1853). Reconheceu a inteligência feminina escrevendo uma série de monografias sobre mulheres célebres do

que ensina a espiritualidade da alma, a virtude desinteressada, a responsabilidade das ações humanas, a beleza da caridade, dentre tantas outras coisas, que se eu for citar aqui, entraremos pela madrugada conversando — disse, sorrindo.

Sofia e Solange estavam encantadas com a narrativa clara e objetiva do tio, de modo que elas sorviam cada palavra atentamente.

— Tio — continuou Sofia —, e quanto ao termo "espiritismo"? O que ele significa, afinal?

— Sim, claro. Vamos agora entender o significado do termo "espiritismo". De maneira geral, a doutrina espírita, também chamada de Espiritismo, é fundamentada nas relações do mundo material com os espíritos. Ou seja, os adeptos do Espiritismo, designados pelo termo "espíritas", não apenas creem na existência dos espíritos, como também reconhecem suas comunicações com o mundo dos vivos.

— Como assim, tio? — indagou Sofia, um pouco confusa.

— Bem, vou tentar esclarecer melhor. Assim como a maioria das doutrinas religiosas, o pilar do Espiritismo é também o espiritualismo.

— Certo. Até aí, tudo bem — aquiesceu Sofia. E Breno continuou:

— Porém, a principal diferença entre o Espiritismo e muitas outras religiões é a sua crença na possibilidade de comunicação entre os vivos e os espíritos dos que já morreram. Ficou mais claro, agora? — indagou Breno, fitando as sobrinhas com atenção.

— Agora entendi — concordou Sofia. E Solange também assentiu com a cabeça.

— Claro que essa é uma definição demasiadamente simplificada.

---

século 17: Jacqueline Pascal (1845); Madame de Longueville (1852); Mme. de Sablé (1854); Mme. de Chevreuse e Mme. de Hautefort (1856).

— Por que, tio? — indagou Sofia.

— Simples, minha querida. Porque além de considerar a comunicação entre o mundo corporal e o mundo espiritual, o Espiritismo repousa também sobre outros princípios, que incluem a existência de Deus, do mundo espiritual, a Lei de Causa e Efeito, a reencarnação e muitos outros. Enfim, trata-se de uma filosofia que possui bases científicas e consequências religiosas.

— Uma filosofia? — indagou Solange.

— Isso mesmo, Solange — ratificou Breno. — Vejam bem, partindo-se do princípio platônico de que "filosofar" é buscar o sentido para a vida, podemos sim chamar o Espiritismo de "Filosofia Espírita". Isso porque a doutrina busca explicar de onde viemos, para onde vamos, qual a nossa missão em vida carnal e espiritual, os porquês de nossas adversidades, dificuldades, além de buscar também compreender os fenômenos da comunicação entre vivos e desencarnados, que citei há pouco.

— Entendo, tio. Faz todo sentido, sim — considerou Solange.

— Tio Breno... — falou Sofia, meio sem jeito. — Se o senhor ainda estiver disposto, porque já deve estar com sono, será que poderia nos falar como surgiu o Espiritismo? Fiquei curiosa, com essa definição envolvendo a filosofia, a ciência e a religião.

— Com muito prazer, minha querida!

E Breno começou a narrar a sequência dos principais acontecimentos considerados marcos da história da origem do Espiritismo.

— Mesmo sendo universais e existindo desde os primórdios da humanidade, as manifestações mediúnicas começaram a surgir de forma ostensiva durante o século 19, primeiramente nos Estados Unidos, tornando-se inclusive manchete em jornais, com as irmãs Fox.[2] Tais eventos tratavam-se, inicialmente, de ruídos, pancadas

---

2. Nota da Editora: As irmãs Fox foram três mulheres que viveram no vilarejo de Hydesville, estado de Nova York, nos Estados Unidos. Em razão de suas faculdades

em móveis e objetos que se moviam, sempre em uma sistemática voltada à comunicação de espíritos com os indivíduos encarnados envolvidos nos casos.

— Os fenômenos foram tomando proporções cada vez maiores, de modo que passaram a ser investigados publicamente. Com a afirmação de veracidade deles, testemunhados por respeitáveis personalidades, cresceu a notoriedade e o interesse em torno deles e massificou-se sua divulgação no país. Logo depois, esses fatos extraordinários de manifestações inteligentes "ultratumulares" também começaram a ocorrer em vários países da Europa. Nesse ínterim, a forma de comunicação dos espíritos foi também se aperfeiçoando, de modo que eles passaram a se manifestar utilizando-se também de indivíduos médiuns, por meio da psicografia.

Sofia e Solange ouviam tudo com atenção e muito interesse, de modo que Breno continuou a narrativa com satisfação e feliz com a receptividade das sobrinhas.

— Em meados de 1854, intrigado com tais acontecimentos, um pedagogo francês chamado Hippolyte Léon Denizard Rivail, que posteriormente adotou o pseudônimo de Allan Kardec, fora convidado por amigos a participar de algumas reuniões e passou a investigar seriamente os fenômenos, que, de início, eram desacreditados até mesmo por ele. Com o andamento das investigações, Rivail tomou conhecimento de vários acontecimentos extraordinários, incluindo ruídos diversos, levitação e transporte de corpos pesados, aparições materializadas, psicografias etc., testemunhados por amigos pessoais. Ele mesmo passou a frequentar sessões com a participação de médiuns, que realizavam tais fenômenos, em 1856.

---

mediúnicas, elas tiveram um importante papel na gênese do Moderno Espiritualismo Ocidental. As irmãs eram Katherine "Kate" Fox, Leah Fox e Margaret "Maggie" Fox, e tiveram grande repercussão na mídia da época.

Depois de uma breve pausa, para buscar na memória a linha de acontecimentos, Breno seguiu a explanação:

— Depois da análise exaustiva das diversas respostas dadas pelos espíritos a uma série de perguntas que ele mesmo levara para as sessões mediúnicas, Rivail concluiu que muitas delas não poderiam ser atribuídas ao acaso, sendo de fato comunicações inteligentes oriundas dos espíritos. Pouco tempo depois, ele sistematizou e codificou os ensinamentos passados pelos espíritos superiores, revisou várias vezes o conteúdo final, inclusive com a ajuda de espíritos em sessões mediúnicas e, por fim, publicou, em 1857, o resultado de todo esse trabalho, em uma linda e sábia obra intitulada *O Livro dos Espíritos*.

Breno concluiu dizendo:

— Bem, meninas, e foi assim que nasceu o Espiritismo, com essa obra básica de uma filosofia que modificaria as concepções estacionárias em que se conservava a humanidade até então.

— Nossa, tio! Que história mais linda e interessante! — exclamou Sofia, extasiada.

— É mesmo maravilhosa, Sofia — concordou Breno. — Mas confesso que resumi bastante a minha narrativa, pois o processo de construção dessa primeira obra de Allan Kardec foi muito mais grandioso e bonito do que o que pude mostrar. Mas, se desejar, tenho um material que conta maiores detalhes desse processo.

— É realmente uma história extraordinária — considerou Solange.

— E quanto ao *O Livro dos Espíritos*, o senhor também poderia me emprestar? — indagou Sofia.

— Claro, minha querida! Penso que você irá apreciar bastante a leitura. Como disse, trata-se de uma obra sensacional, sobretudo para quem deseja se aprofundar nos princípios que norteiam as leis da vida e da evolução espiritual. Isso porque ela apresenta, na forma de perguntas e respostas, diversas explicações fornecidas

pelos espíritos superiores a muitos dos questionamentos da humanidade. E é importante deixar claro que os assuntos são discorridos sob a ótica da moral cristã, que fundamenta o Espiritismo.

— Cristã? — questionou Solange, franzindo o cenho.

— Sim, Solange. O Espiritismo é uma doutrina totalmente fundamentada nos preceitos de Cristo. Você nunca ouviu falar no livro intitulado *O Evangelho Segundo o Espiritismo*?

— Não, tio. Para dizer a verdade, eu não sabia que o Espiritismo se tratava de uma doutrina cristã.

— Ah, mas isso eu sabia — comentou Sofia.

— Bem, tanto *O Livro dos Espíritos* quanto *O Evangelho Segundo o Espiritismo* são obras ricas de ensinamentos cristãos, apresentados sob a ótica do Espiritismo. Tenho os dois livros e muitos outros, que estarão sempre à disposição de vocês, se assim desejarem.

— Certamente, eu os aceitarei emprestados, tio — respondeu Sofia, entusiasmada. — Ultimamente, tenho pensado muito em me aprofundar no assunto. E, agora, com o senhor por aqui... irá me guiar nessa caminhada — e sorriu para ele.

— Com todo prazer, minha sobrinha! — disse Breno, retribuindo o sorriso.

— Já quanto a mim, prefiro ir mais devagar — comentou Solange. — Gosto de ouvir o senhor falar, mas ainda não me sinto preparada para mergulhar na literatura espírita.

— E você está certa, Solange — orientou Breno. — Não deve forçar nada mesmo, não. O conhecimento sobre o Espiritismo deve chegar a nós por meio de uma busca espontânea, nunca imposto ou forçado, pois cada um tem o seu próprio tempo de buscar e também de compreender.

— Pois eu estou em uma fase de curiosidade pura — afirmou Sofia. — Ando sedenta de respostas e penso que vou encontrar muitas delas conhecendo mais sobre o Espiritismo.

— Na verdade, tio — continuou Solange —, também me agrada muito a ideia de conhecer um pouco mais sobre o Espiritismo. Mas como sou católica praticante, não vou mentir que tenho certo receio quando o pároco e alguns fiéis na igreja comentam que...

Solange parou de falar abruptamente, temendo magoar o tio por algo que viesse a dizer sem o devido conhecimento de causa.

— Continue Solange, por favor — pediu Breno, carinhosamente. — Pode falar à vontade, estamos aqui trocando ideias, apenas.

Ainda um pouco constrangida, mas diante do estímulo do tio, Solange decidiu falar o que ia em seu pensamento, até como forma de esclarecer algumas de suas dúvidas.

— Bem — continuou ela —, eu estava dizendo que, mesmo sem nunca terem frequentado um centro espírita, muitos conhecidos meus têm a plena convicção de que nesses locais ocorrem sessões de magia negra, onde as pessoas se comunicam com espíritos do mal e fazem os famosos "trabalhos" que atentam contra a vida de pessoas inocentes. Embora eu sempre tente me esquivar desses comentários, tenho de confessar que sempre fiquei na dúvida se falavam a verdade ou não.

— Não se sinta constrangida em falar sobre isso comigo, minha sobrinha — considerou Breno. — Entendo perfeitamente que, infelizmente, há muita confusão e, por que não dizer, ignorância também por parte dos leigos sobre a diferença entre o Espiritismo e muitas religiões afro-brasileiras, inclusive algumas que lidam com a magia negra. A confusão ocorre, principalmente, porque os adeptos de tais religiões também creem nas manifestações dos espíritos, e, por isso, historicamente, muitos deles definem-se como "espíritas". Porém, como eu disse anteriormente, além da comunicação com os espíritos, muitos outros pilares sustentam o Espiritismo codificado por Kardec, e, sendo assim, posso lhe garantir que as demais são práticas religiosas completamente distintas.

— Entendo, tio — disse Solange. — Mas... o que mesmo ocorre nesses centros espíritas?

— Veja bem, Solange. Todas as atividades desenvolvidas em um centro espírita são destinadas ao bem.

Solange assentiu com a cabeça, atenta às explicações de Breno, e ele continuou:

— E não poderia ser diferente, porque todos os preceitos que norteiam o Espiritismo, os quais citei há pouco, são fundamentados na evolução do espírito e no maior princípio cristão: "amar o próximo como a si mesmo". Sendo assim, se o local for sério e as atividades desenvolvidas dentro do que foi preconizado por Allan Kardec, não há possibilidade alguma de envolvimento com magia negra ou qualquer outra atitude maléfica ao próximo ou aos animais.

— Compreendo, tio. Tem toda razão — comentou Solange. — Sendo como o senhor diz, não poderia mesmo ser diferente.

— Sempre tive curiosidade para saber quais eram as atividades desenvolvidas nesses locais — admitiu Sofia. — O senhor poderia falar um pouco sobre elas?

— Claro, Sofia! — E percebendo que as sobrinhas aguardavam ansiosas os seus esclarecimentos, Breno continuou, com satisfação:

— Existem muitas atividades desenvolvidas nos centros espíritas. Na maioria das vezes, ocorrem palestras destinadas a propagar o conhecimento espiritual mesclado ao Evangelho de Jesus, bem como são aplicados passes mediúnicos, quando são transmitidos fluidos energéticos, que imprimem características positivas a quem os recebe. Além dessas atividades básicas, muitos centros espíritas também costumam oferecer atendimentos individualizados e tratamentos espirituais destinados a pessoas com problemas mais graves. Em algumas casas, há as reuniões mediúnicas, durante as quais os espíritos de luz dão orientações aos presentes, enquanto os espíritos sofredores podem manifestar-se e serem auxiliados pelos encarnados. Além de tudo isso, em alguns centros, há as sessões de desobsessão, em que devem participar apenas os médiuns mais experientes no auxílio de pessoas e espíritos envolvidos no processo de obsessão.

— E quanto às ações de caridade? — indagou Sofia, ao que Breno respondeu:

— Ah... elas são fundamentais, minha sobrinha. Mesmo que variem de uma casa para outra, as ações de caridade devem fazer parte de todos os centros espíritas, pelo menos, dos idôneos. A caridade ou assistência não se limita ao material, ela se reflete também em ações sociais e assistências espirituais.

— E quais são elas? — questionou Solange.

Breno deu uma risada gostosa e continuou:

— Não sabia que iria tirar a noite para dar uma bela aula de Espiritismo às minhas duas lindas sobrinhas que amo tanto. Bem, respondendo à pergunta, são muitas, desde visitas a enfermos em diferentes instituições, como hospitais, orfanatos e asilos, até a arrecadação e distribuição de recursos, como alimentos e vestimenta. Também podem ser oferecidos cursos profissionalizantes e de evangelização em periferias, além de muitas outras formas de auxílio. Agindo sob os preceitos do Espiritismo, cada casa pode praticar as atividades beneficentes que lhe convier, da maneira que melhor achar, contanto que mantenha a seriedade na execução de todas elas.

— Ah, mas eu não sabia que os centros espíritas faziam tudo isso! — exclamou Sofia, surpresa.

Breno sorriu e considerou:

— Muitos não sabem, minha querida. Na verdade, desempenhar tais ações é a oportunidade que os frequentadores das casas espíritas possuem para colocar em prática os ensinamentos que recebem em teoria.

— Que lindo, tio! — Nunca imaginei que fosse assim — comentou Solange, emocionada.

— Estou fascinada! — exclamou Sofia. — Ah, se todos soubessem das maravilhas que acabamos de ouvir aqui!

Breno lançou um sorriso afável às duas irmãs e concluiu:

— Pois é isso, minhas sobrinhas. Vocês podem concluir por si que em locais tão iluminados como esses, jamais poderia existir espaço para as ações do mal. Qualquer comentário preconceituoso que possa surgir nesse sentido não passa de falácia originada da mais profunda ignorância.

— Ah, tio — disse Sofia —, o senhor tem toda a razão. Se as pessoas soubessem como essa doutrina é bela e, sobretudo, cristã, não haveria tanto preconceito destilado contra ela como veneno. Pelo contrário, o respeito seria o sentimento predominante — concluiu.

Mais uma vez, Breno sorriu, com a serenidade que só a experiência poderia lhe proporcionar, e disse:

— Mas vocês não devem se afligir por isso, meninas. Como eu disse anteriormente, cada indivíduo, com seus sólidos valores, tem seu próprio tempo para despertar para uma nova consciência sobre a vida e evolução espiritual do homem. Vejam como a situação não é tão simples assim. O pouco que vocês ouviram aqui já foi suficiente para despertar-lhes boas impressões. Porém, para muitas pessoas, mesmo sendo-lhes apresentado muito mais, elas continuam com grande resistência e até mesmo com más impressões sobre o Espiritismo.

— Tem toda a razão, tio — concordou Sofia. — Isso demonstra que enquanto alguns estão naturalmente inclinados a absorver esse tipo de conhecimento, outros estão muito longe disso, principalmente, em razão das próprias crenças e valores enraizados ao longo de suas vidas.

— Exatamente. E devemos respeitar a todos! Não adianta insistir, porque cada indivíduo é detentor de sua própria razão e verdade. São valores adquiridos ao longo da vida atual e das passadas também. Ou seja, cada um está em um nível evolutivo próprio. E, sendo assim, não se pode dar algo a quem não está disposto nem preparado para receber, da mesma forma que não podemos cobrar daquele que não está em condições de nos dar.

Eles conversaram ainda por mais alguns minutos. E antes de se recolherem, Breno foi até o quarto, retirou dois livros de dentro de uma de suas malas e os entregou à Sofia.

CAPÍTULO 7

Novo emprego

Na manhã de segunda-feira, como de costume, Sofia levantou bem cedo. Para chegar ao trabalho, precisava pegar apenas uma condução, mas o percurso era longo, e ela não costumava se atrasar. Após tomar um banho e vestir-se devidamente, foi até a cozinha e comeu um pedaço de bolo, acompanhado de um copo de leite. Em seguida, foi até o banheiro, escovou os dentes, penteou os cabelos, passou um pouco de maquiagem e perfume. Estava pronta.

Quando girou a chave da porta para sair de casa, o telefone tocou. Vicente havia acabado de acordar, mas ainda não tinha saído do quarto. Então, às pressas, Sofia foi atender.

— Pois não?

— Eu gostaria de falar com Sofia — disse uma voz feminina firme e ríspida.

— É ela. Quem está falando?

— Dona Violeta.

Sofia se surpreendeu. O que ela teria para falar-lhe àquela hora da manhã?

— Bom dia, dona Violeta. Como tem passado?

— Estou bem, obrigada. Gostaria de lhe falar. Como sei que sai cedo para o trabalho, decidi ligar a esta hora.

— Tudo bem. A senhora fez certo, pois eu já estava mesmo de saída. O que deseja?

— Infelizmente, a moça que tínhamos contratado não se adaptou ao emprego — mentiu ela, pois ainda não havia conseguido ninguém. — Sendo assim, gostaria de saber se ainda estaria interessada em trabalhar em minha casa como babá.

Violeta estava exausta das entrevistas fadigosas e decidiu se render aos atributos de Sofia. Era jovem, disposta, tinha paciência com crianças e ainda possuía conhecimentos teóricos e práticos em questões de saúde. Quanto à beleza, simpatia e o carisma da jovem, que seriam uma tentação para o filho, Violeta havia planejado uma maneira de evitar com que ela cruzasse o caminho dele. Só depois disso, finalmente, resolveu voltar atrás e convocá-la para o emprego.

Sofia não soube o que dizer de imediato. Em frações de segundos, diversos questionamentos bombardearam-lhe a mente.

"Por que será que as babás não se adaptam ao emprego?", indagou a si mesma. "Embora rude, dona Violeta me pareceu uma mulher correta. Será que é mesmo tão intransigente e difícil, como muitos comentam? Ou será outro motivo sério que leva as babás a abandonarem o cargo tão rapidamente? E se eu pedir demissão de meu emprego atual e também não me adaptar ao novo?".

Felizmente, percebendo o silêncio repentino de Sofia, Violeta se antecipou:

— Não precisa responder agora. Ligue-me amanhã neste mesmo horário para informar a sua decisão.

— Tudo bem, senhora. Ligarei amanhã, então.

— Estarei aguardando. Passar bem! — e desligou o telefone.

Durante quase todo o expediente de trabalho, Sofia não parou de rememorar a proposta de Violeta. Da primeira vez, tinha ficado muito animada e não tivera dúvidas em aceitar o emprego, mas agora a situação parecia-lhe diferente. Intrigava-a saber que a moça escolhida tinha abandonado o posto tão rapidamente. Dessa vez, Sofia estava tendo uma oportunidade para analisar melhor a situação.

Por outro lado, esse receio se dissipava quando algo no seu íntimo a incentivava a aceitar a oferta. Ganharia melhor, realizando um trabalho do qual gostava muito, que era cuidar de crianças, e ainda teria mais tempo para dedicar-se aos estudos. Ultimamente, o seu curso, que amava tanto, estava sendo um pouco negligenciado, em razão do emprego, que lhe exigia bastante.

Mas, então, o que fazer? Estava diante de um impasse. Foi quando a imagem de Breno invadiu-lhe a mente. Sentiu que o tio poderia ajudá-la de alguma forma. Logo mais à noite conversaria com ele. Com esse pensamento, Sofia sentiu-se mais tranquila e continuou o seu trabalho rotineiro.

Naquele dia, o professor do último horário de aula havia faltado, e Sofia pôde chegar a casa um pouco mais cedo, de modo a encontrar Breno sentado em uma das cadeiras da varanda lateral, imerso em uma boa leitura. Após cumprimentá-lo, adentrou a casa, tomou um banho rápido e comeu alguma coisa. Em seguida, voltou à varanda, onde o tio a aguardava.

Sofia relatou o motivo que a estava afligindo e pediu ao tio uma opinião. Após ouvi-la com atenção, ele a aconselhou:

— Faça uma sentida prece antes de dormir e nela solicite a Deus auxílio nesta decisão. Enquanto o nosso corpo físico dorme, o espírito pode vagar por diversos planos espirituais, tanto de alta quanto de baixas vibrações. Com isso, a oração antes de dormir se faz imprescindível, porque ela nos auxilia a manter nossa vibração elevada. Sendo assim, uma vez fora do corpo e mantendo a

vibração elevada, como espíritos, teremos maior chance de saltarmos os planos inferiores, onde estão espíritos de baixa vibração, e de sermos transportados diretamente às dimensões mais elevadas. Nesses locais, poderemos encontrar nossos guias espirituais e amigos, tanto da atual como também de outras encarnações, que poderão nos inspirar em ideias e respostas.

Por fim, Breno esclareceu ainda à sobrinha:

— Embora muitas vezes não consigamos recordar as orientações recebidas em sonho, ao despertarmos, guardamos a intuição de muito do que nos foi inspirado ou aconselhado, o que nos ajudará a resolver nossas questões pessoais.

Sofia ficou absorta um instante, depois considerou:

— Compreendo, tio. Então, é por isso que, muitas vezes, nos surgem ideias como que "espontaneamente", sem que encontremos explicação racional para elas.

— Exatamente! Mas é preciso enfatizar que a ajuda divina procedente da prece não ocorre, necessariamente, durante o sonho.

— Não? — indagou Sofia.

— Não, pois se uma pessoa costuma orar com frequência, ela estará se mantendo em altas vibrações energéticas, em harmonia com Deus e com espíritos superiores. Portanto, estará mais receptiva às inspirações divinas, mesmo que acordada.

— Compreendo. Por isso que em períodos que faço mais prece, sinto-me muito mais forte e protegida!

Breno assentiu com a cabeça e concluiu:

— É verdade, minha sobrinha. O poder da oração nos aproxima de Deus e também de nossos mentores espirituais — a quem chamamos de *anjos da guarda* —, que estão sempre prontos a nos auxiliar, mas, para isso, precisamos estar em sintonia com eles.

Assim, naquela noite, Sofia cumpriu exatamente as recomendações de Breno. Embora ela costumasse orar com frequência, desta vez foi diferente. Esclarecida, agiu com consciência e serenidade, confiante como nunca no poder da prece e na presença constante de Deus em sua vida.

No dia seguinte, não se lembrava de nada do que havia sonhado, mas acordou com uma forte sensação sobre o que deveria falar para Violeta. Sim, desta vez ela compreendia de onde vinha tal sensação e sorriu feliz, com a certeza de que faria a escolha certa, independente da opinião contrária de alguns conhecidos na faculdade e no trabalho. Ela havia tomado a própria decisão e não iria permitir se abater diante de nenhum questionamento adverso. Estava convicta e confiante.

Como fazia todas as manhãs, Sofia tomou um banho, arrumou-se, penteou-se, comeu alguma coisa e, antes de sair para o trabalho, ligou para Violeta. Uma criada atendeu e foi chamar a patroa.

Após não mais do que dois minutos de conversa, Violeta desligou o telefone, satisfeita. Sofia havia aceitado sua proposta, e ambas marcaram um encontro para as quinze horas do dia seguinte.

Antes de assumir o novo emprego efetivamente, Sofia precisava acertar as questões trabalhistas que envolviam a sua demissão do emprego atual. Assim, naquele mesmo dia, ela fechou um acordo com o patrão, no qual deveria cumprir apenas mais uma semana de trabalho e estaria livre para assumir a função de babá na residência dos Pedrosas.

No dia seguinte, no horário marcado, Sofia e Violeta combinaram os detalhes do cargo. Ganharia realmente o dobro de seu antigo salário, como lhe fora prometido, e cuidaria exclusivamente de Mariana durante todo o tempo que permanecesse na casa. Violeta esclareceu-lhe sobre os cuidados especiais que deveria ter no trato com a menina e sobre sua obrigação de acompanhá-la nos estudos e em suas idas ao médico.

Por fim, Violeta fez questão de enfatizar:

— Obrigatoriamente, você deverá chegar entre oito e oito e trinta da manhã, *nunca* antes, e deixará a casa, no máximo, até as dezessete horas, *nunca* depois. Não há a mínima necessidade de chegar mais cedo ou de sair mais tarde. Mariana jamais acorda antes das oito horas, e Berta dorme dentro da casa, em um quarto ao lado do da menina, exclusivamente para servi-la durante a noite, caso ela necessite. Além disso, Mariana tem duas campainhas acopladas ao lado da cama, que usa para chamar a criada ou o pai. Sendo assim, você fica dispensada do trabalho noturno e poderá continuar com seu curso na faculdade e dormir em sua própria casa. Também está liberada nos finais de semana, pois meu filho costuma estar em casa e faz questão de cuidar da filha pessoalmente, com a minha ajuda, claro.

O horário de trabalho estipulado por Violeta era, na verdade, uma estratégia para evitar que a babá cruzasse o caminho de Mário, que costumava sair bem cedo para o trabalho, almoçava por lá mesmo e só retornava depois das dezessete e trinta. Além disso, Violeta guardou todos os porta-retratos dele que havia na casa. Não queria nem mesmo que Sofia pudesse reconhecê-lo, no caso de cruzar-lhe o caminho em algum lugar.

Para Sofia, os horários de trabalho não poderiam ser mais convenientes. Poderia chegar pontualmente sem precisar "madrugar", o que lhe era apropriado, já que precisava estudar até mais tarde com frequência. No antigo emprego, seu horário de entrada era às sete e quinze e, por isso, normalmente dormia muito pouco, acordando sempre exausta nas manhãs seguintes às madrugadas de estudo árduo. Além disso, ela imaginava que durante o expediente do novo emprego teria algum tempo livre para o estudo, o que não era possível em seu trabalho anterior.

CAPÍTULO 8

Sofia encontra Mariana

Uma semana depois, Sofia apresentou-se ao novo emprego, usando um uniforme e jaleco brancos e um coque cuidadosamente arrumado no cabelo. Trazia uma bolsa pendurada no ombro direito, com alguns pertences pessoais e dois livros, enquanto na mão esquerda carregava uma maleta contendo um *kit* de primeiros socorros, com medicamentos e utensílios comumente necessários em situações de emergência. O *kit* continha ainda uma lista de números de telefones emergenciais, basicamente de bombeiros, hospitais de emergência, médicos e polícia. A essa lista foram adicionados os números de telefones do pediatra, do pneumologista e do ortopedista de Mariana, fornecidos por Violeta.

— A senhorita pode ficar à vontade, que vou chamar minha patroa — disse Berta, após receber Sofia e conduzi-la à sala de estar.

Violeta não tardou a aparecer. Frente a frente com Sofia, ela a olhou de cima a baixo com atenção e logo pôde perceber que estava diante de uma profissional, no mínimo, perspicaz e zelosa com a própria imagem e profissão. Era óbvio que Violeta iria exigir-lhe uniforme e cabelos bem-arrumados, mas não havia comentado

nada sobre isso com Sofia, não apenas para testar-lhe o bom senso, mas também para criar a primeira oportunidade de lhe chamar a atenção, e demonstrar com isso o seu potencial autoritário.

Porém, Sofia se antecipara e assumira uma postura não apenas de babá, mas também de uma profissional da área de saúde. Ela entendia que, como futura enfermeira que era, deveria se apresentar como tal, trazendo à mão acessórios que poderia utilizar em seu novo cargo, já que detinha conhecimentos específicos e havia sido contratada para utilizá-los quando necessário.

Violeta mostrou pessoalmente a Sofia os principais cômodos da casa, enquanto esclarecia-lhe, concomitantemente, a rotina e as regras de convivência entre todos que ali residiam. Por fim, bateu à porta do quarto de Mariana e, antes que a menina respondesse qualquer coisa, abriu a porta abruptamente e adentrou o recinto. Sofia, um pouco constrangida, veio logo atrás.

Vendo-as entrar, Mariana se antecipou:

— Bom dia, vovó — disse, educadamente, sentada em sua cama e recostada em um travesseiro apoiado na cabeceira, tendo um lençol fino cobrindo-lhe as pernas. Ela segurava um livro entre as mãos, que estava lendo sob a luz de um abajur aceso à sua direita, já que as grossas cortinas que cobriam as janelas do quarto ainda não haviam sido abertas.

Mariana desviou o olhar para Sofia, e seus lábios se entreabriram em um sorriso espontâneo.

— Bom dia, Sofia!

— Bom dia, Mariana! — respondeu a babá, devolvendo-lhe um largo sorriso, encantada com a desenvoltura da menina, que lhe despertou imediato afeto e simpatia.

Sofia conseguiu sentir uma vibração muito boa vinda de Mariana, diferente do que Violeta havia lhe falado, quando a prevenira que a menina era de difícil trato, cheia de gostos, e havia sido muito mal educada por Elizabete.

Violeta fitou Mariana e nada disse. Embora não tivesse comentado nada com a neta sobre Sofia, ela sentiu que a menina parecia já aguardar a babá, com satisfação. Até sabia o nome dela!

Em seguida, Violeta aproximou-se das enormes janelas de vidro, que ficavam do lado esquerdo da cama de Mariana, e abriu as cortinas vigorosamente. Ao mesmo tempo, ainda de costas, indagou:

— Então Berta já tratou de avisá-la que sua babá começaria hoje, não foi?

Mariana lançou à Sofia um sorriso de canto de boca, mas nada falou.

Após abrir as cortinas, Violeta posicionou-se ao lado de Sofia e continuou:

— Pois é isso. Como você já está sabendo, esta é Sofia, a sua nova babá. Ela vai cuidar de você de hoje em diante. Tente se comportar como uma menina normal, ou ela também irá embora daqui como fizeram as outras. E você não terá mais ninguém para fazer-lhe os caprichos, porque não pretendo passar o resto de minha vida em busca de babás que suportem as suas travessuras.

Mariana continuou sem responder à avó. Também não esboçou nenhuma expressão facial que transparecesse tristeza ou raiva. Parecia indiferente às palavras hostis de Violeta, como se já estivesse habituada a elas.

Violeta percorreu com Sofia o espaçoso quarto da menina, dividido em cômodos adaptados às suas necessidades especiais. Mostrou-lhe onde ficava a toalete, o guarda-roupa contendo suas vestes e pertences pessoais, o local de estudo, com uma escrivaninha e um armário repleto de livros, e o cômodo reservado para diversão, com brinquedos de variados tipos, tamanhos e cores.

— Está vendo como a mãe dela a mimava? — julgou Violeta, apontando para os brinquedos. — Acho tudo isso um completo exagero.

Em seguida, ela explicou a Sofia como funcionavam as duas cadeiras de rodas de Mariana, uma adaptada ao banho e a outra destinada às atividades diárias. Por fim, entregou-lhe uma folha de papel contendo os horários das refeições, dos banhos, das aulas e dos medicamentos.

— Bem, agora que você já está informada sobre como deverá cuidar da menina, vou deixá-la a sós com ela.

— Tudo bem, dona Violeta. Entendi tudo, obrigada. Pode ficar tranquila que cuidarei muito bem dela.

Violeta fitou a babá com indiferença. Em seguida, caminhou ao lado dela até a cama de Mariana, que aguardava pacientemente, deu as costas e retirou-se do quarto.

Após ter passado todas as informações necessárias a Sofia, Violeta, finalmente, viu-se livre para sair de casa e rever amigas, fazer compras e tudo o mais que a fizesse sentir-se aproveitando devidamente o seu precioso tempo.

Sofia aproximou-se da menina e, lançando-lhe um sorriso acolhedor, indagou:

— Então, como você está se sentindo hoje?

— Estou muito bem, obrigada! — respondeu ela, também sorrindo. — E você, como está se sentindo em ter vindo para cá cuidar de mim?

— Eu estou adorando! — E ambas sorriram satisfeitas. — Sabia que, além de linda, meiga e doce, você também me parece ser uma menina muito esperta?

— Obrigada, Sofia! Gentileza sua. Mas eu sou mesmo esperta, viu? — E sorriram juntas novamente.

— Algo me diz que iremos nos dar muito bem — afirmou Sofia.

— Tenho certeza disso — enfatizou Mariana. — Também gostei muito de você. É mesmo como me disseram.

Sofia fitou Mariana, semicerrando os olhos.

— Hum... E o que lhe disseram sobre mim, então?

— Que você era assim como é. Maravilhosa!

— Ah, muito agradecida, senhorita! — disse sorrindo. Em seguida, franziu o cenho e continuou: — Mas quem lhe falou assim tão bem de mim por aqui? Berta, como disse sua avó? Embora eu mal tenha cruzado com ela...

— Não foi ela quem me falou de você, nem minha avó — interrompeu a menina.

— Alguma outra criada da casa?

Mariana sorriu e mudou de assunto.

— Então, Sofia, você viu quantos brinquedos e jogos interessantes eu tenho? Poderemos brincar juntas, não é?

— Certamente, minha linda. Mesmo sendo adulta, ainda gosto muito de brincar e também adoro crianças.

— Eu sei — afirmou Mariana, distraidamente, enquanto guardava o livro que segurava na gaveta do criado-mudo.

Sofia a fitou, intrigada.

— Como você sabe que gosto de crianças? Desta vez, foi sua avó que lhe falou, não foi?

Mariana desconversou mais uma vez. Olhou para um relógio que havia na parede do quarto e disse sobressaltada:

— Sofia, já passa bastante do horário de meu banho! Não quero que minha avó lhe chame a atenção por minha causa.

— Ah, sim, claro.

Sofia conferiu a agenda da menina na folha que Violeta havia lhe dado. — Ainda estamos dentro do prazo. Vamos ao banho, então?

Mariana estranhou o novo horário e imaginou que seria uma exceção, pois era o primeiro dia de Sofia como sua babá.

— Vamos sim. Se precisarmos de ajuda, podemos chamar Berta.

— Acho que não será necessário. Tenho experiência com crianças que usam cadeira de rodas.

— Eu sei, no hospital onde você estagia, não é? E também onde faz visitas às criancinhas doentes.

— Isso mesmo — respondeu sorrindo, enquanto apanhava a cadeira de rodas adaptada ao banho. Ela concluiu que Violeta teria falado à Mariana mais sobre ela do que imaginava.

Sofia não teve dificuldades em colocar Mariana sobre a cadeira e dar-lhe o banho, pois, além de possuir experiência com cadeirantes, a menina era franzina e acostumada a usar os bracinhos fortes em auxílio à manobra.

Após o banho, Sofia e Mariana escolheram juntas um bonito vestido enfeitado com flores cor-de-rosa. Sofia fez uma trança no comprido cabelo da menina e a prendeu no final com um laço de fita cor-de-rosa, no mesmo tom do vestido. Por fim, ela calçou-lhe sapatinhos brancos e finalizou com um pouco de perfume. Em seguida, levou Mariana para tomar o café da manhã e fez-lhe companhia.

Enquanto Mariana alimentava-se, ela conversava com sua nova e já estimada babá:

— Sofia, qual foi mesmo o horário do meu café da manhã que minha avó colocou naquele papel? — e repousou sua xícara de leite sobre o pires.

— Entre oito e trinta e nove horas. Por quê?

Mariana franziu o cenho.

— Porque eu sempre gostei de tomar o café da manhã juntamente com meu pai e meu avô.

— Mas eles não saem bem cedo para o trabalho?

— Saem. Por isso mesmo que eu sempre levanto bem cedo, para poder comer com eles. Não viu que eu já estava acordada quando você chegou ao meu quarto?

— Tem razão. Realmente estava. Interessante, pois sua avó me disse que você nunca levanta antes das oito horas.

— Isso não é verdade. Sempre acordei bem cedo, exatamente para poder comer ao lado de meu pai e meu avô — Ela fez ligeira pausa e logo continuou: — Mas, tudo bem. Meu pai sempre passa em meu quarto antes de sair. Eu continuarei acordando cedo para poder me despedir dele, afinal, se vovó mudou meus horários, só pode ter sido para ajustá-los aos seus.

— Não, meu anjo. Não por mim. Até cheguei a perguntar se ela não preferia que eu chegasse mais cedo, mas fez questão de manter os horários. Contudo, se for de seu desejo, posso tentar convencê-la a voltar atrás.

— Melhor não, Sofia. Minha avó não costuma voltar atrás em nada. Tudo o que ela faz é geralmente muito planejado. Deixe como está. Não quero criar confusão. Você vai dormir aqui na minha casa?

— Não, minha querida. Eu estudo à noite e ficaria mais complicado para dormir aqui. Além disso, também me pareceu que isso não agradaria à sua avó. As babás anteriores dormiam?

— Sim. Todas sempre dormiram aqui, mas elas não estudavam à noite como você. Além do mais, esses dias que estive sem babá, quando precisei de algo à noite, Berta me ajudou sempre, pois eu pouco chamo o meu pai, para não incomodá-lo. E, depois, estou ficando grandinha e já posso dormir sozinha.

— Bem, querida, penso que sua avó teve dificuldades em encontrar uma nova babá, por isso me aceitou sem maiores exigências. Penso até que tenha sido bem generosa comigo.

Mariana fitou Sofia, pensativa, decidindo se falava ou se calava. Por fim, resolveu falar, afinal, estaria fazendo um favor à babá, esclarecendo-lhe como era a sua avó.

— Sofia, sinto em dizer a você que minha avó nunca é generosa com ninguém, além de meu pai.

— Oh, querida, percebi que ela é um tanto ríspida com você, às vezes, mas muitos adultos não têm mesmo muita paciência com crianças. É natural, ainda mais na idade dela. No entanto, não podemos deixar de reconhecer que, desta vez, ela foi generosa comigo, sim.

— Não sei por que ela agiu assim com você, mas, certamente, não foi generosidade. Quem sabe, depois nós duas não descobriremos o verdadeiro motivo.

— Está bem. Veremos... — concordou Sofia, e sorriu carinhosamente para a menina, enquanto lhe passava um pedaço de bolo.

Após o café, Sofia ajudou Mariana com algumas tarefas escolares e, em seguida, brincaram um pouco antes do almoço. No início da tarde, Mariana teve aula de Matemática, seguida de Língua Portuguesa, e Sofia aproveitou esse tempo livre para estudar um pouco, pois teria prova logo mais à noite na faculdade. Entre uma aula e outra da menina, Sofia administrou-lhe os remédios e providenciou um delicioso lanche da tarde.

Finalizadas as aulas, Mariana pediu a Sofia que a levasse para um passeio no jardim, como costumava fazer sua mãe. Sobre uma parte do gramado, bem cuidado e destinado a banhos de Sol e piqueniques, elas brincaram felizes, enquanto contemplavam a fauna e flora do belo jardim. Após esse momento sublime, Sofia deu outro banho na menina e a vestiu adequadamente para a aula de piano.

Eram exatamente dezessete e trinta e cinco quando Leônidas, o professor de piano, e Violeta chegaram, coincidentemente, ao mesmo tempo. Sofia e Mariana aguardavam na sala de estar.

— O que você ainda faz aí uma hora dessas? — vociferou Violeta, irritada, fitando Sofia sentada no sofá ao lado de Mariana, quando já deveria estar deixando a casa ou bem longe dali.

Diante da reação inesperada da patroa, Sofia teve um sobressalto.

— Eu estava aguardando o professor de piano chegar, para não deixar a menina sozinha. Não há problema se eu sair um pouco mais tarde, pois minha aula só inicia às dezoito e quarenta e cinco.

Violeta não deu ouvidos aos argumentos de Sofia. Com faíscas saindo-lhe dos olhos, retrucou em voz alta:

— Pois saiba que não há problema algum em deixar a menina sozinha ao final de seu expediente. Ou já não lhe falei que Berta estará sempre à disposição dela depois que você sair?

— Sim, senhora — falou, cabisbaixa.

— Pois bem. Então, você já pode ir. E peço que nunca mais saia depois das dezessete e trinta. Já lhe disse que é absolutamente desnecessário.

Mesmo sem compreender a reação inusitada e despropor-cional de Violeta, Sofia não objetou. Não pretendia contrariar a patroa logo em seu primeiro dia de trabalho. Ela levantou-se, levou Mariana na cadeira de rodas até o quarto dela, apanhou sua bolsa e a maleta de primeiros socorros e despediu-se da menina com um abraço forte e um beijo carinhoso na face. Em seguida, antes de ir, cumprimentou rapidamente o professor Leônidas, Violeta e se retirou.

Enquanto isso, durante o caminho de volta para casa, Mário ansiava por saber a impressão que a filha havia tido de sua nova babá, pois confiava no julgamento da pequena. Mesmo sendo um homem de negócios, dedicando a maior parte de seu tempo ao trabalho, ele era um pai amoroso e muito atencioso. Fazia questão de acompanhar todos os passos da vida da filha, a quem amava incondicionalmente.

Após chegar a casa e tomar um banho revigorante, Mário aproveitou o momento do jantar, onde estavam todos reunidos, para conversar com Mariana sobre o assunto.

— Então, minha filha, o que achou da nova babá?

— Ela é maravilhosa, papai!

Violeta lançou um olhar repreensivo para a neta e comentou rancorosa:

— Ela está exagerando, meu filho. É uma babá como outra qualquer.

Mariana não deu ouvidos à avó e continuou:

— Ela é alegre, atenciosa, carinhosa... Lembra-me muito a mamãe.

Violeta mordeu os lábios e objetou mais uma vez:

— Você ainda é uma criança. Não tem como fazer um julgamento assertivo de alguém que acabou de conhecer. Nem os adultos conseguem essa proeza! Deixe para tecer maiores comentários sobre essa moça daqui a alguns dias, pois, com o passar do tempo, ninguém garante que não irá se decepcionar.

— Mas, vovó — retrucou Mariana —, mesmo tendo conhecido a Sofia hoje, eu falo assim dela porque parece que já a conheço faz muito tempo.

— Nossa! Vejo que gostou mesmo da moça — comentou Joaquim, e Mariana assentiu com a cabeça, enquanto mastigava uma porção da refeição.

— É, papai — falou Mário, fitando o pai —, concordo com o senhor. Parece que nossa pequena se encantou com a nova babá.
— Ele voltou-se para Mariana e continuou: — Sendo assim, minha filha, fico muito feliz e tranquilo em saber disso, pois as crianças, intuitivamente, costumam acertar no julgamento que fazem dos adultos. Desejo profundamente que você esteja certa e que essa moça permaneça aqui por muito tempo cuidando bem de você.

— Papai, o senhor precisa conhecê-la.

Nesse momento, Violeta deu um sobressalto na cadeira e quase fulminou a menina com o olhar.

— Pare de perturbar o seu pai com bobagens, menina! Ou a porei de castigo! Onde já se viu?! Ele é um homem ocupado e não tem tempo a perder com as criadas desta casa.

— O que é isso, Violeta? A menina não disse nada de mais para você ameaçá-la de castigo! — repreendeu Joaquim, indignado com a atitude da esposa.

— Realmente, mamãe. O que deu na senhora? Mariana está certa. Nada mais sensato de minha parte do que agendar um horário para conhecer a mulher que está cuidando de minha filha.

Violeta tentou contemporizar.

— Concordo com você, meu filho. Eu só quis dizer que sua filha não precisa pressioná-lo para isso. Essa menina quer sempre tudo na hora e do jeito que ela quer. Por isso a repreendi. Além do mais, se estou acompanhando a nova babá de perto, você pode ficar tranquilo, porque serei os seus olhos. E quando você tiver algum tempo livre, poderá conhecê-la qualquer dia desses.

— Tudo bem, mamãe. Agradeço que supervisione a babá nos cuidados de minha filha, mas não gosto que repreenda Mariana ou a coloque de castigo sem motivos muito bem fundamentados. Por favor, tente evitar esse tipo de atitude.

— Mas eu sempre tenho motivos para fazer o que faço — retrucou Violeta aborrecida.

— Mas exagera na maioria das vezes, não é, Violeta? — completou Joaquim.

— Vocês dois ainda vão me dar razão, quando se derem conta de que essa menina é cheia de gostos.

— Bem, vamos mudar de assunto e jantar em paz — pediu Mário. — Chega de discussões no momento sagrado de nossa refeição.

Como uma menina esperta e perspicaz que era, Mariana logo compreendeu o real motivo pelo qual a avó não queria que Sofia chegasse cedo e/ou saísse tarde de sua casa. Só poderia ser para evitar que ela e seu pai se conhecessem, certamente, por ciúmes, pois Sofia era especial.

Após o jantar, Mário assistiu ao noticiário na TV ao lado dos pais e de Mariana. Em seguida, brincou um pouco com a filha e, por fim, fez questão de colocá-la pessoalmente para dormir.

— Boa noite, minha pequena princesa. Tenha lindos sonhos — disse ele, após beijar-lhe a face com ternura.

— Boa noite, papai.

Mário ligou a luz de um dos abajures, apagou a luz principal e caminhou até a porta. Quando ia deixando o quarto, Mariana o chamou:

— Papai.

— Sim, minha querida? — indagou, virando-se na direção da filha.

— O senhor também vai gostar muito dela. Tenho certeza.

— Se você está dizendo, quem sou eu para duvidar? — e sorriu para a filha. — Se precisar de algo, já sabe, é só tocar a campainha.

Mariana assentiu com a cabeça. Mário soltou um beijo de longe para a filha, saiu do quarto e fechou a porta.

Rememorando os acontecimentos, Mariana concluiu que o seu dia havia sido maravilhoso com a presença de Sofia. E foi imersa em seus pensamentos que ela adormeceu rapidamente. Sonhou que estava em um lindo campo de grama verdejante, correndo entre flores coloridas e perfumadas. Não estranhou o fato de estar ali correndo, pois, em seus sonhos, suas pernas sempre funcionavam perfeitamente bem.

Ao longe, Elizabete contemplava satisfeita a felicidade da filha. Ao perceber a presença da mãe, Mariana correu feliz em sua direção, com os bracinhos abertos. Quando se encontraram, Elizabete abaixou-se, e elas se abraçaram calorosamente durante alguns instantes.

— Mamãezinha! Que saudades! — exclamou Mariana, abraçada à mãe.

— *Eu digo o mesmo, minha princesa* — respondeu Elizabete, sentindo os bracinhos da filha a envolvê-la com amor. E quando mãe e filha se afastaram, ela continuou: — *Vejo que está feliz, não é, meu anjo?*

— Sim, mamãe, estou. Hoje conheci Sofia, e ela é como a senhora me falou.

— *É sim, minha querida. É sim.*

— Quando a senhora irá me visitar novamente?

— *Mas nós já não estamos aqui juntinhas?*

— Sim, mas sei que é um sonho. Gostaria muito de ver a senhora novamente quando eu estiver acordada.

Elizabete acariciou-lhe os cabelos com ternura.

— *Minha querida, é um sonho sim, mas não é como os outros que você tem todos os dias. Hoje estou aqui de verdade, com você. Felizmente, consegui autorização para encontrá-la hoje, neste lindo local. Prometo que, assim que for possível, irei vê-la em seu quartinho, como da última vez. Está certo assim?*

— Tudo bem, mamãe. Se não é só um sonho, estou muito feliz que a senhora esteja aqui comigo novamente.

— *Isso mesmo, querida. Agora a mamãe precisa lhe falar uma coisa muito importante. Venha, vamos sentar naquele banquinho para conversarmos mais tranquilas.*

Ao se acomodarem em um confortável banco plasmado, semelhante a uma madeira bem polida, Elizabete deu início à conversa que deveria ter com Mariana.

— *Minha princesa, você acabou de conhecer a sua nova babá e, como eu esperava, vejo que ficou muito satisfeita com ela.*

— Sim, mamãe. Gostei dela porque é maravilhosa, assim como a senhora.

— *É verdade, querida. Sofia é uma pessoa maravilhosa. E, melhor do que isso, ela é uma antiga conhecida nossa.*

Mariana franziu o cenho, sem compreender as palavras da mãe.

— Mas, mamãe, a senhora bem sabe que acabei de conhecê-la! Como então ela pode ser uma antiga conhecida?

— *É que você acabou de conhecê-la nesta sua vidinha atual, minha querida, mas saiba que todos nós já vivemos outras vidas, em outros tempos passados. Não se preocupe com isso agora, porque, no momento oportuno, você poderá lembrar-se de muitas coisas vividas nesses tempos passados. Inclusive, poderá até lembrar-se de Sofia também.*

Mariana assentiu com a cabeça. E percebendo que a menina a fitava com atenção, Elizabete continuou:

— *Então, meu anjo, como Sofia é uma pessoa especial, nós precisamos que ela continue naquela casa, ao seu lado, cuidando de você, que é e será sempre a minha princesinha.*

— Sim, mamãe. Penso que ela também gostou de mim e, por isso, acho que ela não vai querer me deixar.

— *Mas é por isso que preciso lhe falar, querida. Sei que ela gostou de você, assim como não há ninguém neste mundo que não goste* — Elizabete sorriu e pinçou levemente uma das bochechinhas rosadas da menina. Em seguida, continuou: — *Certamente, por você, ela jamais sairia daquela casa. Porém, infelizmente, Sofia encontrará dificuldades para permanecer lá.*

E antes que Elizabete continuasse, Mariana compreendeu o que sua mãe estava tentando lhe dizer.

— É a vovó, não é, mamãe? Minha avó a colocou lá, mas logo vai tentar mandá-la embora. Não é isso? Por ciúmes do papai.

— *Isso mesmo, minha linda. Você é ainda tão criança, mas já bastante madura para compreender o que se passa ao seu redor.*

Mariana assentiu com a cabeça, e Elizabete continuou:

— *Por isso vim ter com você. Para avisar que, em breve, a sua avó tentará de tudo para tirar Sofia de lá. E você poderá ajudar a impedir que isso aconteça.*

— Mas como, mamãe? A senhora bem sabe que quando a vovó quer uma coisa, ela faz e pronto. Ninguém pode impedir.

— *Mas você poderá. Não será fácil, mas com a sua inteligência e perspicácia, conseguirá. Também, terá a minha ajuda, a ajuda do seu pai e a de nossos amigos daqui deste lugar.*

— Está certo, confio na senhora. Vou conseguir, sim! Vou ajudar Sofia como uma mocinha de filme.

— *Isso mesmo. Como uma mocinha heroína de filmes, que salva quem precisa de ajuda.*

— Vou fazer tudo o que puder, mamãe. Ainda mais com a senhora sempre perto de mim.

— *Sei disso, meu amor. Você sempre foi uma garotinha muito especial, por isso tem uma tarefa tão importante em suas mãos, porque a mamãe e os amigos dela confiam muito em você. Agora me dê aqui mais um abraço bem gostoso.*

E após aquele caloroso e aconchegante abraço, mãe e filha conversaram sobre assuntos diversos, brincaram e trocaram muitos carinhos pelo resto da madrugada. Foi apenas quando o Sol estava perto de nascer que Elizabete enlaçou Mariana pela cintura e assim volitaram juntas, observando a beleza de uma noite com céu estrelado, até chegarem à residência da menina.

CAPÍTULO 9

Uma estranha febre

Duas semanas se passaram, e Sofia continuava satisfeita com seu novo emprego, assim como Mariana com a sua nova babá. A rotina era sempre a mesma: Joaquim e Mário saíam bem cedo para a empresa, Sofia chegava logo depois — no horário estipulado por Violeta —, que aproveitava a sua chegada para sair de casa logo em seguida. Sofia ia embora também no horário combinado, e Violeta retornava ao final do dia, pouco antes de o filho e o esposo chegarem.

Em uma tarde de segunda-feira, pouco depois do almoço, ao tocar o rostinho de Mariana para fazer-lhe um carinho, Sofia percebeu que a temperatura dela estava acima do normal. Ela foi até a sua maleta de primeiros socorros, pegou um termômetro, aferiu a temperatura da menina e, por fim, constatou:

— Meu amorzinho, você está com febre — disse, fitando Mariana com ternura e preocupação.

— Estou? — Mariana encostou a mão na própria testa.

Como a febre ainda estava baixa, Sofia não medicou a menina de imediato. Em vez disso, deu-lhe dois banhos mornos,

com intervalos de dez minutos entre eles, porém a febre não cedeu e logo aumentou. Então, rapidamente, Sofia pingou algumas gotas de remédio em um copo com um pouco de água e deu para Mariana beber. Em seguida, sentou-se na cama ao lado dela, acariciando-lhe os cabelos, e aguardou.

A um canto do quarto, os espíritos Elizabete e Leonardo, um amigo missionário da luz, observavam Sofia velando o sono de Mariana, enquanto aguardava a febre passar.

— *O medicamento administrado logo surtirá efeito* — comentou Elizabete. — *Vamos ter de interceder novamente.*

Em seguida, ela aproximou-se de Mariana adormecida e pousou carinhosamente a sua mão direita sobre a fronte da menina, como a controlar os centros hipotalâmicos reguladores da febre. Nesse instante, Sofia aferiu novamente a temperatura de Mariana. Em razão do contato do termômetro frio com seu corpinho quente, ela estremeceu e abriu os olhinhos devagar, fitando o rosto aflito da babá após conferir-lhe a temperatura.

— Ainda estou com febre, não é, Sofia? — indagou, tocando o próprio pescocinho.

— Está, meu anjo. Mesmo com uma boa dose do medicamento, a febre não baixou. Vou ligar para o seu médico.

Sofia tomou o telefone sobre o criado-mudo e ligou para o pediatra de Mariana. Ele explicou que não poderia se deslocar até a casa da menina naquele momento, mas iria atendê-la se a babá a levasse até seu consultório. Após desligar, Sofia pensou preocupada:

"E agora? O que vou fazer? Como vou tirar Mariana de casa sem o consentimento de dona Violeta?"

Então, como não sabia o paradeiro da patroa, a babá pediu à Mariana o número de telefone da empresa de Mário, para solicitar a autorização dele ou de Joaquim, mas ambos estavam em uma reunião externa. Dessa forma, como era a única responsável pela menina naquele exato momento, Sofia decidiu levá-la ao pediatra assim mesmo. Elizabete continuou ao lado das duas, sem ser notada por nenhuma delas.

Mariana foi adequadamente examinada, e, nesse ínterim, a febre foi cedendo até sumir por completo, sem nenhuma intervenção médica.

Finalizada a consulta, o pediatra considerou:

— A princípio, ainda não se pode afirmar o motivo da febre alta. Pode ser uma virose chegando, ou o início de uma infecção ou, até mesmo, uma febre de cunho psicológico ou algo mais sério. Vou solicitar alguns exames.

Ele preencheu algumas guias de solicitação de exames e as entregou nas mãos de Sofia, que, em seguida, retornou para a casa dos Pedrosas com Mariana.

Tão logo Sofia pôs os pés na sala de estar, quase às dezessete horas, Violeta chegou em seguida. Vendo-a entrar, Sofia aproximou-se e disse:

— Dona Violeta, preciso lhe falar. A senhora tem um minuto, por favor? — disse, antes que a patroa subisse as escadas.

Violeta parou e, com desdém, indagou:

— Pois não? O que deseja?

Sofia contou-lhe o ocorrido e, por fim, considerou:

— E foi por isso que tomei a liberdade de levar Mariana ao médico sem o consentimento da senhora. Até cheguei a ligar para a empresa, para tentar falar com o doutor Mário ou o doutor Joaquim, mas não consegui contatá-los.

Violeta semicerrou os olhos e, fitando Sofia com fúria, vociferou:

— Como você se atreveu a importunar meu filho no trabalho dele?! Nem mesmo eu faço isso! E ainda tirou a menina de casa na minha ausência!

— Era uma urgência! — retrucou Sofia.

— Mesmo assim, não lhe autorizei a fazer nenhuma das duas coisas. Sabia que por isso eu poderia despedi-la por justa causa?

Mariana sobressaltou-se na cadeira, fitando a avó, assustada.

— Por favor, me desculpe, dona Violeta — implorou Sofia —, mas temi pela saúde de Mariana. Eu precisava fazer alguma coisa. A febre estava muito alta, não cedia à medicação e...

— Não quero ouvir as suas desculpas. Por esta vez vou deixar passar. Mas se chegar a importunar meu filho novamente ou tirar a menina de casa sem o meu consentimento, estará na rua. Entendeu bem?

— Sim, senhora — concordou Sofia. — Mas... e quanto aos exames que Mariana precisa realizar, a senhora irá acompanhá-la? Eles são importantes. Uma febre muito alta nunca pode ser negligenciada.

Violeta fitou Sofia com um olhar debochado e considerou:

— Só porque possui algum conhecimento na área de saúde, você já se acha capaz de fazer diagnósticos médicos? — E soltou uma gargalhada irônica.

— Não, senhora. Não se trata disso. É que...

— Basta! — interrompeu Violeta com veemência. — Você mesma disse que a febre baixou. Claro que se precipitou, mocinha. A menina está ótima e não precisa de exame nenhum. Não tenho tempo para perder com coisas desnecessárias e também repito: não quero que volte a tirar Mariana de casa. E ponto final. — E se retirou, indo em direção à escada que dava acesso aos seus aposentos.

Sofia sentiu-se indignada com o comportamento de Violeta e olhou compadecida para Mariana, que estava ao seu lado a escutar tudo.

— Não precisa ficar assim, Sofia. Essa reação de vovó não me surpreende nem me entristece. Já estou acostumada.

Sofia acariciou o rostinho delicado da menina e disse:

— Ainda não sei como, mas prometo que fará seus exames. Irei cuidar de você, custe o que custar.

Mariana sorriu com serenidade. Ao seu lado, Elizabete inspirou-lhe orientações sobre como agir naquele momento.

— Eu sei que sim, Sofia, e também sei como vai fazer isso. — A babá fitou Mariana sem compreender o que a menina pretendia. — Sei que está na sua hora de ir, mas vamos até o meu quarto, preciso lhe dizer uma coisa. Prometo que será rápido.

E Sofia fez o que a menina pediu. Chegando ao quarto, Mariana direcionou sua cadeira para um dos criados-mudos, abriu a gaveta e tirou de lá uma caneta e uma folha de seu caderno.

— O que está fazendo, meu anjo?

Mariana estendeu a caneta e o papel na direção da babá e disse:

— Tome, Sofia. Agora você vai escrever uma carta para o meu pai, contando o que aconteceu hoje e pedindo a ele autorização para me acompanhar nos exames.

Sofia olhou para a menina um tanto surpresa. E considerou:

— É uma boa ideia. Mas... e se seu pai contar à dona Violeta que escrevi para ele? Certamente, ficará furiosa.

Animada, Mariana objetou:

— Ele não vai fazer isso. Basta que você explique tudo direitinho na carta e peça a ele que não conte nada a ela. Meu pai conhece bem vovó, Sofia. Fique tranquila, também vou conversar com ele assim que ele chegar do trabalho.

Sofia permaneceu em silêncio por um instante, mas logo continuou:

— Mas então, se você vai falar com seu pai, por que eu deveria escrever a ele?

— Porque você é adulta e está responsável pelos meus cuidados. Por mais que eu fale, sou apenas uma criança. Além do

mais, meu pai precisa ficar sabendo, por um adulto, como minha avó está agindo na ausência dele.

— Sendo assim, poderei chegar mais cedo amanhã e conversar pessoalmente com ele. Não acha?

— De forma alguma — retrucou Mariana, com segurança. — Acredite em mim. Se fizer isso, aí sim que vovó irá despedi-la. Você ainda não percebeu, Sofia, minha avó tem feito de tudo para você nunca chegar perto de meu pai. Por isso ela exige tanto que chegue mais tarde e saia mais cedo e que nunca apareça nos finais de semana. E tudo isso porque ela morre de ciúmes dele e não quer que nenhuma mulher se aproxime, para evitar que se case novamente. Principalmente, se essa mulher for como você, linda, boa, alegre e tudo o mais.

Sofia estava surpresa e ficou um tempo em silêncio, absorta, analisando as palavras de Mariana. Percebendo que elas faziam sentido, exclamou:

— Eu nunca teria imaginado uma coisa dessas! Isso não é normal.

— Também acho que não. Por isso não quero correr o risco de você ser despedida por causa dos ciúmes de vovó. Acho que escrever uma carta para meu pai será a melhor maneira de vocês se comunicarem sem que minha avó saiba.

Sofia sorriu, admirada da astúcia da menina, e resolveu seguir seus conselhos. Então, diante do adiantado da hora, ela tomou o papel e a caneta das mãos de Mariana, sentou-se na escrivaninha da menina e, rapidamente, expôs na carta tudo o que achava necessário. Em seguida, dobrou o papel com cuidado e pediu a Mariana que entregasse ao pai.

Mas a menina se negou. Em vez disso, pediu a Sofia que deixasse a carta no quarto dele, embaixo de seu travesseiro, com o pretexto de que seria mais seguro para todos, sem Violeta por perto. Por fim, assegurou Sofia de que iria avisar ao pai.

Assim, mais uma vez, a babá se rendeu aos argumentos da pequena. Subiu as escadas correndo e deixou a carta no local combinado. Em seguida, saiu do recinto em silêncio, pegou os seus pertences e foi embora.

Mariana tinha feito tudo certo. Pelo momento, Elizabete havia dado o trabalho por encerrado e partiu dali, satisfeita, retornando para a cidade astral onde morava.

CAPÍTULO 10

Cartas reveladoras

Logo mais à noite, durante o jantar, nem Violeta nem Mariana comentaram o episódio ocorrido naquela tarde. Porém, quando Mário levou a filha para o quarto e a acomodou na cama, ela aproveitou a oportunidade para contar-lhe o que havia se passado.

Mário ouviu o relato de Mariana com atenção. Por fim, ela avisou que havia uma carta de Sofia esclarecendo tudo, embaixo do travesseiro dele. A menina também pediu ao pai que ele nada dissesse a Violeta, pois já havia notado que a avó estaria evitando um contato dele com a nova babá, por puro ciúme. Ela justificou suas suspeitas contando-lhe sobre os horários da babá, que nunca coincidiam com os dele.

Ao rememorar o comportamento ciumento e possessivo da mãe para com ele, e hostil para com Mariana, Mário achou que a filha pudesse estar certa e foi tomado por forte sentimento de apreensão. Assim, após despedir-se da filha, ele se dirigiu ao próprio quarto com ansiedade. Foi até a cama, levantou o travesseiro,

apanhou o papel que ali estava, sentou-se na cama e começou a lê-lo.

Prezado dr. Mário,

Inicialmente, peço-lhe desculpas pela forma inusitada de abordá-lo, mas precisava urgentemente falar-lhe. Como nossos horários são desencontrados, restou-me a opção de escrever-lhe.

Esta tarde, a pequena Mariana foi acometida por uma febre muito alta, que não cedeu nem mesmo com um potente antitérmico que tomou. Como o pediatra dela não teve condições de consultá-la em casa e também não consegui contatar o senhor, nem o senhor Joaquim ou a dona Violeta, precisei levá-la de urgência ao médico, mesmo sem a autorização dos familiares. Peço desculpas pela minha iniciativa, mas, diante das circunstâncias, imaginei que essa fosse a melhor medida a ser tomada.

Durante a consulta, o pediatra solicitou diversos exames para uma investigação diagnóstica. Felizmente, a febre cedeu, e Mariana está bem.

Porém, infelizmente, dona Violeta condenou a minha atitude e ainda não autorizou a realização de tais exames, os quais considero de alta relevância e prioridade. Por isso, resolvi comunicar-lhe o fato.

Assim, peço-lhe que esclareça à dona Violeta sobre a importância da realização dos exames, como forma de investigar a origem da febre que, por sua vez, pode não se tratar de nada sério, mas também pode ser o prenúncio de algo mais grave, já que Mariana possui uma saúde frágil. Nesse caso, o diagnóstico deve ser o mais precoce possível.

Com todo o meu respeito, peço-lhe mais uma coisa. Por favor, doutor Mário, não conte à senhora sua mãe sobre esta carta. Diga apenas que Mariana falou-lhe da febre e que o senhor mesmo acha por bem investigar.

Muito grata desde já,
Sofia

Após ler a carta, Mário ficou absorto por alguns instantes. Em seguida, olhou novamente para aquele pedaço de papel em sua mão e se entristeceu com o que soubera da mãe.

"Como ela pôde agir assim em se tratando da saúde minha filha?!", pensou.

Além disso, ele percebeu que Mariana deveria estar mesmo certa quando insinuou que Violeta estaria tentando evitar um contato dele com Sofia. Ainda que ele quisesse duvidar, tudo fazia sentido. A mãe havia mudado o horário de chegada da babá, quando sempre fizera questão que todas chegassem bem cedo. Também havia dispensado os serviços noturnos e de finais de semana.

"Certamente, não seria por consideração aos estudos de Sofia", pensou.

— Meu Deus! Que tristeza! — exclamou para si mesmo.

Mário sabia que Violeta sempre tivera ciúmes dele, mas, desta vez, estava exagerando. Bobagem dela. Por mais interessante que Sofia pudesse ser, seu coração ainda pertencia à Elizabete.

Naquela mesma noite, Mário escreveu uma carta à babá, que entregou à Mariana no dia seguinte, logo bem cedo, quando passou em seu quarto para se despedir dela antes de ir para o trabalho. Em seguida, ele conversou com Violeta e exigiu que fossem realizados todos os exames da filha. Disse-lhe ainda que Sofia, como babá e futura enfermeira, estava autorizada por ele a acompanhar a filha em todas as idas ao médico e aos laboratórios.

Como de costume, em torno de uma hora depois de Mário sair, Sofia chegou, cumprimentou os criados e foi ter com Mariana no quarto dela. Ao vê-la entrar, a menina sorriu satisfeita.

— Bom dia, Sofia!

— Bom dia, minha princesa!

— Tenho uma coisa para você. Tome. — E estendeu a carta de Mário na direção da babá. — É de meu pai.

Sofia tomou a carta nas mãos e a olhou surpresa. Em seguida, a leu em silêncio.

Prezada srta. Sofia,

Não é necessário desculpar-se, pois compreendo perfeitamente sua atitude. Eu no seu lugar teria feito o mesmo. Também entendo o fato de ter-me escrito e de pedir segredo por isso, pois a maneira de minha mãe agir foi mesmo descabida e intransigente.

Agradeço-lhe sincera e profundamente pelo zelo com que vem tratando a minha preciosa filha. Já conversei com minha mãe e solicitei que fosse realizada uma criteriosa avaliação médica da saúde de Mariana, sob sua supervisão. Não se preocupe, pois não comentei nada sobre a sua carta, como você e Mariana me pediram.

Por favor, mantenha-me informado de tudo!

Espero que possamos nos conhecer em breve, para que eu tenha a oportunidade de agradecer-lhe pessoalmente.

Minhas sinceras estimas,
Mário

Após o término da leitura, Sofia respirou aliviada, temia que fosse mal interpretada pelo patrão. Ao invés disso, sua solicitação havia surtido efeito. Iria poder cuidar da pequena Mariana devidamente.

— Pelo visto, deu tudo certo, não foi Sofia? — indagou a menina, satisfeita.

— Sim, minha querida. Graças a Deus! E à sua ideia também. — E beliscou-lhe a bochecha carinhosamente.

Naquele mesmo dia, pouco antes de Sofia deixar a casa, no final de seu expediente de trabalho, Violeta aproximou-se dela e falou-lhe rispidamente.

— Eu e meu filho resolvemos autorizá-la a acompanhar a realização de todos os exames de Mariana.

— Farei isso com prazer, dona Violeta — respondeu Sofia.

— Mas escute bem uma coisa: nem pense em tentar importunar o meu filho com esses assuntos, pois ele é um homem muito ocupado. Tudo o que for relacionado à saúde da menina, você deverá tratar diretamente comigo. Entendeu bem?

— Sim, senhora. Prestarei contas de tudo à senhora — concordou Sofia.

Mariana estava feliz. Sob a orientação de Elizabete, ela havia conseguido intermediar um primeiro contato entre seu pai e Sofia, sem que sua babá corresse nenhum risco de ser demitida.

Então, no dia seguinte, quando Sofia e Mariana brincavam juntas no quarto da menina, sem que ela percebesse, Elizabete estava ao seu lado e inspirou-lhe uma nova ideia.

De súbito, Mariana parou o que estava fazendo, olhou para a babá e indagou:

— Sofia, o que você achou do quarto de meu pai quando foi lá deixar a carta?

Sofia franziu o cenho, sem entender a pergunta da menina.

— Como assim, minha querida?

— Não o achou triste demais? Assim... Bem, não há flores, e os lençóis são escuros.

Sofia havia entrado no quarto do patrão muito rapidamente, mesmo assim, rememorou o pouco que lembrava do ambiente.

— Para dizer a verdade — confessou ela —, não tive muito tempo de observar os detalhes, mas, no geral, achei mesmo um tanto escuro.

— Então, por que não vai até lá e deixa um ou dois vasos com flores nos criados-mudos, troca os lençóis da cama por outros mais claros e abre todas as cortinas?

Sofia franziu o cenho novamente, fitando Mariana com curiosidade.

— Por que está me pedindo isso, meu anjo?

— Porque acho que meu pai iria gostar de ver o quarto dele alegre de novo. Quando minha mãe era viva, ela mesma cuidava disso. Sempre havia flores, lençóis claros, e as cortinas ficavam abertas para a luz do Sol entrar.

Sofia parou um instante, olhando para Mariana, compadecida. E logo voltou a falar.

— Ah, minha querida! Lamento muito por seu pai não ter mais os mimos de sua mãe. — E acariciou-lhe os cabelos. — Bem, eu até que não me incomodaria de fazer isso. Na verdade, seria até um prazer. Mas sua avó, certamente, iria perceber a diferença na decoração, e daí, você já sabe...

— Mas minha avó não vive entrando lá. Quem cuida da arrumação da casa é Cristina e Berta, e elas fazem do jeito delas e não do jeito que a minha mãezinha fazia.

Sofia pensou um instante. Depois respondeu:

— Então, vamos fazer o seguinte. Eu subo até lá e levo umas flores, abro algumas cortinas e troco os lençóis, tudo bem rápido. Daí, você avisa a Berta que me pediu para fazer as alterações a pedido de seu pai e que, de agora em diante, ela deverá fazer o mesmo. Então, quando seu pai chegar, você conta para ele sobre a ideia que teve e assim fica tudo certo. Está bem assim?

Mariana concordou com Sofia, e esta fez como o combinado. Foi até o quarto de Mário e realizou as modificações na decoração em poucos minutos. Por fim, jogou no ar um pouco do perfume que havia tirado da bolsa para isso. Em seguida, saiu rapidamente,

voltou ao quarto de Mariana e contou-lhe o feito, deixando-a satisfeita e feliz.

Logo mais, no início da noite, quando Mário chegou e foi ter
com a filha em seu quarto, Mariana o aguardava ansiosa, precisava se antecipar, antes que o pai notasse a diferença no quarto e
fosse comentar com Violeta ou Berta.

Após os cumprimentos de sempre, Mariana indagou:

— Papai, o senhor já entrou em seu quarto?

— Não, meu anjo. Ainda não. Por quê?

— Pois quando for até lá, para tomar banho antes do jantar,
veja que surpresa o aguarda, mas não fale nada para ninguém.

— Hum... E do que se trata, hein, sua danadinha? — E assa-
nhou-lhe os cabelos sorrindo.

— Nada de mais, papai, mas surpresa é surpresa. Vá até lá
depois volte aqui.

E Mário fez como a filha lhe pedira. Chegando a seu quarto,
apreciou bastante as alterações realizadas. Rememorou a época
em que Elizabete cuidava pessoalmente da decoração do quarto,
e um calor brando aqueceu-lhe o peito. Em seguida, voltou ao
quarto da filha.

— Obrigada pelas lindas flores e pelo novo visual do quarto,
meu anjo. Ah, o perfume, também, é delicioso! Eu nunca o havia
sentido antes.

Mariana lançou-lhe um sorriso malicioso e disse:

— Mas não fui eu, papai.

— Então, foi sua avó? Ou Berta?

— Não. Foi Sofia.

Mário franziu o cenho.

— Foi você quem pediu isso a ela?

— Não, papai — mentiu Mariana, mas pelo que ela considerava "uma boa causa". — Eu não pedi nada a Sofia. Tudo foi ideia

dela, porque achou seu quarto muito triste quando entrou lá para pôr a carta. Antes, pediu a minha autorização, e eu permiti.

— E sua avó, não viu? Certamente, ela não aprovaria.

— Pelo menos, não até agora. Dissemos a Berta que foi o senhor que pediu as alterações e que, de agora em diante, ela ou Cristina deverão fazer assim todos os dias.

Mário sorriu para a filha.

— Adorei a surpresa, minha princesa! Até parece que Sofia adivinhou meus pensamentos, pois estava mesmo sentindo falta das flores, dos lençóis claros, da luz atravessando as janelas logo bem cedo da manhã e de um agradável perfume que Elizabete sempre deixava no ambiente. Desde que sua mãe nos deixou, mamãe faz questão que o quarto não seja mantido da mesma forma que Elizabete o mantinha, pois ela imagina que isso me faria sofrer. Muito pelo contrário, me faz sentir muito bem! Agradeça a Sofia por mim, filha.

— E por que o senhor mesmo não agradece a ela?

— Você sabe que, quando ela chega, eu já saí. Faça isso em meu lugar, por favor — pediu Mário.

— Não, papai. O senhor mesmo é quem deve agradecer. É um cavalheiro, não é?

Mário fitou a filha, pensativo, analisando suas palavras. E quando decidiu, tornou a falar:

— Tem razão, querida. Então, diga a Sofia que fique até mais tarde um pouco amanhã, para que eu possa agradecer-lhe pessoalmente quando chegar. Assim, nos conheceremos, finalmente.

— Não, papai. Ela não pode ficar. Tem aula logo no primeiro horário. Por que o senhor não escreve uma carta agradecendo?

— Outra carta?

— Sim. Seria a melhor maneira de agradecer a Sofia sem que vovó sinta ciúmes dela.

Mário tornou a ficar pensativo, mas logo respondeu:

— É. Tem razão. Uma carta pode ser a maneira mais prática de agradecer a ela sem gerar confusão com sua avó.

Mariana sorriu satisfeita.

— Mas isso não deve continuar assim — afirmou Mário, com certa irritação. — Com ou sem ciúmes, a sua avó precisa entender que devo conhecer a pessoa que está cuidando do meu maior tesouro.

Mariana assentiu com a cabeça, em concordância ao pai, mas sabia que, se isso acontecesse naquele momento, sua avó certamente mandaria Sofia embora.

Então, Mário tomou uma folha de um dos cadernos da filha, escreveu um bilhete rápido a Sofia e o entregou à Mariana, para que ela o guardasse até poder entregá-lo à babá no dia seguinte. Em seguida, subiu ao quarto novamente, tomou um banho, desceu, apanhou Mariana, e juntaram-se a Joaquim e a Violeta durante o jantar.

Na manhã seguinte, foi com surpresa que Sofia recebeu o bilhete das mãos de Mariana. Ela o abriu imediatamente e o leu em voz alta dessa vez.

Cara Sofia,

Estou escrevendo desta vez para agradecer-lhe pelas flores e pela renovação no ambiente de meus aposentos. Tamanha gentileza não pode deixar de ser apreciada e devidamente reconhecida.

Para não continuarmos nos comunicando dessa maneira pouco usual entre um pai e a pessoa que cuida de sua filha, peço--lhe que providencie, o quanto antes, um momento oportuno para podermos nos apresentar devidamente.

Grato mais uma vez,
Mário

— *Ele insiste em conhecê-la pessoalmente* — comentou Elizabete com Leonardo, ambos de pé a um canto do quarto. — *Mas ainda não chegou o momento.*

∾

Uma semana depois, Mário precisou viajar para Campinas, onde os Pedrosas possuíam uma filial da imobiliária. O gerente geral havia pedido demissão, e ele precisava tomar conta dos negócios pessoalmente, até selecionar alguém capacitado para assumir o cargo.

Como um pai zeloso que era, precisava certificar-se de que continuaria sendo informado de tudo o que se passasse com Mariana enquanto estivesse ausente. Então, antes de partir, além de recomendar os cuidados da filha a Violeta, Joaquim e Berta, ele escreveu outra carta a Sofia, que Mariana entregou no dia seguinte à sua partida.

— Tenho uma carta de meu pai para você, Sofia — disse Mariana, entregando o papel à babá.

Desta vez, Sofia imaginou qual seria o assunto, pois o patrão havia viajado sem ter-lhe recomendado pessoalmente os cuidados com a filha, como desejava.

Então, Sofia desdobrou o papel e o leu, mais uma vez, em voz alta, para que Mariana pudesse ouvir.

Cara Sofia,

Sei que já deveria tê-la conhecido pessoalmente, como era de minha mais profunda intenção. Como isso ainda não me foi possível, peço-lhe desculpas por estar recorrendo à senhorita, mais uma vez, mediante uma carta.

Estou indo para Campinas a negócios e não sei quanto tempo ficarei por lá. Espero que não demore a retornar, mas isso não depende de minha vontade.

Sendo assim, peço-lhe, encarecidamente, que cuide de minha pequena Mariana como se fosse sua e, por favor, mantenha-me informado de tudo o que se passar com ela durante a minha ausência. Para isso, peço que me escreva com frequência, deixando-me a par do dia a dia e da saúde de minha filha. Meu endereço está no fim desta carta. Se preferir, deixei também o número do telefone de nosso apartamento de Campinas, onde estarei hospedado, mas poderei atender apenas à noite.

Deposito total confiança na senhorita e já a estimo, pois sempre confiei no julgamento de minha Mariana, que apreciou seus modos desde o primeiro dia em que esteve com ela.

Assim, deixo o meu maior tesouro sob seus cuidados.

Muito grato desde já,
Mário

CAPÍTULO 11

À beira do riacho

Maria Eugênia galgou a passos largos durante todo o percurso, suspendendo as saias compridas e pesadas, enquanto Zuíla caminhava esbaforida tentando acompanhá-la, empunhando um guarda-sol para proteger a pele branca e delicada da bela jovem.

Quando chegaram à margem do riacho, a jovem serenou finalmente. Em razão da pressa com que havia caminhado até ali, tinha chegado um pouco antes da hora marcada, mas estava certa de que Romero não tardaria a aparecer.

Com o corpo quente e transpirando de calor, ela aproximou-se da margem do riacho, abaixou-se, uniu as duas palmas das mãos e apanhou um pouco daquela água corrente fria e cristalina. Em seguida, derramou-a sobre o rosto e pescoço. Estava mais aliviada agora.

Logo após se refrescar, Maria Eugênia sentou-se recostada no tronco de uma árvore de copa generosa, e Zuíla sentou-se ao seu lado.

— A sinhá "num" tem jeito "mermo", "num" é sinhá? — disse a mucama, ainda um pouco ofegante do esforço que fizera. — Se o

"tenente-coronér" Fonseca passa por esses lados de cavalo e pega vosmecê "cum" o "fio" dele...

— Estamos em terras de meu pai, Zuíla. O pai de Romero não tem por que cavalgar por aqui.

— Como é que a sinhá pode ter certeza, hein? Se o "homi" "tá" aperreando seu Josué pra comprar "as terra" dele, pode muito bem andar por aqui, sim.

— Não se preocupe, Zuíla, ele não vai aparecer. Até porque, não vou me demorar. Será um encontro rápido. Mas eu precisava vir. Você sabe disso.

Zuíla assentiu com a cabeça.

Pouco tempo depois, Maria Eugênia avistou Romero, ainda com certa distância dali, montado em seu cavalo marrom com crina clara lustrosa, vindo na sua direção em alta velocidade. Ela levantou-se bruscamente e passou a observá-lo com ansiedade. A cada galope do animal, seu coração palpitava descompassado na ânsia de estar com ele mais uma vez.

Quando, finalmente, Romero parou sob a sombra da árvore, onde sua amada o aguardava ansiosa, ela aproximou-se feliz. Ainda do alto do cavalo, Romero introduziu a mão no bolso da camisa e tirou de dentro dele uma rosa vermelha.

— Para a mais linda rosa de todos os campos existentes nesse planeta! — disse, oferecendo o mimo na direção de Maria Eugênia.

Ela corou e sorriu satisfeita, enquanto esticava o braço para tomar nas mãos a singela surpresa. Em seguida, Romero desceu do cavalo e beijou-lhe as mãos.

A mucama Zuíla observava tudo com apreensão, temendo que sua sinhazinha fosse pega de surpresa pelo pai ou mesmo pela mãe do moço.

— Eu não via a hora de ver-te novamente, meu querido — disse Maria Eugênia, com os olhos brilhando de emoção.

— Faço minhas as tuas palavras, meu amor. Até meu cavalo sofreu com o ritmo acelerado de galope que eu lhe impus, tamanha era a minha ansiedade de chegar até aqui. — E sorriu para ela, tal qual uma criança diante do tão esperado mimo.

Maria Eugênia e Romero abraçaram-se calorosamente.

Após afastarem-se um do outro, ainda permanecendo de mãos dadas, Maria Eugênia indagou a Romero:

— Então, meu querido, seus pais já desistiram de casar-te com Carmelita?

Romero fitou a amada em silêncio durante alguns instantes, analisando a melhor forma de contar-lhe o que se passava entre ele e seus pais. Quando, finalmente, tomou coragem, disse:

— Minha querida, as coisas não estão indo muito bem.

— Imagino, eles continuam insistindo com o casamento, não é isso?

— Agora não é mais só isso — disse Romero, com pesar.

— E o que mais poderiam fazer em oposição ao nosso amor? — indagou Maria Eugênia, irrequieta.

Romero a envolveu em um olhar afetuoso, compadecido da angústia da amada. E acariciando-lhe os cabelos, sugeriu:

— Vamos nos sentar um pouco sob a árvore? Conversaremos melhor.

— Não podemos nos demorar. Temo que teu pai ou tua mãe possam nos ver juntos, ainda que seja à distância.

— Não te preocupes quanto a isso, pois, neste momento, meu pai está na vila tratando de negócios, e minha mãe está recebendo a visita do pároco.

Maria Eugênia sobressaltou-se.

— Pároco? Já tratando dos preparativos de teu casamento com Carmelita? Eu não posso crer! — e levou uma das mãos ao rosto, aflita.

Romero retirou, delicadamente, a mão da amada da face dela e a segurou entre as suas. Em seguida, fitou-a nos olhos e disse:

— Acalma-te, meu amor. Minha mãe costuma receber o pároco com frequência. Não te aflijas com isso, pois eles não estão falando sobre o meu casamento com ninguém.

Maria Eugênia respirou aliviada, e eles, finalmente, sentaram-se sob a pomposa árvore.

— Então, meu querido — falou Maria Eugênia, apreensiva —, agora poderias, por gentileza, contar-me o que mais teus pais estão planejando contra o nosso amor?

E Romero continuou:

— Bem, minha flor, como deves saber, até o mês passado, o Brasil estava vivendo um momento de crise na Guerra do Paraguai, pois as tropas militares não estavam conseguindo passar a ponte do Ribeirão Itororó para tomar a estrada para Assunção[3] e invadir a cidade de uma vez por todas.

Maria Eugênia assentiu com a cabeça positivamente, e Romero continuou.

— Porém, há rumores de que o cenário atual esteja bastante favorável à tomada de Assunção pelos aliados da Tríplice Aliança.[4] Isso poderá significar o fim da guerra, e com vitória nossa.

Maria Eugênia fitou Romero com o cenho franzido e considerou:

— Compreendo. Porém, no que isso poderia estar relacionado conosco?

Romero parou um instante, respirou fundo e disse em seguida:

— É exatamente esse cenário favorável que fez meu pai tomar a decisão de mandar-me para a guerra.

---

3. Nota da Editora: Capital do Paraguai.

4. Nota da Editora: O Tratado da Tríplice Aliança designa uma aliança criada durante a Guerra do Paraguai, entre o Império do Brasil, a República Oriental do Uruguai e a República Argentina.

Maria Eugênia sobressaltou-se novamente, com os olhos arregalados e o coração em taquicardia.

— Minha mãe o influenciou nessa decisão e confessou-me pessoalmente seus motivos.

— Como assim, meu amor? Diz que isso é mentira! Se não te inscreveste à época do recrutamento dos "voluntários da pátria",[5] no início da guerra, por que teus pais querem que o faça agora, que esta guerra está prestes a findar?

— Porque, logo no início da guerra, tudo era muito incerto e arriscado. Assim, confesso que, como temos recursos, meus pais driblaram o sistema de recrutamento e evitaram que eu me alistasse. Porém, como o cenário atual aponta para o término da guerra em breve, com provável vitória nossa, o risco para mim será bem mais baixo. Com isso, meus pais pensam que, se eu me voluntariar agora, poderão me arranjar um posto de tenente ou de alferes e poderei voltar major ou mesmo coronel.

— Mas e quanto a ti, estás de acordo com essa loucura?

— Claro que não, meu amor. — Ele beijou novamente as mãos da jovem e continuou: — Não quero e não vou a essa guerra, não por covardia ou falta de patriotismo, mas porque não consigo imaginar a ideia de ser abatido em combate e deixar-te aqui sozinha a chorar por mim, quando o que mais quero é ter-te ao meu lado para o resto de minha vida.

Maria Eugênia o abraçou com força e alívio.

— Graças a Deus, meu querido! — exclamou, ainda abraçada a Romero. — Por um momento, temi perder-te para essa guerra cruel!

---

5. Nota da Editora: "Voluntários da pátria" é o termo fornecido aos corpos de militares criados pelo Império do Brasil (1822-1889), no início da Guerra do Paraguai (1864-1870), em 7 de janeiro de 1865. Inicialmente, eram recrutados voluntários, buscando reforçar o número de militares no Exército Brasileiro, mas logo o recrutamento passou a ser também forçado.

Nesse momento, a figura de uma mulher surgiu de trás da árvore, sob a qual o casal estava sentado, e se posicionou de frente para eles. Era Carmelita, trajando um pomposo vestido de crinolina[6] verde-musgo e empunhando um guarda-sol de fino tecido escuro, com bordas de renda. Era de um aspecto mórbido, esguia, pálida, olhos castanho-claro mergulhados em órbitas escuras e profundas. Em sua outra mão, Carmelita trazia uma rosa preta, que estendeu na direção de Maria Eugênia.

— Pega, Maria Eugênia. É para ti — disse ela, com expressão lânguida.

O casal e a negra Zuíla fitaram Carmelita surpresos, enquanto Maria Eugênia tomou a rosa nas mãos. Porém, quase que simultaneamente, com a outra mão, Carmelita golpeou o abdômen de Maria Eugênia com um punhal, encharcando o vestido dela de sangue. Em seguida, a jovem desfaleceu nos braços de Romero.

∾

Sofia acordou de súbito, banhada em suor e taquicárdica. Sufocou um choro suave que teimava em escapar, abaixou a cabeça e fechou os olhos. Lembrou-se de que era sábado e que, por isso, poderia permanecer um pouco mais na cama. Respirou fundo, tentando dissipar a sensação ruim que aquele sonho sempre lhe imprimia.

"O que será que isso quer me dizer?", pensou ela.

Então, mais uma vez, a imagem de seu tio Breno veio-lhe à mente. Talvez ele pudesse ajudá-la a descobrir.

---

6. Nota da Editora: Armações usadas sob as saias pelas mulheres (entre 1852 a 1870), sobretudo as abastadas, para lhes conferir volume, em substituição às várias camadas de anáguas.

CAPÍTULO 12

Lembranças adormecidas

Breno havia encontrado um lugar confortável para morar, mas ainda não tinha deixado a casa de Adelaide, pois estava aguardando a finalização de alguns ajustes na pintura e nas instalações da nova residência.

Assim, como faziam aos finais de semana, a família de Adelaide almoçou reunida em sua casa, com exceção de Beatriz, que preferiu sair com algumas amigas e não compareceu à casa da tia. Ana Maria não aprovava muitas das atitudes da filha, mas não tinha meios para convencê-la do contrário. Dessa forma, todos já estavam habituados à maneira hostil de Beatriz se relacionar com os familiares.

Após o almoço, como de costume, eles se reuniram na varanda lateral da casa para saborear o tradicional cafezinho feito por Solange. Já acomodados, Adelaide, Vicente, Breno, Sofia, Solange, Ana Maria e seu esposo, Osório, iniciaram uma conversa agradável, em que abordaram variados temas, enquanto Pedro, filho de Solange, e Paulo, o caçula de Ana Maria, se divertiam no enorme quintal da casa.

Após um bom tempo de conversa animada, os presentes foram, um a um, se retirando. Até que, por fim, restaram Breno, Sofia e Solange, como costumava acontecer.

— Então, tio..., quer dizer que falta pouco para o senhor nos deixar, não é? — lamentou Sofia.

— Para mudar-me daqui, sim. Mas jamais vou deixá-los — disse Breno, com um sorriso afável nos lábios. — Contudo, não se preocupe, porque estarei sempre por perto de todos vocês.

— Por mim, continuaria morando aqui conosco — declarou Sofia. — Por outro lado, entendo que precisa ter a sua privacidade.

— Agradeço demais a todos vocês pela maravilhosa hospitalidade com que fui recebido e hospedado nesta casa durante esses dias. Mas já estava na hora de eu poder organizar-me em meu próprio lar.

— Nós entendemos, tio — comentou Solange.

— O senhor precisa mesmo ter um lugar para organizar a própria vida, o trabalho e seus estudos sobre espiritualidade — ajuntou Sofia.

— Exato. É isso mesmo, minhas estimadas sobrinhas.

— Tio — falou Sofia, pretendendo mudar de assunto —, hoje tive um sonho muito estranho — e explicou rapidamente como tinha sido o sonho.

— Bem — opinou Solange —, você já conhece a minha opinião, irmã. Para mim, você deve estar impressionada com alguma história que leu em algum momento de sua vida e da qual não se recorda conscientemente.

Breno considerou:

— Pode ser que sim, Solange, mas também pode ser que não. — Ele olhou para Sofia e continuou: — Conte-me um pouco mais sobre os sonhos, por favor.

E Sofia relatou diversos detalhes de seus sonhos: as várias passagens que se conectavam em uma mesma história, a época em que se passavam, os nomes dos envolvidos, a linguagem, as roupas e as sensações e sentimentos que costumava experimentar quando os tinha.

Por fim, curiosa, indagou:

— Então, tio, o que acha?

Como costumava fazer antes de emitir uma opinião, Breno parou um instante pensativo, analisando os fatos que lhe haviam sido relatados pela sobrinha. Em seguida, começou a falar:

— Minha querida, os nossos sonhos podem ter diferentes origens, incluindo condições orgânicas, psíquicas ou psicológicas. Muitas vezes, o psíquico pode ser consequência de condições orgânicas e inconscientes que projetam vivências fantasiosas para nossa consciência. Ou seja, eles podem ser o produto de lembranças adormecidas, de conflitos psíquicos ou mesmo do que se passa com nosso corpo físico — esclareceu.

— Pois, então, Sofia, é como eu sempre falei — interveio Solange. — Você pode estar projetando em seus sonhos alguma situação fantasiosa formada em seu subconsciente a partir das histórias fictícias que costuma ler, assim como acontece comigo. Não pode, tio?

— Sim, pode. No entanto, durante o sono, nossa alma é parcialmente liberta de nosso corpo físico e, por isso, pode percorrer o espaço e entrar em uma relação mais direta com outros espíritos.

Sofia e Solange assentiram com a cabeça, e Breno continuou:

— Então, durante o sonho, estando mais independente pela suspensão temporária da vida ativa, o nosso espírito passa a viver a vida espiritual, podendo, inclusive lembrar-se de acontecimentos de vidas passadas. Esses sonhos repetitivos, como os que você descreveu, Sofia, são chamados de "recorrentes" e são relativamente frequentes.

— Ah, então, o que está acontecendo comigo é mais comum de acontecer do que eu imaginava?

— Sim, é. Esses sonhos recorrentes geralmente envolvem uma experiência dramática, que pode ter ocorrido tanto em um passado próximo, na atual vida, como em um passado remoto, em vidas anteriores. São registros guardados no inconsciente, que podem aflorar através dos sonhos.

Sofia parou um instante, pensativa. Depois falou:

— Então, tio, como sei que nesta vida atual não experimentei nada semelhante ao que se passa em meus sonhos, quer dizer que eles podem ser mesmo lembranças de uma vida passada?

— Sim, podem. Pelos detalhes que me contou, são fortes as evidências de que esteja realmente experimentando lembranças de um passado remoto ocorrido em uma existência anterior. E quando isso acontece...

E antes que Breno concluísse, Pedro aproximou-se de Sofia, transpirando bastante e ofegante, em razão das brincadeiras com o primo Paulo, e entrou na conversa:

— Tia... — disse, pausando as palavras —, desculpe me intrometer na conversa de vocês, mas... quando eu ia passando para beber água, sem querer... ouvi o que a senhora e o tio Breno acabavam de falar. E eu sei... que os sonhos que a senhora costuma ter aconteceram mesmo há muito tempo, quando a senhora tinha outro nome e vivia uma outra vida.

E todos fitaram o menino, admirados.

— Por que está dizendo isso, Pedro? — indagou Solange. — Como sabe sobre essas coisas?

— Porque tem uma mulher ao lado da tia Sofia que está me dizendo isso — disse, com naturalidade.

Solange estava boquiaberta e nada disse.

— Meu querido, do que você está falando? — indagou Sofia, interessada. — Está mesmo vendo alguém perto de mim?

Pedro calou-se, fitando apreensivo a mãe e os tios, temendo algum tipo de represália.

petit

E percebendo a inquietude do menino, Breno tomou as mãos dele entre as suas e, com voz serena, disse:

— Pode falar, Pedro, pois ninguém aqui irá duvidar de você ou mesmo repreendê-lo por nada do que disser. Como é essa mulher que está vendo?

E encorajado pelo tio, Pedro decidiu continuar:

— Ela é jovem, bonita, tem cabelos compridos e encaracolados, de cor castanho-claro, e disse que se chama Elizabete.

Sofia foi tomada por forte emoção e balbuciou, atônita.

— Elizabete!

— A esposa falecida de seu patrão? — indagou Solange, trêmula.

— Sim — afirmou Sofia. — A imagem dela formou-se nitidamente em minha mente.

— Pedro, meu filho, tem certeza de que não está inventando essa história só para nos impressionar? — perguntou Solange.

— Não, mamãe. Já faz um bom tempo que vejo pessoas que ninguém mais vê, mas nunca contei nada para não pensarem que eu era louco. E agora só falei porque a mulher me pediu e disse que eu podia falar para vocês, que iriam acreditar em mim.

Solange e Sofia fitaram juntas o tio, como que a pedir explicações do fato.

E mantendo a serenidade, Breno fitou novamente o sobrinho nos olhos e indagou:

— O que mais a mulher está pedindo que nos diga?

O menino olhou para o tio, depois para a mãe. Por fim, fitou Sofia e, tomado de coragem, falou:

— Ela está dizendo, tia Sofia, que os sonhos da senhora são mesmo lembranças de uma vida passada, que podem ajudá-la a desvendar muitas coisas que estão ocorrendo na sua vida atual e também acontecimentos que ainda estão por vir.

— Por que ela está pedindo a você que diga isso, Pedro? — questionou Sofia, aflita. — O que ela quer de mim?

E Pedro, já com naturalidade, reproduzindo o que Elizabete lhe falava, continuou:

— Tia, ela disse que não podia falar muito, mas precisava avisar que a senhora deve acompanhar o tio Breno nos estudos sobre espíritos... digo, espiritualidade; e também deve frequentar um centro espírita para se munir de conhecimento e força para enfrentar o que está por vir. Ela estará sempre por perto e vai ajudar.

Sofia expandiu o cenho, assustada, e o garoto continuou:

— Ela disse também que, aconteça o que acontecer, não deve abandonar Mariana e que, quando chegar o momento, a senhora vai receber esclarecimentos para compreender melhor. Foi assim mesmo que ela falou. Desse jeitinho mesmo.

— Algo mais? — indagou Breno.

— Não, tio. Pronto. Ela abençoou todos nós e já foi embora.

Pedro pediu licença e saiu correndo, voltando para a divertida brincadeira com Paulo como se nada tivesse acontecido, tamanha era a naturalidade do fenômeno para ele.

Sofia e Solange estavam embasbacadas diante da cena que tinham acabado de presenciar.

— Vou precisar de conhecimentos e força para enfrentar o que está por vir? — repetiu Sofia, fitando Breno, assustada. — Meu Deus, tio! Estou em pânico!

— Não fique assim, minha querida — consolou Breno. — Agora você já sabe, ao menos em parte, o porquê de estar naquela casa. Ao que parece, tem uma missão a cumprir. Não tema nada, pois Deus, na sua infinita bondade, permitiu que Elizabete viesse até aqui orientá-la e, pelo que falou, também estará ao seu lado, auxiliando-a no que for possível, assim como eu e seus familiares também sempre o faremos.

Solange segurou a mão da irmã e, fitando-a nos olhos, disse:

— Sofia, querida. Não sei o que tudo isso significa. Não sei nem se consigo acreditar no que acabei de presenciar aqui, mas saiba que estarei sempre do seu lado, em qualquer situação, incondicionalmente!

Sofia assentiu com a cabeça. Pensou em Deus e agradeceu por ter ao seu lado pessoas como o tio Breno e a irmã. De repente, seu medo se dissipara, e ela sentiu-se amparada. Mesmo desconhecendo os percalços que a vida estaria lhe prometendo, formulou intimamente um desejo enorme de enfrentá-los. Ávida de conhecimento, sentia que chegara a hora de lançar-se ao estudo aprofundado na literatura espírita. Com o auxílio do tio, iria instruir-se, fortalecer-se e preparar-se para enfrentar o que tivesse de ser, como lhe recomendara Elizabete, um espírito nobre, generoso e sábio.

Após breve reflexão em silêncio, Sofia tomou informações sobre o centro espírita que Breno estava frequentando e combinou de acompanhá-lo até lá.

— Então está combinado, irei com o senhor amanhã — disse serena e inundada de fé e esperança e acrescentou: — Tenho lido os livros que me emprestou, e confesso que estou maravilhada com a riqueza de seus ensinamentos. Tenho sido esclarecida sobre muitos dos questionamentos que bombardearam meu íntimo a vida toda, mas agora sei que preciso e posso ir além.

De repente, Sofia lembrou-se de Mariana, e um forte sentimento de amor e carinho inundou-lhe o coração. Rememorou a recomendação de Elizabete para nunca abandoná-la.

— Tio — articulou Sofia, com os olhos marejados —, como o senhor ouviu, Elizabete me pediu para nunca abandonar Mariana.

Breno assentiu com a cabeça, e Sofia continuou:

— Desde que a vi pela primeira vez, de imediato, a imagem dela despertou em mim um carinho e ternura inexplicáveis, como

se já a conhecesse e a estimasse há muito. No primeiro momento, atribuí esse sentimento ao fato de Mariana ser uma menina doce, frágil e também, confesso, por ter deficiência física e ter ficado órfã ainda tão criança. Achei que estava compadecida, mas, agora, depois das palavras de Elizabete, percebo que não. E mais, me parece que esse sentimento tomou proporções incalculáveis dentro de mim. Se antes já me esforçava para cuidar bem dela e fazê-la feliz, agora, depois do que Elizabete falou, sinto como se pudesse lutar contra o mundo inteiro para ficar ao seu lado e defendê-la. O senhor acha que fiquei impressionada?

— Acho que a presença iluminada de Elizabete, de algum modo, contribuiu para que você deixasse vir à tona um sentimento muito forte, provavelmente adormecido em seu subconsciente — esclareceu Breno.

— Entendo, tio — disse Sofia.

Solange ouviu o diálogo sem intenção de interrompê-lo. Precisava permanecer um tempo daquela forma, em silêncio, apenas observando tudo, tentando organizar as ideias.

Sofia também voltou a ficar em silêncio, rememorando as palavras de Elizabete e do tio. Pensou na condição de saúde de Mariana e tornou a falar:

— Tio, desculpe abusar de sua boa vontade, mas gostaria muito que o senhor me esclarecesse, se pudesse, claro, só mais uma coisa.

— Fique à vontade, querida — aquiesceu Breno, solícito. — Certamente, se estiver ao meu alcance, ajudarei.

E Sofia continuou:

— Dentre tantas dúvidas que tenho em meu íntimo sobre nossa evolução espiritual, existe uma que muito me aflige. Por que é que uma criança de coração tão bom e puro como Mariana está limitada em uma cadeira de rodas? A pobrezinha experimenta dificuldades e sofrimentos na realização de atividades diárias mais simples, como tomar banho ou ir ao banheiro, por exemplo. Além disso, tem outros problemas de saúde, que, juntos, a impedem de frequentar a escola como todas as crianças de sua idade. Muitas vezes, meus olhos marejam quando ela fala que gostaria muito de correr pelo jardim de sua casa, como faz em sonhos. Parte-me o coração.

E percebendo que Breno a ouvia com atenção, continuou:

— Contudo, ela não vive a lamentar-se, não é revoltada com o mundo, nem com as pessoas, nem com Deus, tampouco se sente infeliz. Pelo contrário, é resignada, madura, sábia, generosa e muito feliz, apesar de tudo. No entanto, todos nós conhecemos muitas pessoas que, na mesma situação, são infelizes, revoltadas, amarguradas com a própria condição existencial. Sempre pensei que sofrêssemos como forma de "pagar" pelos nossos erros e maldades, mas, e quanto à Mariana? Por que sofre assim se pouco deve ter errado nesta encarnação? Seria em decorrência de erros e faltas de uma existência anterior a esta?

Breno ouviu tudo com atenção. Sabia que aquela questão não poderia ser esclarecida com poucas palavras. Contudo, tentou ser objetivo, enfatizando alguns pontos que considerava relevantes na problemática ressaltada por Sofia, com o intuito de serenar o coração aflito da sobrinha.

— Minha sobrinha, a resposta ao seu questionamento é complexa — começou ele. — Mas tentarei ajudá-la como posso.

Sofia assentiu com a cabeça, enquanto Solange permaneceu em silêncio, se acomodando melhor para ouvir o que o tio ia dizer. Seu interesse pelo assunto também ia aumentando à medida que ouvia a conversa travada entre o tio e a irmã. Vendo os olhos das meninas com muita expectativa, Breno continuou:

— Então... A pessoa nascida — ou acometida após o nascimento — com uma deficiência física, não deve ser vista como uma vítima da natureza ou do acaso. No livro *O Céu e o Inferno*,

de Allan Kardec, com ajuda dos espíritos superiores foi esclarecido que os sofrimentos e as adversidades que suportamos na vida corporal são consequências de nossas imperfeições, ou seja, são expiações de faltas cometidas na presente existência ou em existências anteriores.

— Expiações? — indagou Sofia franzindo o cenho. — Como assim?

— As expiações consistem em sofrimentos físicos ou morais consequentes às nossas faltas cometidas em qualquer momento de nossa existência. Assim, quando cometemos uma falta ou praticamos o mal, contraímos uma dívida que deverá ser paga, seja na vida atual, na vida espiritual após o desencarne, ou em uma nova existência corporal. É a famosa Lei de Causa e Efeito.

E assolada por vários questionamentos íntimos pelas palavras do tio, Solange, que até então permanecia em silêncio, perguntou:

— Então, tio, quer dizer que seremos sempre punidos severamente por Deus, pelas faltas que cometemos? E quanto ao perdão divino?

— Não, minha querida. Pelo contrário, por meio da expiação, o homem está recebendo a abençoada oportunidade da misericórdia divina para reparar em uma vida de provações os erros cometidos, o que fizemos os outros sofrerem, ou mesmo para corrigir deficiências morais enraizadas na alma. Assim, as vicissitudes que experimentamos são, para a alma, lições que desenvolvem nossas forças e faculdades intelectuais e morais, visando sempre ao nosso progresso rumo ao bem.

— Entendo — disse Solange.

E Breno continuou:

— Os estudos espíritas nos mostram que quando esse conceito de reparação das faltas estiver arraigado na crença das massas, o homem compreenderá a razão das circunstâncias penosas em que está inserido. Assim sendo, não só teremos forças para

suportar nossas adversidades e aceitar nossa sorte, como também reduziremos em muito as nossas faltas.

— Mas, por outro lado, tio — objetou Solange —, se tivermos certeza de que aqueles que sofrem estão a resgatar suas faltas e dívidas, será que não seremos levados a virar-lhes as costas quando necessitarem de nossa ajuda? E, sendo assim, essa convicção não poderia ser socialmente perigosa?

— Veja bem, minha sobrinha. Ainda que tenhamos consciência de que aquele que arrasta seu corpo no cárcere da deficiência física, ou sofre de qualquer outro mal, está experimentando expiação por suas faltas, ainda assim, não devemos nos abster de nossa obrigação para com o próximo. É certo que não devemos olhá-lo com piedade, pois este, além de estar resgatando suas dívidas, estará também reformulando seu corpo somático, transformando suas células lesadas em células saudáveis. É certo também que teremos sempre a obrigação moral e espiritual de ajudá-lo nessa árdua caminhada, seja com um sorriso ou com uma palavra de conforto, ou mesmo com bens materiais que lhe amenizem a dor. Sempre comparo essa situação à de um filho que foi reprovado na escola. O filho comete a falta ao negligenciar seus estudos e, como consequência, terá de repetir todo o ano. Então, seu pai, mesmo sabendo que ele errou no ano anterior, não deixará de auxiliá-lo com as lições no novo ano que se sucede, com o intuito de ajudá-lo a passar o ano.

— Que linda e sábia analogia, tio! — exclamou Sofia, maravilhada.

— Compreendi — disse Solange. — Agora ficou bem mais claro para mim, pois essa visão não fere os meus princípios católicos da ajuda ao próximo.

— De forma alguma — concordou Breno —, e nem poderia, pois o Espiritismo é essencialmente cristão, como já disse a vocês em outra ocasião.

— Mas, tio — retomou Sofia, após refletir sobre as palavras de Breno e a situação de Mariana. — Veja bem: custa-me crer que um espírito tão resignado, sábio e bondoso como o de Mariana tenha tanta provação ou expiação a experimentar. Ela me parece um espírito tão evoluído... Sempre será assim? Sempre que sofremos será por expiação?

— Por isso que eu lhes disse que a questão não era tão simples. Preciso esclarecer mais uma coisa a vocês.

Sofia e Solange, mais uma vez, assentiram com a cabeça, e Breno continuou:

— É necessário entender que cada caso é um caso. E, respondendo à sua pergunta, Sofia, a resposta é não. Nem sempre a deficiência física ou qualquer outra situação penosa significa expiação. Muitas vezes, consiste em prova escolhida pelo próprio espírito antes de reencarnar, para avançar mais rapidamente em sua evolução espiritual, conforme a coragem com que saiba suportá-la. Ou, ainda, as circunstâncias árduas podem ter sido escolhidas para facilitar ao indivíduo encarnado o cumprimento de uma missão. Assim, uma dessas situações, ou até mesmo ambas, pode corresponder ao caso de Mariana.

— Meu tio querido — disse Sofia com olhos marejados de emoção —, muito obrigada pelos esclarecimentos. Compreendi bem o que o senhor quis dizer, embora tenha a consciência de que ainda tenho muito a estudar e a aprender sobre este assunto. No entanto, suas palavras serenaram meu coração. Sinto-me bem mais aliviada com relação à situação de Mariana, bem como de todo o sofrimento humano.

— Eu também — ajuntou Solange.

CAPÍTULO 13

Visita ao hospital infantil

Na segunda-feira, Sofia estava de volta ao emprego, no horário costumeiro, com a diferença de que passara a enxergar Mariana de outra forma, não mais sentindo piedade dela, mas, sim, vendo-a como um espírito especial que, provavelmente, estaria sendo posta à prova com a intenção de evoluir mais rapidamente.

Sim, a situação era bem diferente do que se passava com Ângela, uma colega da faculdade, que tinha uma deformidade dos membros inferiores e caminhava com a ajuda de muletas. Mesmo podendo locomover-se normalmente, sem a ajuda de outras pessoas, Ângela vivia a lamentar-se da vida e, com frequência, blasfemava contra Deus a sua sorte. Também não perdia a oportunidade de agir em desacordo com os preceitos cristãos.

Sofia sabia que ainda tinha muito a aprender, mas a conversa que tivera com o tio mudara para sempre a sua maneira de pensar em relação às vicissitudes da vida. Estava mais feliz agora, sobretudo no trato com sua estimada Mariana.

— Sofia, Sofia! — disse Mariana, eufórica, vendo a querida babá adentrar o seu quarto. — Você precisa ver a boneca nova que

ganhei de meu pai este final de semana! Ele passou o sábado e o domingo comigo, mas já voltou para Campinas.

— Hum... Uma boneca nova! — disse Sofia, com entusiasmo. — Então, por que não me mostra agora a sua boneca?

Mariana curvou-se rapidamente na direção do criado-mudo e apanhou a boneca que lá havia deixado antes de dormir.

— Está aqui. Não é linda?

Era uma linda boneca de porcelana, com pele negra e cabelos escuros e encaracolados. Trajava um belo vestido e um charmoso chapéu, ambos de tecido quadriculado nas cores rosa e branco. À mão direita, a boneca trazia um cachorrinho de pelúcia bege, preso por uma fita cor-de-rosa.

— Sim, é linda! — exclamou Sofia, com entusiasmo. — E o cachorrinho dela também é fofo!

Mariana olhava fascinada para a boneca.

— Como é o nome dela? — perguntou Sofia, com interesse. — Ou ainda não tem nome?

— Sim, tem sim. Ela se chama Lúcia.

— Lindo nome! Bem, mas, agora, vamos deixar Lúcia dormir um pouquinho, para que você possa tomar um bom banho e, em seguida, o café da manhã. Mais tarde, brincaremos com ela.

A manhã transcorreu normalmente. Após o banho e o desjejum, Mariana teve aula de Português, seguida de História do Brasil. Quando ficou livre de suas obrigações estudantis, pediu a Sofia que pegasse a boneca nova para juntas brincarem um pouco antes do almoço.

Sofia fez o que Mariana pediu e logo elas estavam sentadas sobre o enorme tapete da sala de estar, brincando felizes com Lúcia. Violeta desceu os degraus da escada com passos firmes e barulhentos. Fisionomia contraída, estava visivelmente irritada.

— Bom dia, dona Violeta! — disse Sofia, e Mariana fez o mesmo.

Violeta respondera aos cumprimentos de forma tão forçada que quase não se ouviu o som das palavras saírem-lhe da boca. Em seguida, sentou-se no sofá, de frente para as duas.

— Pensei que a senhora não estivesse em casa — comentou Sofia.

— E não deveria estar — respondeu Violeta, rispidamente. — Estive com dor de cabeça a manhã toda e só agora melhorei um pouco. A ausência de meu filho não está me fazendo bem.

— Entendo — comentou Sofia, distraidamente, enquanto brincava com Mariana.

Violeta olhou a babá com desprezo e indagou:

— Como você pode entender, se não tem filhos?

Sofia parou de brincar um instante e, fitando Violeta nos olhos, retrucou:

— Eu quis dizer que imagino como a senhora se sente. Mesmo não sendo mãe, sou tia e gosto muito de meu sobrinho. A ausência dele também me deixa angustiada.

— Não é a mesma coisa — objetou Violeta.

— Mesmo assim, posso imaginar como se sente.

Violeta fingiu não ouvir e desviou o olhar para Mariana.

— E você? Não pretende mais largar essa boneca?

Mariana continuou brincando e não respondeu.

— Eu falei com você, sua atrevida! — insistiu, descarregando seu mau humor sobre a menina.

— A senhora bem sabe que gostei muito dela — respondeu Mariana, finalmente. — Por isso, quero continuar brincando com ela.

Sofia interveio e, contemporizando, disse:

— Como a senhora sabe, dona Violeta, os brinquedos novos costumam ser os preferidos das crianças.

Violeta deu de ombros e continuou provocando a neta.

— Não sei por que gostou tanto assim dessa boneca.

— Gostei porque é uma linda boneca e foi meu pai que me deu.

— Linda? — debochou Violeta, dando sonora gargalhada logo em seguida. — Como pode chamar uma boneca dessas de linda? Ela é negra! É horrorosa, isso sim! E seu pai só a presenteou com ela porque você pediu! Onde já se viu, pedir uma boneca negra?!

— Eu já tenho muitas bonecas brancas e não tinha nenhuma negra. Por isso pedi ao meu pai. Para mim, ela é tão linda quanto as outras.

Violeta deu um sorrisinho irônico e disse:

— Quero só ver qual será a próxima que pedirá. Uma aleijada, como você?

Sofia trincou os dentes e levantou a cabeça de sobressalto, fixando Violeta seriamente.

— Dona Violeta, por favor, não fale assim com Mariana!

Violeta fitou Sofia, surpresa.

— Quem você pensa que é para falar assim comigo, mocinha? Quem dá as ordens aqui sou eu, e não você. Não sabe que posso colocá-la para fora desta casa por isso?

— Não estou sendo desrespeitosa com a senhora, dona Violeta. Apenas não posso permitir que fira os sentimentos de Mariana dessa forma. Ela não merece.

— Deixe para lá, Sofia. Não ligo — disse Mariana, puxando o braço de Sofia, tentando impedir que a discussão fosse adiante, e que, por isso, sua avó a despedisse.

E Violeta continuou a provocação:

— Você não liga porque sabe que não falei nenhuma mentira, pois é mesmo aleijada. — Enquanto falava, Violeta fitava Mariana com sádica satisfação, enquanto dois vultos escuros se regozijavam abraçados a ela, incentivando-a com pensamentos mórbidos.

Com fisionomia serena, Mariana fitou a avó e respondeu:

— Sou mesmo deficiente física, mas sou feliz, e a minha paralisia não faz mal a ninguém. Enquanto a deficiência da senhora é na alma. Por isso, é infeliz e não se incomoda em fazer mal aos outros.

Violeta mordeu os lábios de ódio. Levantou-se abruptamente do sofá e, com a mão direita erguida, avançou na direção de Mariana. Quase que simultaneamente, Sofia levantou-se e segurou o pulso dela com vigor, freando seu braço ainda no ar.

— A senhora não vai fazer isso — disse Sofia com voz firme, embora estivesse trêmula de raiva.

Violeta puxou violentamente o braço, livrando o punho da mão de Sofia. Então, com os olhos semicerrados de ódio, ela voltou-se para Mariana e arrancou-lhe a boneca das mãos.

— Sua atrevida! Agora veja o que faço com essa boneca horrorosa. — E atirou a boneca ao chão com toda a força, partindo-a em vários pedaços.

Sofia olhou para a boneca despedaçada e não acreditou que Violeta tivesse chegado a tanto. Cerrou os punhos com força e teve ímpeto de esmurrá-la, mas Mariana, mesmo sob lágrimas, pediu a ela que nada fizesse contra a avó.

Com um olhar triunfante, sem articular nenhuma palavra, Violeta deu as costas e se retirou.

Mariana nada disse, apenas permaneceu chorando baixinho, olhando para Lúcia e juntando os pedaços de porcelana espalhados no tapete.

— Não se preocupe, minha querida, eu vou colá-la e ficará quase como nova — disse Sofia, ajudando Mariana a recolher os pedaços da boneca.

No entanto, para a surpresa de Sofia, logo as lágrimas de Mariana haviam cessado. Ela passou a mãozinha no próprio rosto, enxugando as faces ainda molhadas, e disse:

— Eu ajudo você a colá-la, Sofia. Brincaremos de médica e enfermeira. — E voltou a sorrir.

Sofia estava maravilhada diante da atitude de Mariana. Mais uma vez, a menina a surpreendera com a capacidade de superar momentos difíceis, sempre retirando deles algo de bom ou construtivo. Sofia aprendia a cada dia com ela.

Em seu quarto, recostada na cama, Violeta gemia de dor. A enxaqueca havia voltado ainda mais forte.

— Piorei por causa daquelas duas atrevidas — disse Violeta de olhos cerrados. — Elas não perdem por esperar. Irão pagar-me o aborrecimento.

O restante do dia decorreu tranquilo, pois Violeta permanecera recolhida em seus aposentos.

Todas as noites, Mariana jantava à mesa ao lado do pai. Na ausência dele, Sofia cuidou de tudo antes de ir para a faculdade. Banhou a menina, deixou o jantar sobre o criado-mudo e a acomodou confortavelmente em seu quarto. Deu-lhe um beijo, apanhou seus pertences e saiu.

Após retornar para casa tarde da noite, quando já acomodada confortavelmente na cama, com a cabeça recostada em um travesseiro, Sofia rememorava os acontecimentos do dia. Concluiu que a ausência de Mário estava afetando Violeta seriamente. Ela não estava conseguindo suportar a semana sem a presença do filho amado, ainda que ele retornasse nos finais de semana.

"Como ficará o humor dela se o doutor Mário se demorar ainda mais em Campinas?", pensou.

A esse pensamento, sentiu medo. Mariana era o principal alvo de Violeta, que já começara a descarregar sobre ela a saudade e a frustração provenientes da ausência do filho. Rememorou as lágrimas da pequena diante da boneca quebrada, e seus olhos ficaram marejados. O que mais ela seria capaz de fazer? Imediatamente, tentou demover essa ideia da cabeça.

De repente, Sofia pensou em ligar para Mário, para o número que ele havia posto na carta, avisando do "acidente" com a boneca e pedindo-lhe que trouxesse uma nova, exatamente igual à outra, mas faltava-lhe coragem. Então, ela voltou-se na direção do criado-mudo, ao lado da cama, abriu a gaveta e retirou papel e caneta. Decidiu escrever, porém logo desistiu, devolvendo o material à gaveta. Nesse instante, Elizabete aproximou-se, transmitindo-lhe impressões encorajadoras. Sofia sentiu um calor brando aquecer o peito e, tomada de coragem, pegou novamente o papel e a caneta e começou a escrever.

Prezado dr. Mário,

Como o senhor me pediu, estou lhe escrevendo para mandar-lhe notícias de Mariana. Na verdade, o dia de sua pequena não teve nenhum acontecimento que pudesse preocupá-lo seriamente, mas um incidente lamentável me instigou a escrever-lhe. A linda boneca com a qual presenteou Mariana no sábado caiu no chão e, infelizmente, se quebrou. Ela estava fascinada com sua Lúcia, de modo que não a largou desde o momento em que a ganhou e, por isso, ficou muito triste com o ocorrido. Porém, como se trata de uma menina notadamente madura, logo sua tristeza dissipou-se e, juntas, brincamos de médica e enfermeira colando os pedacinhos quebrados.

Então, pensei em lhe escrever para pedir que faça uma surpresa à Mariana trazendo-lhe outra boneca igual. Ela ficará radiante, mesmo não tendo cogitado a possibilidade de lhe pedir outra.

Um segundo motivo que me fez escrever-lhe não se trata de algo desagradável. Como Mariana contou-me que o senhor não virá no próximo final de semana, gostaria de pedir sua autorização para levá-la comigo a um dos hospitais infantis que costumo visitar sempre que posso. Sei que pode achar a ideia estranha, mas tenho um bom argumento para justificar minha proposta. Trata-se de um hospital especializado em crianças com

diferentes tipos de deficiência física, que, além de carinho e amor, necessitam de apoio e força para enfrentar sua luta diária pela vida.

Embora as limitações físicas, assim como as doenças graves, muitas vezes tenham o poder de tornar as crianças, em curto espaço de tempo, generosas, maduras e resignadas — como Mariana o é —, sinto que sua pequena é diferente. É uma menina iluminada e, por isso, certamente, terá muito a oferecer àquelas crianças tão carentes de atenção e força. Por outro lado, penso que o contato com todas elas também lhe fará muito bem.

Mais uma vez, peço que não comente com dona Violeta. Ainda, sugiro que o senhor ligue para sua casa, fale com Mariana e comunique-lhe a sua decisão. Caso esteja de acordo, diremos à dona Violeta que fora Mariana quem lhe pedira, por telefone, autorização para acompanhar-me. Contudo, se precisar escrever por algum motivo, peço ao senhor que destine a correspondência para o endereço descrito no envelope (da minha residência).

Perdoe-me por tomar-lhe o tempo com uma carta tão extensa.

Grata mais uma vez,
Sofia

Sofia dobrou o papel e, após guardá-lo dentro da gaveta do criado-mudo, adormeceu facilmente.

No dia seguinte, antes de sair, ela entregou a carta ao pai, para que ele a postasse em uma agência de correio no centro da cidade, onde trabalhava.

∾

Dois dias depois, em Campinas, Mário pegou o elevador, exausto, rememorando quão desgastante havia sido aquele dia. A saída repentina do gerente geral da filial tinha pegado a todos de surpresa, e Mário certificou-se do que já suspeitava: teria imenso trabalho pela frente até colocar tudo na mais perfeita ordem.

O elevador parou no oitavo andar. A porta se abriu, Mário saiu e caminhou pensativo até seu apartamento. Era um imóvel pequeno, porém aconchegante. A família o mantinha, principalmente, para servir de apoio à filial de Campinas.

Após adentrar o recinto, Mário repousou a maleta de trabalho, que trazia na mão direita, sobre uma poltrona da sala de estar e as correspondências, que segurava na mão esquerda, sobre a mesinha de centro. Em seguida, deixou-se cair sobre o sofá, afrouxando o nó da gravata. Lembrou-se de Elizabete e de como a estadia naquele local era-lhe agradável quando estavam juntos ele, ela e Mariana. Imerso em seus pensamentos, seguiu direto para o banheiro e tomou um banho relaxante.

Após o banho, Mário voltou à sala e checou as correspondências, uma a uma. Eram quase todas contas a pagar — algumas já vencidas —, menos uma, que lhe parecera uma correspondência pessoal. Olhou o remetente e viu que se tratava de uma carta de Sofia, datada de dois dias antes. "Será que aconteceu algo à Mariana?", pensou, apreensivo. Rasgou o envelope com ansiedade e começou a ler.

Enquanto seus olhos rolavam rapidamente pelas linhas da carta, seu coração era tomado de forte emoção. Ao final, pensou:

"Sofia se deu ao trabalho de escrever-me por dois motivos tão nobres! É mesmo uma pessoa especial!"

Imediatamente, pegou o telefone e ligou para casa. Berta atendeu e ele pediu para falar com Mariana. Conversaram durante alguns minutos. Mário quis saber como ela estava, autorizou-lhe a visita ao hospital na companhia de Sofia e disse que sentia muitas saudades, mas não comentou sobre a boneca, pois faria surpresa, como Sofia havia sugerido. Por fim, mandou lembranças aos pais e despediu-se de Mariana. Falou com Berta e reafirmou a autorização que dera à filha para visitar o hospital na companhia de Sofia.

Após desligar o telefone, Mário apanhou papel e caneta em sua maleta e começou a escrever:

Cara Sofia,

Quando receber esta carta, já terá sido informada de que autorizei a visita de Mariana, em sua companhia, ao hospital infantil. Concordo que será uma experiência muito saudável para ela. Até gostaria de acompanhá-las, mas terei uma reunião de negócios no sábado. A situação da empresa está delicada, por isso, preciso empenhar-me ao máximo para tentar reajustá-la.

Mesmo tendo notificado a minha decisão por telefone à Mariana e à Berta, como você sugeriu, fiz questão de escrever--lhe. Gostaria de lhe dizer que fiquei maravilhado com a nobreza de seus sentimentos e gesto. E, mais uma vez, agradecer-lhe pelo carinho e cuidado despendidos à minha Mariana.

Quanto à boneca, acatarei mais essa sugestão. Farei sur-presa com outra igual. Obrigado por avisar-me.

Sofia, aproveito a oportunidade para lhe perguntar: como a minha mãe está se comportando em minha ausência no trato com Mariana? Apesar de amá-la, enxergo perfeitamente seus exageros em cuidados para comigo, enquanto negligencia Mariana muitas vezes, chegando a ser injusta com ela com frequência, como você já deve ter presenciado.

Sinto como se você já fosse da família, como se há muito a conhecesse. Por isso, tomo a liberdade para pedir-lhe que mo-nitore os modos de minha mãe com relação à minha pequena e conte-me tudo, por favor. Não tema em falar-me a verdade.

Grato mais uma vez,
Mário

No sábado, Mariana e Sofia foram visitar o hospital infantil e ficaram por lá durante toda a tarde. Ambas se divertiram bastante, conversando, cantando e brincando com crianças de diferentes faixas etárias. Distribuíram brinquedos e contaram histórias infantis fictícias. Em seguida, cada criança relatou a própria história de vida. Após contar a sua, Mariana, espontaneamente, proferiu palavras de consolo, amor e esperança, que caíram como um bálsamo à alma de todos os que a ouviram atentamente.

CAPÍTULO 14

Assédio das trevas

Com a ausência do filho, Violeta não tinha nenhum motivo para permanecer naquela casa em pleno final de semana. Ela nem mesmo tomou conhecimento do passeio de Mariana com Sofia. Também cogitou a possibilidade de visitar Mário em Campinas, mas ele lhe explicou que o momento não seria oportuno, já que teria reuniões e almoços de negócios, além de muitos papéis da empresa para conferir e assinar. Com isso, Violeta viajara para visitar uma prima no Rio de Janeiro e só retornou no domingo à noite. Vicente não a acompanhou. Em vez disso, aproveitou para descansar, ler um bom livro e visitar alguns amigos.

Assim, Sofia fez companhia para Mariana também na noite de sábado e durante o dia de domingo, retornando para casa apenas à noite. Ao chegar a sua residência, sentia-se feliz. Jantou com a família e, após o jantar, conversou um pouco com o tio e com Solange, como costumava fazer. Breno já havia se mudado, mas tinha passado o domingo na casa da irmã com o restante da família.

Após recolher-se, Sofia rememorou os acontecimentos do final de semana. Havia se divertido com Mariana e estava muito

feliz por ter-lhe proporcionado momentos agradáveis e também às crianças do hospital. O domingo também tinha sido maravilhoso. No almoço, Berta havia pedido à cozinheira que preparasse o prato preferido da menina, e elas almoçaram na companhia agradável de Vicente. Em seguida, prepararam juntas a sobremesa, em meio a muita bagunça e diversão. A casa parecia outra com a ausência de Violeta.

A essas lembranças, um pensamento veio-lhe à mente:

"Certamente, o doutor Mário iria adorar saber como tinha sido o final de semana da filha."

Então, como da última vez, Sofia apanhou papel e caneta e escreveu uma nova carta ao patrão. No íntimo, estava gostando dessa correspondência, parecia que havia entre eles uma deliciosa "conspiração".

No dia seguinte, sem a presença do filho, Violeta estava acordando um pouco mais tarde, de modo que, quando Sofia chegou, ela ainda tomava o café da manhã.

Como de costume, Sofia adentrou a casa sorridente, cumprimentou Berta com um sonoro "bom-dia" e seguiu direto para o quarto de Mariana. Após banhá-la, acompanhou-a até a mesa para o café da manhã. Vendo-as se aproximar, Violeta as fitou com rancor.

"Essas duas... Acham que esqueci!", pensou ela, enquanto repousava a xícara de café sobre o pires. Em seguida, levantou-se com arrogância, deixando a mesa em silêncio.

— Bom dia, dona Violeta — cumprimentou Sofia, enquanto observava Violeta retirar-se.

— Bom dia, vovó — disse Mariana.

Violeta não respondeu. Deu de ombros e subiu as escadas em direção aos seus aposentos. Para a sorte da babá e da menina, ela estava extravasando todo o mau humor pela saudade do filho realizando muitas compras, além dos passeios costumeiros com amigos antigos. Arrumou-se rapidamente e saiu.

Dois dias depois, em Campinas, ao receber a carta de Sofia, Mário ficou radiante em saber dos bons momentos de sua pequena. Imediatamente, após ler a carta, pensou em telefonar para casa, mas, no seu íntimo, assim como Sofia, sentiu que escrever estava mais interessante. Havia algo de misterioso naquilo. E escreveu a Sofia, agradecendo-lhe as informações. Como havia chegado um pouco mais cedo, fez questão de sair para postar a carta naquela mesma tarde, com entrega o mais rápido possível.

Assim, dois dias depois, antes de sair de casa, Sofia apanhou em sua caixa de correios a carta enviada por Mário, e um leve sorriso esboçou-se em sua face. Abriu o envelope rapidamente, puxou a carta de dentro dele e leu apenas a primeira frase. Mordeu os lábios, pois não tinha tempo para continuar, já que estava prestes a perder o horário do ônibus. Então, jogou a carta dentro da bolsa e saiu apressada.

Ao chegar à casa dos Pedrosas, seguiu direto para o quarto de Mariana.

— Bom dia, minha boneca! — disse, com um largo sorriso, ao adentrar o quarto.

— Bom dia, Sofia! — respondeu Mariana, retribuindo-lhe o sorriso, recostada na cama e com uma partitura de piano à mão.

— Então, hoje você vai tocar novamente aquela música linda que aprendeu na aula passada?

— Sim, claro! Estava agorinha mesmo passando-a para fixá-la na memória de uma vez.

— Você é muito inteligente! — elogiou Sofia. — Sempre pega com facilidade as músicas que o professor Leônidas lhe ensina.

Mariana sorriu satisfeita e feliz.

Enquanto conversavam, Sofia começou a despir Mariana e, em seguida, acomodou-a na cadeira adaptada ao banho e a levou para o banheiro.

— E quanto ao papai? Não escreveu mais? — indagou a menina, já debaixo do chuveiro, enquanto Sofia lavava-lhe os longos cabelos.

A porta do quarto de Mariana estava entreaberta, e, nesse instante, Violeta aproximou-se sorrateira. Pôde ouvir o barulho de água caindo do chuveiro e percebeu que a neta e a babá estavam no banheiro. Então, pôs a mão sobre a maçaneta e empurrou a porta lentamente, adentrando o quarto em absoluto silêncio. Caminhou devagar até a entrada do banheiro e se posicionou em ângulo estratégico, de modo a ouvir a conversa sem ser notada. Pretendia descobrir os "segredinhos" daquelas duas, que tanto as uniam. Não havia esquecido o desaforo das duas e estava à procura de "munição" para dar-lhes o troco.

Com a pergunta de Mariana, Sofia recordou-se da última carta de Mário, que estava em sua bolsa.

— Sim, meu anjo. Ele escreveu-me novamente. Inclusive, a carta está em minha bolsa, pois saí de casa apressada e não tive tempo de lê-la. Vamos ler juntas?

— Vamos sim — respondeu Mariana animada, com a cabecinha coberta de espuma de xampu.

"Carta?", pensou Violeta, curiosa. "Ele escreveu novamente? Quem será? Certamente, algum namorico medíocre. Mas preciso conferir".

As duas continuaram conversando felizes, enquanto Violeta, tomada pela curiosidade, passou a vista pelo quarto à procura da bolsa de Sofia. Rapidamente, localizou-a sobre a mesinha de cabeceira. Caminhou na ponta dos pés até lá, abriu-a com cuidado e vasculhou os pertences que havia dentro dela. Tão logo sentiu um pedaço de papel entre os dedos, em fração de segundos, Violeta o puxou bruscamente para fora da bolsa e o leu ansiosa. Seus olhos rolaram rapidamente pelas linhas da carta, pois não tinha muito tempo:

> Cara Sofia,
>
> Estou imensamente feliz em tomar conhecimento dos momentos prazerosos desfrutados pela minha princesinha na sua companhia e agradeço muito por eles.
>
> Aproveito a oportunidade para comunicar-lhe que, infelizmente, neste próximo final de semana, não poderei retornar a São Paulo, em razão dos novos compromissos de negócios. No entanto, retornarei na sexta-feira seguinte e, propositadamente, chegarei ainda no horário de seu expediente, para que possa cumprir a promessa de agradecer-lhe por tudo pessoalmente.
>
> Atenciosamente,
> Mário

Violeta estremeceu, estava estarrecida. Seu coração acelerou descompassado, suas mãos suaram frias, as faces ruborizaram, e a temperatura corporal elevou-se. Não conseguia crer no que tinha acabado de ler.

Com os olhos vermelhos em fogo, ela cerrou o punho com força, mordeu os lábios de ódio e pensou enraivecida:

"Traidora maldita!"

Mas não tinha tempo, precisava sair dali o quanto antes.

Então, com o corpo ainda trêmulo, Violeta dobrou novamente a carta e a recolocou na bolsa de Sofia. Fechou a bolsa e saiu, sem fazer barulho. Subiu as escadas correndo e foi direto para o próprio quarto, trancando-se à chave dentro dele.

— Não posso acreditar! — esbravejava ela, trincando os dentes e andando de um lado para o outro, como uma leoa enjaulada.

Sem que ela pudesse perceber, duas entidades espirituais de aspecto assustador se divertiam com seu desequilíbrio emocional.

— Aquela sonsa! De nada adiantou todo o meu esforço! Aquela fingida estava se comunicando com meu filho bem debaixo de meu nariz! Como ousou escrever-lhe? Quem lhe dera o endereço? — A esses questionamentos íntimos, a imagem de Mariana surgiu em sua mente. — Claro, aquela fedelha deve ter ajudado, mas elas vão me pagar! Ah, se vão!...

Violeta rememorou que Mário pretendia agradecer pessoalmente à babá pelos cuidados destinados à "pestinha" da neta, e já tinha data e hora marcadas para fazê-lo! Mas isso ela não iria permitir, de maneira alguma!

Pensou em demitir Sofia imediatamente, mas logo desistiu da ideia, pois, sem uma justa causa, Mário iria readmiti-la a pedido da filha, e ela, provavelmente, seria acusada de injusta. Precisava ser mais esperta.

— Pense, Violeta, pense... — dizia para si mesma, ainda andando de um lado para o outro.

Não conseguindo se concentrar, resolveu sair para espairecer e refrescar as ideias.

No final daquela tarde de sexta-feira, no momento em que Violeta adentrou a casa de volta, Mário ligou. Ele avisou à mãe que não iria retornar no dia seguinte, em razão de algumas obrigações de trabalho pendentes. Violeta desligou o telefone, enraivecida, rememorando a carta do filho à babá.

Em seguida, ela viu quando Sofia se aproximou da porta para ir embora. Com a ajuda de sugestões suscitadas pelos maus espíritos que a acompanhavam e que a rondavam o tempo todo, regozijando-se de seus sentimentos de rancor e ódio, arquitetaram em perfeita sintonia um plano contra a babá.

Com um olhar malicioso e um tanto psicótico, Violeta aproximou-se de Sofia.

— Já está indo?

A babá meneou a cabeça na direção da patroa.

— Sim, dona Violeta. Está na minha hora.

— Bem, acabei de falar com meu filho, e ele não virá novamente este final de semana. — Sofia a ouvia com atenção, e ela continuou: — Sendo assim, irei viajar amanhã e gostaria que fizesse companhia à Mariana no sábado e no domingo.

Sofia sorriu e aceitou a proposta com satisfação. Em seguida, despediu-se e deixou a casa.

CAPÍTULO 15

O peso da maldade

Na manhã de sábado, no horário costumeiro, Sofia chegou à mansão dos Pedrosas, como Violeta havia lhe pedido.

— Senhorita Sofia — disse o motorista da família, logo que a babá pôs os pés no jardim.

— Pois não, Décio? O que deseja?

— A dona Violeta saiu bem cedo e me pediu que lhe desse um recado.

Sofia sentiu-se apreensiva.

— Pode falar. Do que se trata?

— Ela pediu que tirasse a menina de casa o dia todo e só retornasse com ela amanhã à tarde, pois toda a mansão será dedetizada, e ninguém deverá permanecer aqui durante o processo, incluindo nós, os empregados.

Sofia franziu o cenho.

— Você tem certeza disso, Décio? — indagou intrigada.

— Sim, senhorita. Tenho certeza do que falo.

Sofia permaneceu absorta durante alguns instantes.

— Bem, sendo assim, poderei levá-la para minha casa. — O motorista assentiu, e ela continuou. — Você nos leva até lá?

Décio respondeu meio sem jeito.

— Infelizmente, a dona Violeta me incumbiu de algumas tarefas e, por isso, não poderei levá-las. Também me disse que a senhorita poderia pegar um táxi, que ela arcará com as despesas.

Assim, após as tarefas costumeiras, Sofia preparou uma maleta com alguns dos pertences de Mariana, roupas, brinquedos e remédios. Alguns minutos depois, o taxista abriu o porta-malas do carro e guardou as duas cadeiras de rodas. Por fim, Sofia sentou-se ao lado de Mariana no banco traseiro, e eles partiram sorridentes, pois o final de semana seria bem diferente para a menina.

Ao chegar à casa da babá, o taxista subiu a rampa da garagem conduzindo a cadeira de rodas com Mariana sobre ela. Em seguida, ele recebeu o pagamento pela corrida e foi embora.

Sofia adentrou a casa com a menina e encontrou Adelaide e Vicente sentados no sofá da sala, vendo televisão. Mariana os cumprimentou com desenvoltura e um sorriso franco.

Vendo-as entrar, Adelaide olhou para Sofia com desconfiança e não pôde evitar um pensamento de maledicência.

"O que Sofia está pretendendo trazendo essa menina para a nossa casa?", pensou.

Contudo, Adelaide levantou-se e esforçou-se para ser simpática ao cumprimentar Mariana. Afinal, ela era neta de sua melhor cliente.

Vicente cumprimentou a menina retribuindo-lhe o sorriso, e logo os dois estavam conversando, enquanto Sofia explicava à mãe o motivo de estarem ali.

Mais tarde, Solange e Pedro apareceram para o almoço e foi com entusiasmo que Sofia apresentou o sobrinho à Mariana. Eles se entenderam rapidamente, pois eram almas afins. Após almoçarem juntos, brincaram durante horas, em perfeita harmonia, sorrindo felizes. Como faziam sempre, Solange e Pedro iriam voltar apenas no dia seguinte.

Assim, o sábado na companhia da família de Sofia tinha sido bastante agradável para Mariana. No domingo, como de costume, apareceram por lá Breno, Ana Maria, Osório e Paulo. Beatriz, em razão de sua rebeldia, só chegou na hora do almoço; almoçou rápido e foi embora logo em seguida.

Enquanto isso, em outra localidade, o motorista de Violeta parou o carro em frente a uma delegacia de polícia. Violeta, muito bem-vestida e penteada, desceu do carro com ar imponente e logo foi recebida pelo delegado.

— Sente-se, por favor, dona Violeta — disse ele, apontando uma cadeira à sua frente.

Após acomodar-se, com semblante sisudo e arrogante, Violeta começou a falar:

— Como o senhor me recomendou, aqui estou eu novamente. Se ontem não pude prestar queixa pelo sumiço de minha neta, agora já se passaram mais do que as vinte e quatro horas necessárias para isso.

— Sim, dona Violeta — respondeu o delegado. — Vamos dar início às investigações — Ele ajeitou-se na cadeira e, fixando Violeta nos olhos, continuou: — Então, a senhora acha que foi a babá de sua neta quem a raptou?

— Acho não. Tenho certeza!

— E como pode ter tanta certeza?

— Ora, seu delegado! Se a menina estava aos cuidados daquela mulher e, quando retornei à minha casa, ela havia sumido, fica bem evidente que só pode ter sido ela, não acha? Além do mais, meu motorista disse que a viu pegar um táxi levando a menina com ela.

Ainda fitando Violeta, o delegado semicerrou os olhos.

— Hum... Será que não a levou para algum passeio?

Violeta remexeu-se na cadeira e retrucou.

— E que passeio é esse que dura mais de um dia? E, pior, sem a minha autorização, que sou a responsável pela minha neta, cujo pai está viajando, e a mãe, como o senhor sabe, é falecida. E digo-lhe mais: ainda que tivesse sido mesmo um passeio, o fato de ela ter levado a menina de minha casa, sem o meu consentimento, já seria motivo suficiente para denunciá-la. Não acha?

O delegado não respondeu diretamente ao questionamento de Violeta.

— Bem, dona Violeta. Mesmo diante do que a senhora nos falou aqui, não há ainda qualquer indício que qualifique juridicamente o que aconteceu à sua neta.

Violeta repuxou a boca.

— Pelo momento — continuou o delegado —, garanto que todos os procedimentos e diligências serão desencadeados na sequência de sua denúncia. Inicialmente, realizaremos uma busca no suposto local de desaparecimento, no caso, a casa da senhora. Sendo constatado que a menina não se encontra lá e que pode realmente ter sido sequestrada, daremos o alerta às autoridades que controlam a entrada e saída de passageiros nos portos e aeroportos da cidade.

Violeta mordeu os lábios de raiva.

— Escute aqui, delegado — disse, com expressão sisuda. — A minha neta não está em minha casa, pois acabei de vir de lá. Aquela babá criminosa sequestrou a nossa menina e exijo que o senhor emita um mandado de prisão contra ela imediatamente e que também iniciem já as buscas em outro lugar.

— E a senhora teria alguma ideia sobre o local para onde ela teria levado sua neta?

— Bem, claro que não tenho ideia! — mentiu Violeta. — Provavelmente, para um cativeiro bem escondido, de onde logo pedirá o resgate.

— A senhora sabe onde a jovem reside?

— Não sei exatamente, mas tenho o endereço, pois a mãe dela costura para mim.

— Bem, se a moça tiver realmente sequestrado a sua neta, dificilmente, a manterá escondida na própria casa. Mesmo assim, faremos a busca lá, nem que seja para tomar informações com os familiares, mas só depois de constatarmos que a criança não se encontra no local do possível rapto, gostando a senhora ou não, pois esse é o procedimento.

— Se querem perder tempo na minha casa, então fiquem à vontade, embora eu não concorde com isso — disse Violeta, irritada, enquanto tirava papel e lápis da bolsa. Em seguida, sobre a mesa do delegado, ela escreveu algo no papel. — Aqui está o endereço daquela criminosa.

O delegado apanhou o papel, e Violeta continuou:

— Façam o que for preciso para encontrar minha neta querida. Esteja aquela criminosa onde estiver, quando a encontrarem, quero que a prendam imediatamente. Tem de pagar pelo que fez. A polícia precisa dar o bom exemplo para que outras como ela não ajam da mesma forma.

Em seguida, Violeta levantou-se, cumprimentou o delegado com um aperto de mãos e se retirou.

Eram aproximadamente 16 h quando a viatura de polícia parou na frente da casa de Sofia. Adelaide, Vicente, Breno, Ana Maria e Osório jogavam cartas e conversavam descontraidamente em torno de uma mesinha posta na varanda. Dois policiais desceram do carro, e um deles tocou a campainha. Através das grades de ferro do portão, todos puderam perceber que se tratava da polícia.

— O que será que a polícia veio fazer aqui na nossa casa? — indagou Vicente intrigado.

— Devem estar procurando algum endereço por perto — sugeriu Adelaide.

— Ou vieram nos dar alguma informação — opinou Ana Maria.

Vicente levantou-se e foi ter com os policiais.

— Pois não? O que desejam?

— Aqui é a residência da senhorita Sofia Machado? — perguntou um deles.

— Sim. Ela mora aqui, sim. Eu sou o pai dela. O que os senhores desejam?

— A sua filha se encontra? — perguntou o outro policial.

— Não. No momento ela não está.

— Como o senhor se chama, por gentileza?

— Vicente.

— Senhor Vicente. Nós temos aqui um mandado de busca para revistar a casa. Recebemos uma denúncia de que a senhorita Sofia tenha sequestrado uma criança, e este mandado faz parte dos procedimentos de investigação.

Vicente arregalou os olhos, surpreso.

— Minha filha? Deve haver algum engano, seu policial. A minha menina é uma pessoa de bem, faz faculdade, é uma filha maravilhosa e...

— Senhor Vicente, precisamos entrar. Abra o portão, por favor.

— Sim, sim, os senhores podem entrar — Vicente tirou a chave do bolso e começou a abrir o cadeado do portão. — Podem revistar tudo. Não devemos nada a ninguém. Somos humildes, mas nunca infringimos a lei.

Após o portão aberto, os policiais pediram licença e adentraram a casa. Enquanto vasculhavam cada cômodo, Vicente explicava aos familiares o ocorrido.

Indignada, foi Solange quem saiu atrás dos policiais dentro de casa.

— Esperem um momento, por favor. — Um dos policias parou e a fitou com atenção, enquanto o outro continuou a busca. — O que mesmo vocês estão procurando?

— A senhorita Sofia.

— Ora, então podem ir parando, pois a minha irmã não está em casa, mas eu sei onde está.

— Poderia nos informar onde, por favor?

— E o que pretendem fazer com ela? Minha irmã não sequestrou ninguém. Vocês estão enganados! Se estão falando da neta de dona Violeta, posso afirmar a vocês que Sofia apenas trouxe a menina para passar o final de semana conosco. Minha irmã é babá dela e fez isso a pedido da própria avó da criança, dona Violeta.

— Se assim for, senhorita, tudo será esclarecido, mas precisamos encontrar sua irmã e levá-la conosco até a delegacia para os esclarecimentos.

Nesse momento, Breno e Adelaide também se aproximaram dos policiais, em auxílio a Solange. Poucos minutos depois, Solange e Breno acompanharam os policiais até uma lanchonete próximo dali, onde encontraram Sofia, Mariana e Pedro. Após tomarem conhecimento da acusação, Sofia e Mariana, assustadas, foram levadas à delegacia. Solange as acompanhou na viatura, enquanto Vicente e Breno os seguiram no carro de Solange.

Chegando lá, uma assistente social foi solicitada para permanecer ao lado de Mariana durante o depoimento dela. Após ser ouvida, a menina foi levada de volta para casa, enquanto Sofia prestava esclarecimentos.

Pouco tempo depois, Violeta adentrou o local acompanhada de seu advogado e do motorista, Décio. Violeta e o motorista foram ouvidos separadamente. Por fim, diante da divergência entre os depoimentos, foi realizada uma acareação entre os dois e Sofia.

Frente a frente com a babá, eles reafirmaram toda a versão de Violeta, como se ela fosse realmente verdadeira.

Aos prantos, Sofia fitava Violeta e Décio com indignação, incrédula.

— Por quê? Por que vocês estão fazendo isso comigo? Que mal eu lhes fiz? — Violeta e o motorista permaneciam indiferentes ao sofrimento da babá.

Ao final de tudo, Sofia foi detida por suspeita de sequestro de uma menor. Mesmo com o depoimento de Mariana confirmando a sua versão, o advogado de Violeta afirmou que Sofia tinha forte influência e poder de persuasão sobre a menina e que, portanto, ela era apenas uma criança que nada sabia sobre as armações da babá. Assim, ele alegou que o depoimento de Décio corroborando o de sua cliente haveria de ser mais substancial do que o da babá e o de Mariana.

Trancafiada em uma cela, na companhia de outras duas detentas, Sofia chorava, enquanto se despedia de Solange, Breno e de seu pai.

— Você vai sair daqui o quanto antes, minha filha — disse Vicente, com os olhos marejados, segurando as mãos da filha por entre as grades.

— Já liguei para um advogado amigo meu, e ele disse que virá ainda hoje, minha querida — articulou Breno.

Sofia assentiu com a cabeça. Soluçando baixinho, ela virou-se na direção de Breno e indagou:

— Tio, o senhor acha que posso ficar aqui por muito tempo?

— Minha querida, é fato inegável que não há provas contundentes contra você. Não há motivos para que permaneça presa.

— Certamente — concordou Solange.

— Sendo assim — concluiu Breno —, embora eu não entenda muito de Direito, sei que logo o advogado irá conseguir um *habeas corpus,* você será libertada, e a polícia irá esclarecer tudo.

— Eu não tenho tanta certeza disso, tio — comentou Sofia, desesperançosa. — Dona Violeta e Décio uniram seus depoimentos contra mim! Como vou provar minha inocência?

Após Sofia soltar as mãos do pai, Breno segurou as mãos da sobrinha entre as suas, com firmeza. Ele a fitou nos olhos e considerou:

— Sofia, mesmo sendo difícil, tente manter a serenidade, a fé em Deus e o pensamento positivo. Não se esqueça de que você é ré primária, sem antecedentes criminais e com residência fixa. Além disso, você e Mariana foram encontradas em uma lanchonete, em um momento de descontração, o que em nada condiz com uma situação de sequestro.

Aos argumentos do tio, a moça serenou, enquanto secava com as mãos as lágrimas que lhe escorriam pela face.

— Tem razão, tio Breno.

Nesse momento, um policial se aproximou, dizendo:

— Os senhores precisam ir agora.

E Breno proferiu suas últimas palavras de conforto a Sofia.

— Minha querida, não esqueça, faça a sua parte. Eleve seu pensamento a Deus e não perca a fé, pois Ele tem um propósito para tudo em nossa vida, ainda que nos pareça incompreensível.

Sofia assentiu com a cabeça, com o pranto cessado. Olhou para o pai choroso e disse:

— Ah, meu pai, agora sou eu quem o acalenta. O tio Breno tem razão. Precisamos confiar nos desígnios de Deus e manter a fé. Agora estou confiante de que tudo logo será esclarecido e estarei de volta ao seio de nossa família quando o senhor menos esperar.

Vicente esboçou um sorriso forçado e enxugou as lágrimas. Em seguida, Sofia e Solange abraçaram-se por entre as grades e trocaram rápidas palavras, de amor, confiança e fé.

— Vocês precisam vir comigo agora — insistiu o policial.

Depois que seus familiares se foram, Sofia permaneceu absorta por um bom tempo. Recostada na parede, foi deslizando lentamente até sentar-se no chão. Dobrou as pernas e abraçou os joelhos, em silêncio, enquanto as duas companheiras de cela ignoravam a sua presença. Rememorou as palavras de Elizabete. Teria mesmo de ser forte, corajosa e manter a fé para conseguir enfrentar aquela situação, que aos seus olhos parecia tão injusta. Mas sendo Deus infinitamente bom e justo, tudo devia estar acontecendo como deveria ser, sempre para o bem, mesmo que ela não conseguisse compreender o real motivo dos fatos.

∽

Foi apenas no dia seguinte que o advogado pôde comparecer à delegacia e conversar com Sofia, logo bem cedo. Depois que ele se foi, chegaram Breno, Vicente, Solange e Adelaide, trazendo frutas e algumas guloseimas.

Sofia estava abatida, com olheiras fundas e nítido aspecto de cansaço. Não conseguira comer nada na noite anterior e quase não dormira também. Mesmo assim, tranquilizou os familiares, afirmando estar confiante na justiça do homem; porém, confiava ainda mais na lei da vida, regida por Deus. Também lhes contou que o advogado lhe havia prometido encaminhar, ainda naquela manhã, uma solicitação de *habeas corpus* ao juiz da comarca da capital, e logo ela estaria solta.

Por fim, sabendo que Sofia permanecia serena e confiante em Deus, seus familiares deixaram a delegacia um pouco mais tranquilos.

Enquanto isso, Mariana voltara aos cuidados aleatórios de uma e de outra criada. Estava triste por Sofia e sentindo muito a falta dela. Desde o dia anterior, em que a babá fora detida, Mariana rogava a Deus e à Elizabete que protegessem sua tão estimada babá naquele lugar. Também pediu a eles que olhassem por ela própria naquela casa, de modo a protegê-la das maldades da avó, enquanto Sofia e seu pai estivessem ausentes.

Violeta estava triunfante, vingara-se da neta e da babá com um único golpe. Seu plano havia dado certo. Tinha combinado tudo com o motorista, e ele realizou a façanha com precisão e eficiência, em troca de um bom dinheiro. Ela imaginou que, mesmo que Sofia conseguisse se livrar da cadeia em breve, por ser ré primária, ao menos, a polícia iria mantê-la encarcerada durante alguns dias e, por isso, já se dava por satisfeita.

De repente, Violeta lembrou-se de Mário.

"Será que minha palavra e a do motorista vão conseguir prevalecer sobre a versão daquela fedelha?", pensou. "Provavelmente, não. Ela já contestou a minha versão para Joaquim, e ele bem que me pareceu inclinado a acreditar na inocência daquela babá cretina. Certamente, assim que meu filho chegar, fará o mesmo", concluiu. "Preciso continuar argumentando que a sonsa enganou a fedelha, assim como a todos nós. Sim, vendo por esse ângulo, meu filho poderia acreditar em mim. Afinal, aquela mulher não passava de uma estranha, introduzida há pouco tempo em nosso seio familiar. Ele nem mesmo a conhecia pessoalmente", especulou esperançosa.

Porém, Violeta não queria correr o risco de se indispor com o filho em uma batalha de argumentos entre ela e a neta, que sempre convencia o pai de tudo.

"Preciso dar um jeito nisso. Mas o que posso fazer para tirar aquela pestinha de meu caminho?", pensou. E arquitetou um novo e macabro plano, sempre com a inspiração dos espíritos trevosos, que se divertiam muito com sua cúmplice encarnada.

Ao fim daquele dia, Berta acomodou Mariana na cama dela às oito da noite, após banhá-la e dar-lhe o jantar. Uma hora depois,

Violeta e Joaquim recolheram-se nos próprios aposentos. Acomodados no leito do casal, eles conversaram sobre o ocorrido à Sofia.

— Eu não lhe falei que aquela babá era uma sonsa? — comentou Violeta com satisfação. — Na verdade, muito pior do que eu pensava... uma criminosa!

— Ainda acho que há algo muito mal explicado nessa história — retrucou Joaquim.

Violeta estremeceu de raiva, mas tentou disfarçar.

— O que está querendo dizer?

— Estou dizendo que não acredito que Sofia tenha sequestrado nossa neta. Acredito em Mariana e penso que essa história não passou de um mal-entendido. Sei que logo a polícia irá esclarecer tudo.

— Você só pode estar brincando! Não percebe que a menina foi ludibriada por aquela marginal? Está tudo muito claro. Além disso, se eu não estou mentindo, então ela está. É uma criminosa e ponto final. Agora acho melhor irmos dormir, pois não pretendo discutir esse assunto com você.

— Muito menos eu. Preciso dormir bem. Você sabe que viajarei amanhã bem cedo.

Pouco depois que Joaquim adormecera, Violeta o fitou com atenção para certificar-se de que ele dormia profundamente. Pensou que sim e fez menção em levantar-se, mas o marido remexeu-se, e ela recuou. Resolveu aguardar um pouco mais. Enquanto aguardava, rememorou que a primeira parte de seu plano já havia sido realizada, quando pôs um forte calmante no café de Berta. Agora precisava seguir com a segunda parte.

As horas se passaram até que Violeta imaginou estar diante do momento ideal. Era início da madrugada, e, certamente, Mariana e Joaquim já estariam dormindo profundamente. Então, ela levantou-se com cuidado e saiu do quarto. Desceu as escadas em silêncio e foi direto ao quarto da neta. Girou a maçaneta delicadamente e foi entrando devagar, tentando não fazer barulho.

Dentro do quarto, ela aproximou-se lentamente das janelas, que ficavam próximas à cama de Mariana, e as abriu com cuidado, permitindo com isso que o vento frio penetrasse impiedoso o recinto. Em seguida, afrouxou inutilizando os dois botões das campainhas que ficavam ao lado da cama da neta, usados por ela para chamar Berta ou o pai. Por fim, jogou no chão o denso cobertor de algodão que aquecia a menina, deixando apenas um lençol de fina espessura.

Após o feito, Violeta caminhou apressada rumo à porta. Já do lado de fora do quarto, respirou aliviada. Pronto. Agora bastava aguardar até o dia seguinte para ver o resultado de sua façanha.

CAPÍTULO 16

Violeta põe em risco a vida de Mariana

Uma hora depois de Violeta deixar o quarto, enquanto dormia, Mariana sentiu o forte vento frio como que a rasgar-lhe a pele fina e frágil. Remexeu-se para um lado, depois para o outro, e começou a tossir freneticamente. Sem despertar completamente, puxou o fino lençol sobre si, cobrindo-se da cabeça aos pés.

Alguns minutos depois, acordou com o corpinho franzino tremendo e os queixos batendo de frio. Olhou na direção das janelas e constatou que estavam abertas. Procurou o cobertor e o viu no chão. Tossindo bastante, virou-se na direção das campainhas, apertou cada uma delas, mas não estavam funcionando. Então, entre um acesso e outro de tosse, tentou gritar pelo nome de Berta, inutilmente, pois sua vozinha fraca e já rouca não conseguiu acordar a criada. Berta, que sempre dormia em estado de alerta a qualquer chamado da menina, estava agora em sono profundo, sob o efeito do calmante que Violeta colocara em seu café.

Mariana cobriu-se novamente, da cabeça aos pés, com o fino lençol que lhe restara. Passou o resto da madrugada entre cochilos, acessos de tosse e tremores de frio.

Quando, finalmente, o dia amanheceu, raios tímidos de Sol penetraram o quarto de Berta, que dormia sem cortinas para facilitar seu despertar matinal, sempre bem cedo. Com muito custo, a criada conseguiu acordar, embora mais tarde do que de costume. A cabeça e os olhos pesavam de ressaca, mas o dever a chamava, apesar de tudo.

A primeira coisa que costumava fazer quando levantava era pôr a mesa para o café da manhã, nos moldes exigidos por Violeta, porém, como havia despertado mais tarde, Maria, a cozinheira, tinha se encarregado da tarefa. Felizmente, Violeta ainda dormia, pois, sem a presença do filho, ela não tinha disposição para acordar tão cedo e realizar o desjejum ao lado do marido. Joaquim havia sido servido por Maria e saído em seguida.

Assim, Berta foi até o quarto de Mariana. Sofia estava lhe fazendo falta, pois ela já tinha muitos afazeres para ainda ter de assumir tantas responsabilidades com a menina, embora as revezasse com Juraci e Cristina, também criadas da casa.

Quando Berta adentrou o quarto de Mariana, percebeu as janelas abertas e correu para fechá-las.

— Meu Deus do céu, como essas janelas foram se abrir? Essa friagem toda na menina, a noite inteira... Meu Deus do céu!

Berta aproximou-se de Mariana e tocou-lhe a fronte, depois lhe apalpou os bracinhos. A menina estava muito fria, desfalecida e tossindo bastante.

A criada apavorou-se, imaginando o que deveria fazer. Olhou para o chão e, com um movimento brusco, apanhou o cobertor e envolveu Mariana nele, de modo a aquecê-la. Chamou pelo nome dela, mas não obteve resposta.

— O que faço agora, meu Deus? — indagou a si mesma. — A menina está desmaiada!

Foi até o quarto de Violeta e bateu à porta com vigor por várias vezes consecutivas, até que a patroa, a muito custo, acordou e foi ter com ela. Joaquim havia saído bem cedo, para visitar uma de suas filiais no interior paulista. Assim, pouco tempo depois, com a ajuda do motorista, Berta e Violeta levaram Mariana para o hospital mais próximo.

A caminho do hospital, vendo a neta desmaiada nos braços de Berta, Violeta regozijava-se de satisfação, pelo sucesso no seu plano.

"Será melhor ainda se ela permanecer semanas internada, ou mesmo se nunca mais sair de lá", pensou.

No hospital, Mariana foi atendida com urgência, em razão de seu estado. Elizabete estivera ao lado dela durante toda a noite, e, com a sua ajuda permitida por Deus, a menina havia resistido à grave hipotermia na qual se encontrava.

Enquanto isso, antes de uma reunião de negócios, Mário sentiu um forte aperto no peito. Pensou em Mariana e decidiu ligar para a própria casa. Maria atendeu e, rapidamente, contou-lhe sobre a menina e também sobre a prisão de Sofia.

Imediatamente após desligar o telefone, Mário pediu à secretária que remarcasse a reunião, explicando-lhe que precisava ir a São Paulo urgentemente. Em seguida, delegou algumas atribuições dentro da empresa, deu algumas ordens e saiu. Duas horas depois, partiu de volta para São Paulo.

Mário chegou ao hospital ofegante e apreensivo, pedindo informações sobre a filha na recepção. Logo em seguida, encontrou Violeta sentada a um canto da sala de espera, com um lencinho à mão, fingindo que chorava baixinho.

Vendo o filho se aproximar, Violeta levantou-se abruptamente, estendendo-lhe os braços.

— Meu filho! Graças a Deus que está aqui! — E o abraçou com carinho e saudade.

Abraçado à mãe, com os olhos marejados, Mário lamentava:

— Uma enfermeira acabou de me dizer que minha filha está na UTI e que o caso dela evoluiu para uma pneumonia.

— Sim, meu filho. Ela está lá, mas em breve sairá, você vai ver.

— Ah, Deus, por favor, proteja minha pequena!

De repente, uma ruga formou-se no cenho de Mário. Ele se desvencilhou dos braços da mãe e, fitando-a nos olhos, indagou:

— Mamãe, Maria me disse que as janelas do quarto dela ficaram abertas a noite toda! Como isso foi acontecer?

Violeta estremeceu por dentro, mas manteve a frieza ao responder:

— Nós não sabemos, meu filho, pois Berta afirma tê-las fechado. Nunca as deixou abertas antes. Porém... pode ter esquecido desta vez, ou mesmo tê-las fechado mal!

— Mas isso jamais poderia ter acontecido! — disse, exaltado. — Principalmente agora, que estamos em pleno inverno! O pior poderia ter acontecido à minha princesa! Meu Deus!... Não gosto nem de imaginar... Chamarei a atenção de Berta com severidade!

Violeta tomou uma das mãos do filho e o guiou a sentar-se ao lado dela. Então, tentou contemporizar.

— Mas não aconteceu o pior, meu filho. Isso é o que importa. Não existem culpados em uma situação como esta. Foi um acidente.

Mário baixou a cabeça por um instante.

— A senhora tem razão, mamãe, não há culpados em um caso desses. Até porque, tenho muito a agradecer à Berta, mas a negligência sempre pode e deve ser evitada. Falarei com ela de qualquer maneira, para que isso jamais volte a acontecer.

— Tudo bem, fale com ela, mas não seja tão severo, pois é Berta quem mais tem me ajudado a cuidar de minha querida neta.

— E por falar nisso... Que história mais absurda é essa de Sofia estar presa por tentar sequestrar Mariana?

Violeta remexeu-se na cadeira, e Mário continuou:

— Conte-me, exatamente, o que aconteceu, mamãe. Porque se Sofia for inocente, como eu acho que é, não poderei permitir que continue presa injustamente. Diga-me. Por que a senhora a acusou de sequestro? Essa história possui mesmo algum fundamento?

Violeta respirou fundo, rememorando as palavras que havia planejado articular quando aquele momento chegasse. Por fim, disse:

— Meu filho, você é mesmo um homem muito ingênuo. Sei que não tem culpa de ser assim tão bom e generoso, e de pensar sempre o melhor das pessoas. Porém, você precisa se convencer de que, em toda parte, há sempre muitas "raposas" trajadas de "ovelhas".

— O que quer dizer, minha mãe?

— Quero dizer que aquela moça enganou a todos nós, entrando em nossa casa como uma raposa em pele de ovelha, fingindo uma idoneidade que não existia. E sabe por quê? — Percebendo que Mário a ouvia atento, continuou: — Simplesmente, no último final de semana, ela aproveitou a nossa ausência para sequestrar a menina, me deixando louca. Só não chegou a pedir o resgate porque eu, felizmente, agi rápido, e logo ela foi encontrada e presa pela polícia.

Mário meneou a cabeça negativamente, em sinal de descrença, e retrucou:

— Não posso acreditar em uma coisa dessas! Deve haver algum mal-entendido nessa história. A senhora chegou a falar com ela na delegacia?

— Sim, claro. O delegado fez uma acareação entre ela, mim e Décio. Eram dois contra um, meu querido. Mesmo assim, a dissimulada continuou mentindo, jamais confessaria. Disse que

tinha levado a menina para passear na casa dela. Mas como? Sem o meu consentimento? Eu não poderia ter agido de outra forma...

— Continuo achando que deve ter acontecido um mal-entendido. Conte-me exatamente o que aconteceu, mamãe.

E Violeta contou detalhadamente a sua versão dos fatos. Finalizou dizendo:

— Bem, se ela é mesmo uma sequestradora ou não, isso a polícia irá descobrir. Eu só sei que nunca mais quero ter o desprazer de vê-la na minha frente outra vez.

— Tudo bem. A senhora pode até ter as suas razões para pensar assim, mas eu preciso tirar essa história a limpo. Irei até a delegacia e falarei com ela pessoalmente.

Violeta sobressaltou-se, fitando o filho incrédula.

— O que está dizendo? Não posso acreditar que você está duvidando de mim!

— Não estou duvidando da senhora, apenas quero averiguar toda essa história de perto. Conversarei com o delegado também.

— Mas por que acha tanto que essa moça é inocente, se nem mesmo a conhece pessoalmente?

— Mas Mariana a conhece, e muito bem. Além disso, não estou dizendo que ela é inocente. Apenas quero conhecer as duas versões deste caso.

— Pois nem pense nisso! Você não irá até aquele lugar para conversar com aquela mulherzinha. Ela facilmente o ludibriará. E sua filha? Ela poderá melhorar e receber visitas a qualquer momento. Precisa estar por perto quando isso acontecer.

Mário ficou pensativo um instante e logo continuou:

— Tudo bem. A senhora tem razão. Então, mandarei Bernardo até a delegacia amanhã mesmo. Ele irá averiguar tudo para mim.

Além de advogado pessoal, Bernardo era também o melhor amigo de Mário. Trabalhavam juntos desde que Mariana nascera.

Violeta mordeu os lábios. Se continuasse insistindo, poderia despertar suspeitas no filho. Também não pretendia contrariá-lo.

No final da tarde, Violeta voltou para casa. Apesar da sua insistência para que Mário a acompanhasse, ele decidiu que pernoitaria no hospital. Estava com uma pequena bagagem e poderia tomar um banho e trocar a roupa.

De pé ao lado de Mariana, Elizabete transmitia-lhe fluidos energéticos, ajudando a apressar sua recuperação.

Durante a noite, a menina teve uma melhora, começando a reagir ao tratamento. Pouco depois, Mário pôde vê-la. Durante a visita, ele acariciou-lhe os cabelos negros, enquanto fitava seu rostinho pálido e delicado respirando serenamente com a ajuda de aparelhos. Fez uma sentida prece e rogou a Deus pela recuperação da filha.

No dia seguinte, Mariana melhorara ainda mais e já respirava sem a ajuda dos equipamentos. A sua rápida recuperação impressionara a equipe de saúde que acompanhava o caso. Mário foi avisado de que ele logo poderia levar a filha para casa.

Já mais confiante na recuperação de Mariana, Mário voltou a atenção para a situação de Sofia. Fez uma ligação e conseguiu contatar Bernardo. Por telefone, explicou-lhe o ocorrido e o incumbiu de ir até a delegacia para conversar com o delegado e com a babá. Feito isso, serenou, pois algo dentro de seu íntimo lhe dizia que esta seria a atitude correta a tomar.

CAPÍTULO 17

Doutor Bernardo

No final daquela manhã, após cumprir a incumbência de Mário, Bernardo foi ter com o amigo no hospital. Eles foram até uma lanchonete, no terceiro pavimento, e aproveitaram para tomar um café enquanto conversavam.

— E então, conseguiu falar com eles? — indagou Mário, ansioso, enquanto adoçava o próprio café.

— Sim, conversei com o delegado e com Sofia.

— E o que ficou sabendo?

— Bem, assim como você, o delegado acha que não se trata de um caso de sequestro, e sim de um mal-entendido, mas está investigando.

— Eu sabia! — exclamou Mário, excitado, após tomar um gole do café. E enquanto repousava a xícara no pires, continuou: — Mas por que ela ainda está presa?

— Não está mais — respondeu Bernardo, fazendo uma ligeira pausa enquanto também descansava a xícara no pires.

Mário deu um suspiro de alívio, e Bernardo continuou:

— Um advogado amigo da família dela entrou com um pedido de *habeas corpus*, e ela foi solta pouco depois de conversarmos. Com isso, vai responder em liberdade à acusação de sequestro, em razão da queixa aberta por dona Violeta, que contou com o testemunho de Décio.

— Mas o que foi que Sofia lhe contou quando conversaram? Qual a versão dela?

— Ela afirmou com muita convicção que tirou a menina de casa sob as ordens de dona Violeta.

Mário sobressaltou-se na cadeira.

— De minha mãe? Como assim?

— Ela me contou que dona Violeta saiu bem cedo de casa, deixando o motorista encarregado de avisá-la que deveria tirar Mariana de casa e só retornar com ela no dia seguinte, pois a casa seria dedetizada.

Mário franziu o cenho.

— Que história mais esquisita é essa? Minha mãe não me disse nada sobre isso. Qual das duas estará mentindo?

— Bem, meu amigo. Não posso afirmar nada, pois não tenho meios para isso. Só posso dizer que Sofia me pareceu uma moça centrada, educada e com bons modos. Também conversei com o pai e o tio dela, que confirmaram a versão dela, claro. Além do mais, Sofia e Mariana foram encontradas em uma lanchonete perto da casa dela, estavam fazendo um passeio rápido. Porém, como o depoimento de Décio confirma a versão de dona Violeta, a situação tornou-se totalmente contraditória entre as duas partes. Sofia afirma que o motorista deu ordens, a mando de dona Violeta, para que tirasse a menina de casa, mas não tem testemunha, e Décio desmente veementemente.

— O que será que realmente aconteceu? — indagou Mário, absorto em seus pensamentos.

— Meu amigo, penso que Mariana poderá ajudar. Ela foi ouvida, mas a justiça é imparcial e objetiva. O depoimento dela não ajudou muito, já que não testemunhou quando Décio e Sofia conversaram antes de elas deixarem a casa. Além disso, a polícia considerou a possibilidade de Sofia ter persuadido Mariana facilmente, de modo que a pequena não percebesse suas reais intenções. Mas você é pai e conhece Mariana melhor do que ninguém. Poderá saber muito mais sobre os fatos conversando com ela.

— Claro — concordou Mário, entusiasmado. — Assim que minha princesa puder falar, ela nos contará mais detalhes sobre o que realmente aconteceu.

— Enfim, tudo leva a crer que houve apenas um mal-entendido. Os familiares de Sofia estão sendo ouvidos neste momento.

De repente, Mário fitou Bernardo em silêncio. Por fim, indagou:

— Bernardo, como ela é?

— Ela quem?

— Sofia. Você disse que ela lhe pareceu ser uma moça educada, de bons modos... Mas o que mais? Mariana fala muito bem dela, faz elogios a toda hora. Adora essa babá. Minha filha é muito sensível, dificilmente se engana com relação às pessoas.

— E você não conhece a babá de sua filha, meu amigo? — perguntou Bernardo, surpreso, com um sorriso discreto nos lábios.

— Ainda não. Por incrível que pareça. Ando trabalhando demais. Depois que Elizabete se foi, você sabe... tenho mergulhado no trabalho de forma incansável. Preciso manter a cabeça ocupada. Mesmo assim, eu estava agendando uma hora para conhecer a pessoa que estava cuidando de minha joia mais preciosa, que é minha filha. Daí, tudo isso aconteceu. Então, gostaria de saber como ela é.

— Bem, não há muito o que falar além do que eu já lhe disse há pouco. Ela me pareceu ser uma moça de boa família, bem-criada,

educada, fala corretamente... Só não tinha mencionado que era também muito bonita, porque isso não vem ao caso...

— Ela faz faculdade — interveio Mário.

— É mesmo? Isso ela não me disse. O pai contou que ela adora crianças e é uma ótima filha. Presta serviços voluntários em um hospital infantil há muitos anos.

— É. Eu já sabia disso. Inclusive, certa vez, levou Mariana com ela a esse hospital. Minha pequena amou a experiência.

— Bem, a impressão geral que tive dela foi muito positiva, tanto que lhe dei meu cartão profissional e me disponibilizei a ajudá-la no que precisasse, juridicamente falando, claro.

Mário fitou o amigo admirado.

— Como assim? Então, pelo visto, você acreditou mesmo nela, não foi?

— Bem, meu amigo. Não estou querendo julgar ninguém, mas você sabe que tenho um "faro" um tanto aguçado para saber o que vai no íntimo das pessoas. Dificilmente erro.

Mário semicerrou os olhos e disse:

— Bernardo, eu o conheço bem, meu amigo... Essa sua atitude foi puramente profissional ou há algum outro interesse oculto? Conte-me a verdade. Você se encantou pela Sofia, não foi?

Bernardo sorriu e objetou:

— Minha intenção foi mesmo profissional. Assim como você, eu também costumo ajudar pessoas quando tenho uma boa oportunidade para fazê-lo. Por outro lado...

— Sim? Por outro lado...? — indagou Mário, com um sorriso discreto e irônico nos lábios.

— Bem... confesso que também fiquei encantado.

— Eu sabia!

— Sofia me pareceu uma mulher especial. Diferente de todas as outras com quem já estive antes.

— E quanto àquela garota com quem estava saindo? Já a abandonou também? Quando vai se arrumar de uma vez, meu amigo? Ou pretende ficar solteiro para o resto da vida?

— Olha lá... Mário, Mário!... Não me julgue assim — disse sorrindo. — Como falei há pouco, sou perspicaz em interpretar traços significantes da personalidade das pessoas que cruzam o meu caminho. E, na maioria das vezes, não preciso de muito para isso. Beatriz não era a pessoa que procuro, foi por isso que não deu certo.

— Sei... — duvidou o amigo.

— Digo a verdade — insistiu Bernardo. — Tudo bem que eu quase me enganei com ela, mas depois que saímos juntos algumas poucas vezes, logo percebi que ela não estava procurando um namorado ou um companheiro para dividir uma vida, mas sim um mantenedor para custear as suas futilidades e aspirações materiais.

— Que bom que percebeu isso a tempo.

— Pois é, felizmente, não sou uma pessoa muito fácil de ser enganada. E diferente do que você e muitos pensam, meu amigo, estou em busca de uma companheira para um relacionamento sério, sincero e bilateral. Não sou mais um adolescente, está na hora de formar uma família.

— Puxa, finalmente! — exclamou Mário, sorrindo e aplaudindo o amigo. — Torço muito para que consiga seu objetivo o quanto antes, pois é realmente maravilhoso e gratificante ter do nosso lado uma companheira verdadeiramente parceira, para todos os momentos. E, mais ainda, não há maior realização para um homem do que ser pai.

— Imagino que sim.

De repente, a conversa dos dois amigos foi interrompida por gritos de aflição.

Bernardo levantou-se abruptamente e olhou na direção de um dos corredores do hospital, bem próximo à lanchonete, de onde vinha o som. Tratava-se de uma mulher chorando copiosamente, enquanto um médico e uma enfermeira tentavam acalmá-la. Bernardo fez sinal para que Mário o aguardasse e caminhou na direção deles.

— Ele vai morrer! Eu sei! — vociferava a mulher, soluçando em prantos e fitando desesperada o médico ao seu lado.

— A senhora precisa se acalmar — disse o médico, com atenção. — Não pode afirmar uma coisa dessas, nem os médicos podem ainda. A senhora está sofrendo por antecipação.

— Vocês não entendem! — gritou ela. — Acabei de ver minha sogra, que já morreu faz tempo, ao lado do meu marido na cama.

O médico e a enfermeira se entreolharam incrédulos.

— Ela me pediu que me conformasse, porque chegou a hora dele, mas eu não aceito. Não aceito! — lamentou-se a mulher.

A enfermeira envolveu-a em um olhar afetuoso, compadecida de sua dor, e a abraçou com firmeza, dizendo:

— Minha querida, procure manter a calma. Você não pode reagir assim neste momento, principalmente porque o seu esposo está reagindo bem à cirurgia. Muito provavelmente, ele sairá daqui antes do que a senhora imagina.

— Não é verdade! — gritou a mulher, desvencilhando-se dos braços da enfermeira. — Eu sei! Estão pensando que estou louca? A mãe dele estava lá, eu vi... ao lado dele, me dizendo que ele precisava ir com ela. Mas eu repito: não aceito!

— Eu acredito em você — disse Bernardo à mulher, tocando-lhe suavemente o ombro.

Ela o olhou confusa e, em seguida, desmaiou nos braços da enfermeira. O médico e Bernardo ajudaram a ampará-la. Mário se aproximou logo em seguida.

A mulher foi levada a uma sala de espera próxima dali e deitada sobre um sofá. Enquanto os profissionais de saúde conferiam-lhe os sinais vitais, Bernardo fazia uma prece.

Cinco minutos depois, a mulher abriu os olhos assustada, sentando-se subitamente.

— Onde estou? Onde ele está? E ela? Ainda está com ele?

Vendo-a acordar, Bernardo foi até um bebedouro próximo e pegou um copo com água, enquanto os profissionais assistiam a mulher.

— Acalme-se, por favor, senhora — falou o médico. — Está em um hospital, e o seu esposo está se recuperando de uma cirurgia delicada. Logo poderá vê-lo.

— Por que vocês, médicos e enfermeiros, só sabem pedir para ficarmos calmos?! — disse ela, já alterando a voz novamente. — Só preciso ver o meu marido. Não vou deixar que a mãe dele o leve de mim!

— A senhora não percebe que deve ter tido uma alucinação? — observou a enfermeira. — É muito comum em situações estressantes como a que tem passado ao lado de seu esposo.

A mulher fitou a enfermeira com brasas nos olhos, e, antes que ela tivesse um novo rompante de raiva, Bernardo ofereceu-lhe o copo com a água.

— Beba um pouco — disse ele.

Ela o olhou curiosa e estendeu a mão para pegar o copo. Bebeu dois goles da água e sentiu-se um pouco mais calma.

— Sente-se melhor? — indagou Bernardo, e a mulher assentiu com a cabeça.

Bernardo sentou-se em uma cadeira de frente para ela, segurou suas mãos com firmeza e, fitando-a nos olhos, considerou:

— Eu acredito na senhora. Sei que está falando a verdade, mas de nada vai adiantar desesperar-se neste momento.

Ela o fitou com desconfiança e retrucou:

— Você está mentindo. Também pensa que tive uma alucinação ou que sou louca, como todos aqui.

— Engano seu — respondeu Bernardo. — Sei que está falando a verdade porque eu também consigo ver pessoas que já
morreram. — E todos o olharam com curiosidade, inclusive o
amigo, Mário.

Bernardo pediu licença a todos e, discretamente, foi conduzindo a mulher para um canto da sala, de modo a ficar a sós com
ela. Vendo o seu êxito em acalmá-la, ninguém o interrompeu.

Após sentarem-se novamente, Bernardo continuou:

— Como é o seu nome?

— Margarete.

— Eu me chamo Bernardo. Muito prazer em conhecê-la,
Margarete!

Ela era uma mulher corpulenta, pele bronzeada, nariz grande
e afilado, boca grande e olhos apertados, reunidos em uma fisionomia marcante. Mesmo com a aparência visivelmente abatida,
a pele maltratada pelo Sol e alguns cabelos brancos salteados na
vasta cabeleira castanho-escura, percebia-se que era mais jovem
do que aparentava, nos seus cinquenta anos, aproximadamente.

Bernardo continuou:

— Agora que estamos a sós, por que não me conta, exatamente,
o que aconteceu ao seu esposo?

Ainda um tanto desconfiada, porém já bem mais calma,
Margarete discorreu sobre os últimos acontecimentos de sua vida.

— Nós moramos no litoral norte de São Paulo e há dois meses
descobrimos um tumor no cérebro de meu esposo. — Ela fez uma
pausa e, percebendo que Bernardo a ouvia atentamente, continuou:
— Esta semana viemos para a capital para ele ser operado, o que
aconteceu hoje, pela manhã bem cedo. — Bernardo assentiu com
a cabeça, e ela continuou: — Logo após a cirurgia, eu queria ver
o meu marido, mas só pude ficar olhando através do vidro da
janela do quarto onde o colocaram. Foi então que a minha sogra,
que já morreu há cinco anos, apareceu de pé ao lado dele e olhou

para mim. Eu me assustei, claro, mas nem tanto, porque já tinha visto gente morta outras vezes, mas o que me deixou louca foi o que ela me disse.

A voz de Margarete embargou, e ela, com os olhos marejados, fez outra pausa. Bernardo tirou um lenço de dentro do bolso do paletó e o entregou à senhora. Ela segurou o lenço, respirou fundo e continuou:

— Ela disse que meu marido precisava voltar com ela em breve e que eu deveria orar a Deus pedindo-Lhe que me confortasse nesse momento difícil. Disse também que eu orasse para os anjos da guarda de meu marido, para que eles o amparassem durante esse momento de transição para a outra vida. Foi isso.

— Mais alguma coisa?

Margarete ficou absorta por um instante, mas logo ajuntou:

— Sim. Ela disse também que seria o melhor para todos. Mas como?! Como seria melhor para o meu marido morrer? E quanto a mim e ao nosso filho? Isso não pode acontecer! Será uma desgraça na nossa vida! Não iremos suportar!

— Margarete, a sua sogra era uma pessoa boa em vida? — perguntou Bernardo, com voz afável.

— Sim, ela era uma mulher bondosa, religiosa, boa mãe e boa esposa. Não entendo como ela foi me dizer tantos absurdos assim! Parece que ficou má depois que se foi!

— Veja bem, Margarete — falou Bernardo, tentando encontrar as melhores palavras para acalentar o coração da pobre mulher —, as pessoas quando morrem não mudam a maneira de ser só porque morreram. Nossas imperfeições e virtudes nos acompanham após a nossa passagem deste plano terreno para o plano espiritual. Por exemplo, ninguém se torna uma pessoa melhor apenas porque morreu. Da mesma forma, se eram boas quando em vida, assim também o serão no plano espiritual.

Assim, se a sua sogra, que era uma boa mulher, veio até aqui para dizer-lhe algo, acredite, ela pretende ajudá-la de alguma forma.

— Mas não entendo como ela pôde dizer que uma tragédia dessas seria o melhor para todos nós.

Bernardo tomou as mãos de Margarete entre as suas e, fitando-a firmemente nos olhos, indagou:

— Você acredita em Deus, Margarete?

— Sim, acredito.

— Acredita que Ele seja bom e justo?

— Bom, sim, mas justo... isso já não sei.

— Para ser bom, Ele deveria ser também justo, não acha?

Margarete não respondeu, e Bernardo continuou:

— Imagine que Deus, na sua infinita bondade, seja justo. Então, para ser bom e justo, Ele precisa fazer tudo certo, concorda? — Ela assentiu com a cabeça, e ele prosseguiu: — Sendo assim, imagine que, em vez de seu esposo retornar da cirurgia como era antes, saudável, disposto, ativo e independente, ele retornasse ao convívio da família com algum problema sério de saúde, que ele não tinha antes — Margarete sobressaltou-se, olhando Bernardo assustada.

— Com sequelas?

— Sim. Isso seria bem possível. Por exemplo, se, quando acordasse da cirurgia, ele percebesse que não conseguiria mais realizar sozinho nenhuma atividade diária, que antes lhe era normal — como comer, andar, falar, tomar banho... — Margarete abriu ainda mais os olhos. — E se ele soubesse que ficaria assim, dependente de outras pessoas, preso em cima de uma cama para o resto da vida? Como você acha que ele se sentiria?

E as lágrimas que marejavam os olhos de Margarete, finalmente, rolaram-lhe sobre a face cansada. Alguns segundos depois, enquanto enxugava o pranto, soluçando, considerou:

— Ele não iria suportar... — Fez outra pausa e continuou: — Era um homem forte, ágil, trabalhador, independente... Não costumava pedir nada a ninguém.

— Então, Margarete... se seu esposo tiver mesmo de partir, você já imaginou que isso poderá acontecer por providência da compaixão divina? Por ele ter sido um homem bom e merecedor, será que Deus não o estaria livrando de um destino sofrido, tendo de viver com o espírito aprisionado em um corpo que não lhe servirá mais de muita coisa? Não acharia mais generoso da parte de Deus libertá-lo para uma vida plena no mundo espiritual?

Margarete chorava copiosamente. Bernardo pôs a mão sobre o ombro dela e disse afetuoso:

— Chore, Margarete. Muitas vezes o pranto nos lava a alma e nos renova as forças para seguirmos em frente, sem esmorecer diante das adversidades da vida.

Quando Margarete serenou o pranto, disse finalmente:

— Eu não tinha pensado por esse lado.

— Claro — falou Bernardo, compreensivo. — Temos a tendência de pensarmos primeiramente em nós mesmos. Não queremos sofrer a ausência de um ente querido. Por egoísmo, preferimos que eles permaneçam ao nosso lado, ainda que muitas vezes sofrendo, encarcerados ao corpo de carne, já cheio de limitações físicas às necessidades do espírito. Se pudessem escolher, na maioria das vezes, nossos entes queridos optariam pela liberdade do espírito.

— É verdade — interveio Margarete. — Mas é porque é muito difícil perder quem a gente ama.

— Sim, certamente. A perda de quem amamos é sempre muito dolorosa, e, às vezes, pensamos que não resistiremos, mas Deus não nos dá nada além do que suportamos e necessitamos para o nosso próprio progresso espiritual. Além disso, infelizmente,

a nossa cultura ocidental piora a nossa situação quando não nos prepara para esse tipo de perda. Por isso, é sempre bom estudar o assunto e tentar compreender que Deus faz tudo certo, ainda que não consigamos enxergar claramente os seus propósitos. Devemos ter fé e crer veementemente nisso.

— Mas não é fácil pensar assim e acreditar nisso tudo, doutor...

— Pode me chamar de Bernardo.

— Não é fácil, seu Bernardo. A dor é grande demais. Na verdade... eu me pergunto a toda hora: por que Deus permitiu que essa doença horrível pegasse meu marido?

— Margarete, todos nós temos uma missão em nossa vida. Se o seu marido vier a morrer — o que chamo de desencarnar —, pense que a missão dele aqui na terra terá terminado. E, assim sendo, não seria justo que continuasse experimentando as provações e vicissitudes da vida, quando poderia estar liberto.

— Seu Bernardo, agradeço as suas palavras e digo que elas me ajudaram muito neste momento tão difícil na minha vida. Mesmo assim, não sei o que será de mim e de meu filho se o pai dele morrer.

— O seu marido ainda vive e, pelo que os médicos disseram, parece que está se recuperando bem. Não sofra tanto por antecipação.

— Mas sei que vai acontecer, porque sinto que minha sogra falou a verdade.

— Pois bem. Se ele realmente se for, tudo será muito difícil, sim. Já está sendo, na verdade, mas você não pode se esquecer de que precisa ter Deus em seu coração em primeiro lugar. Mantenha a fé na bondade e justiça Dele. Você é uma mulher forte, posso sentir isso. Acredite, você saberá conduzir corretamente a sua vida e a de seu filho. Não estará desamparada, Deus estará ao seu lado, e, quando menos esperar, o Sol voltará a brilhar para vocês, mas precisa manter a fé inabalável Nele.

Vendo que os profissionais de saúde e Mário se aproximavam, Bernardo tirou um cartão do bolso da calça e o entregou à Margarete.

— Pegue isto. É o meu cartão, com o número de meu telefone. Se precisar de alguma coisa e eu lhe puder ser útil, terei prazer em ajudá-la. É só me ligar.

Margarete guardou o cartão e abraçou Bernardo.

— Muito obrigada, seu Bernardo. Que Deus lhe pague o que fez por mim, quando todos me olhavam e me julgavam como uma louca.

— Não há de que, Margarete. E não deixe de me ligar se precisar de ajuda.

Margarete assentiu com a cabeça, e, nesse instante, o médico e a enfermeira aproximaram-se e conduziram-na para outra sala, onde aguardaria notícias do esposo.

CAPÍTULO 18

O fim de um susto

Mário e Bernardo haviam voltado para pagar a conta da lanchonete.

— Eu sabia que você acreditava nessas coisas de espíritos, mas nunca me falou que já tinha visto algum — comentou Mário, enquanto entregava o dinheiro à garçonete.

— Na verdade, nunca me vi diante de uma boa oportunidade para entrar nesse assunto de modo mais aprofundado com você.

— Nunca acreditei nessas coisas e confesso que sempre questionei o fato de você, sendo um homem formado, fosse metido nisso.

— Por isso mesmo que eu disse que nunca encontrei uma oportunidade para falar sobre o assunto com você. Justamente por conhecer a sua maneira de pensar e, com isso, evitar discutirmos, pois o assunto é complexo.

— Imagino que sim.

Após deixarem a lanchonete, continuaram conversando enquanto caminhavam de volta para o andar onde Mariana estava.

— Bem, Mário — afirmou Bernardo —, o fato de eu ser um homem formado em uma universidade não significa que eu não possa ser um observador dos eventos relacionados à vida e à morte, que são coordenados pelo nosso criador, Deus. Foi observando o que se passa ao meu redor, desde criança, que senti a necessidade de estudar e de me aprofundar no assunto.

— Como assim? — indagou Mário, curioso, enquanto abria a porta do elevador e apontava para Bernardo entrar.

— Assim como você, meu amigo — comentou Bernardo —, muitas pessoas possuem uma visão distorcida sobre a vida após a morte e sobre a possibilidade de comunicação com os espíritos daqueles que já se foram.

— Por que acha que tenho uma visão distorcida? Acredito que a vida continue após a nossa morte, mas penso que, uma vez estando mortos, os espíritos não terão mais contato algum com os que ainda vivem. Por isso imagino que aquela mulher teve mesmo uma alucinação.

— Mas posso lhe garantir que essa possibilidade de comunicação não só existe como é uma realidade de muitos de nós, que temos sensibilidade mediúnica aflorada; uns para falar com espíritos, outros para vê-los, ouvi-los, psicografar suas mensagens... Muitos até possuem mais de uma dessas habilidades.

— E como você pode me garantir isso? Por um acaso, há estudos científicos que comprovem essas possibilidades?

Eles deixaram o elevador, e Bernardo respondeu:

— Basta observar as evidências. São pessoas no mundo todo que relatam as mesmas experiências, meu amigo. Os fenômenos mediúnicos se manifestam sempre da mesma maneira para essas pessoas, tão dispersas no globo terrestre, independente da nacionalidade, da vontade própria ou de suas crenças. E, ao contrário do que muitos pensam, existem sim estudos realizados por cientistas de credibilidade inquestionável, os quais mostraram que a vida continua mesmo após a morte e que é possível a comunicação de quem fica com quem partiu.

— É difícil para mim, que tenho formação católica, acreditar na possibilidade de comunicação com mortos. Para mim, morreu, morreu...

— Como eu disse antes, compreendo você, meu amigo. Também não pretendo questionar suas convicções religiosas ou tentar convencê-lo das minhas. Isso porque cada pessoa tem o seu tempo e necessidade particular de conhecer mais sobre as leis da vida e sobre o progresso do espírito. Apenas comentei sobre essas coisas porque a vida nos colocou em uma situação propícia para isso.

— Tudo bem. Mas me diga uma coisa. Como você pensa assim, se a sua família também é católica?

— Sim, eles são. Mas veja bem. Eu, particularmente, respeito qualquer tipo de manifestação religiosa, principalmente a dos meus pais. Porém, desde criança, as crenças deles nunca satisfizeram os meus questionamentos íntimos. Juntando-se a isso, após minha mediunidade começar a se manifestar, quando eu tinha sete anos de idade, percebi que iria precisar buscar explicações para o que me acontecia, o que eu não encontrava na religião de meus pais.

— Como assim, sua mediunidade começou a se manifestar quando tinha sete anos?

— Assim como você, meu amigo, muitos não sabem que a mediunidade é um fenômeno natural, que todos nós possuímos, em maior ou menor grau. A idade para que ela se manifeste também pode variar de pessoa a pessoa, dependendo da sensibilidade de cada um. Da mesma forma, quando percebemos que temos uma sensibilidade maior do que a da maioria das pessoas, podemos e devemos procurar ajuda para que saibamos lidar com ela e até mesmo desenvolvê-la em benefício do próximo.

Eles voltaram a sentar nas cadeiras da sala de espera, enquanto aguardavam notícias de Mariana. E Bernardo continuou:

— Comigo, tudo começou a acontecer aos sete anos, quando percebi que podia enxergar e até falar com espíritos de pessoas mortas. No início, eram principalmente crianças em busca de companhia para brincar; mais tarde, vieram aqueles que me pediam para dar recados a alguém próximo a mim, e eu os ajudava. E tantas outras situações se sucederam. Porém, logo que tudo começou, eu costumava relatar aos meus pais tudo o que se passava comigo. Então, eles me levaram ao médico, que me encheu de remédios. Com isso, logo entendi que eles não tinham conhecimento para compreender a minha situação, muito menos para me ajudar. A partir de então, fingi que esses eventos haviam cessado.

— Você mentiu para seus pais?

— Sim, meu amigo, precisei fazer isso, e, felizmente, eles acreditaram em mim. Percebi que se eu insistisse em tentar convencê--los de que falava a verdade, eles iriam acabar me internando em um hospício como louco, como acontece até hoje com muitas pessoas dotadas de mediunidade.

— E depois, o que aconteceu?

— Bem, e assim os anos se passaram, sem que eu conseguisse compreender o que acontecia comigo. A única certeza que eu tinha era que eu não era louco. E foi na adolescência que, buscando compreender a natureza daqueles acontecimentos, conheci as obras de Allan Kardec. Elas modificaram completamente os meus conceitos em relação à vida e à morte. Depois disso, passei a estudá-las e, em pouco tempo, a visitar o centro espírita que frequento até hoje. Naquele lugar, com a ajuda de pessoas muito especiais, consegui entender tudo o que se passava comigo. Mais ainda: pude desenvolver minhas faculdades mediúnicas e utilizá--las em benefício do próximo.

Mário estava surpreso com a narrativa do amigo e permaneceu em silêncio, absorto, durante alguns instantes. Depois considerou:

— Você sabia que muitas das coisas que descreveu aconteceram a Mariana?

— Para falar a verdade, eu soube de alguns episódios, pois, certa vez, tive a oportunidade de conversar com Elizabete sobre alguns aspectos da mediunidade de sua pequena.

— Foi mesmo? Eu nunca soube.

— Elizabete era uma mulher sábia. Ela sabia quando devia calar.

— Desde bem pequena — contou Mário — Mariana conversava e brincava com amiguinhos que apenas ela conseguia enxergar. Claro que nem eu nem minha mãe acreditávamos nela, pois julgávamos que se tratasse da imaginação caprichosa de uma filha única. Minha mãe, por diversas vezes, tentou me convencer a levá-la ao médico, mas Elizabete sempre interveio. Ela acreditava em tudo o que Mariana lhe falava. Depois de algum tempo, nenhuma das duas comentava mais sobre o assunto, daí imaginei que tudo havia passado.

— Como eu disse ainda há pouco, meu amigo, Elizabete era um espírito lúcido. Tinha muita sensibilidade e era sensata, embora não houvesse desenvolvido suas faculdades mediúnicas no mesmo grau que Mariana. Ela sabia que as demais pessoas da casa não estavam preparadas para compartilhar dos fenômenos mediúnicos que aconteciam à filha. Então, ela estudou bastante sobre o assunto, tanto para compreender, como também para poder ajudar Mariana.

— Agora compreendo... — murmurou Mário, imerso em suas lembranças. — Muitas vezes, eu a surpreendi lendo livros desse autor que você citou...

— Allan Kardec. Eu mesmo a orientei nesse caminho de leitura e estudo, quando conversamos sobre Mariana pela primeira vez.

— Bem... eu lhe agradeço, pois as duas nunca tiveram ajuda alguma vinda de minha parte, porque nunca acreditei em nada disso. Porém, depois que Elizabete se foi, confesso que me surgiram muitos questionamentos relacionados à vida e à morte, sobre os quais não consegui esclarecimentos em minha religião. Mesmo assim, continuo achando muito difícil mudar os meus princípios religiosos a essa altura da vida.

— Entendo perfeitamente o que se passa com você. No entanto, saiba que se algum dia tiver a curiosidade ou sentir a necessidade de saber mais sobre o assunto, tenho uma literatura vasta em minha casa, que poderá lhe ser muito útil.

— Obrigado, meu amigo. Imagino que sim. Quem sabe algum dia...

Bernardo sabia que a experiência pela qual eles haviam acabado de passar não se tratava apenas de uma coincidência. Percebia claramente que a vida estava utilizando dos acontecimentos inevitáveis e necessários ao desenvolvimento do espírito para, ao mesmo tempo, beneficiar a todos os envolvidos. De alguma forma e por um motivo ainda desconhecido, ele considerou duas verdades naquele momento: que algo dentro de Mário estaria começando a mudar e também que voltaria a ver aquela mulher, Margarete.

❧

Mariana acordou uma hora depois. Estava consideravelmente melhor, surpreendendo ainda mais pela velocidade com que se recuperava. Joaquim havia retornado de viagem e chegou ao hospital no momento em que Bernardo e Mário se preparavam para visitar a pequena, de modo que os três puderam vê-la e conversaram animados durante alguns minutos. Por fim, Mário

entrou no assunto sobre Sofia, e a filha confirmou toda a versão da babá, a mesma que já havia descrito ao avô. Eles ficaram aliviados imaginando que não haviam se enganado.

Quando estavam saindo do quarto, após o término do horário de visitas, Violeta os encontrou do lado de fora.

— Boa tarde, meu filho! — E beijou a face de Mário, esboçando um sorriso de contentamento em rever o filho. Em seguida, ela cumprimentou Joaquim e Bernardo friamente.

Mário fitou a mãe com certo rancor e disse:

— Mamãe, preciso falar com a senhora seriamente.

Violeta estremeceu.

— Claro, meu filho — disse ela, tentando disfarçar a aflição que estava sentindo, imaginando que, àquela altura, o filho já conhecia a versão da babá. — Vamos tomar um café juntos e conversaremos.

— Acabei de tomar um café com Bernardo. Prefiro falar aqui mesmo, e agora, por favor. — Violeta olhou para Bernardo e indagou:

— E ele vai participar da conversa?

— Sim — respondeu Mário.

— O que teme, Violeta? — indagou Joaquim, desafiador. — Nosso filho já disse que vamos conversar aqui mesmo, todos juntos, inclusive Bernardo.

Em seguida, eles se sentaram na sala de espera, e Mário iniciou a conversa:

— Gostaria de saber que motivo levou a senhora a fazer o que fez com Sofia.

— Do que está falando? Esse advogadozinho — disse se referindo a Bernardo — já o envenenou com as mentiras contadas por aquela criminosa, não foi? Ah, vai ver ela o enganou também.

— Violeta, sem rodeios, por favor — exigiu Joaquim. — Não há crianças aqui.

petit

— Agora nos diga a verdade — exigiu Mário. — Quero ouvir de sua boca: por que a senhora ordenou ao motorista que mandasse Sofia tirar minha filha de casa e só voltar no dia seguinte e depois a denunciou como sequestradora?

Violeta fitou o filho tentando manter a calma.

— Mas o que é isso, meu querido? Vai dizer que aquela dissimulada conseguiu mesmo convencer todos vocês? Eu já disse ao delegado e repito: não dei ordem nenhuma a Décio. Tudo isso não passa de uma grande mentira deslavada daquela fingida. A verdade é que, naquele dia, saí bem cedo com uma amiga, e Décio foi resolver umas pendências minhas. Ele até já comprovou isso na delegacia. Então, a babá aproveitou e raptou a menina. Quando cheguei, ela já havia sumido.

— Mamãe... Não foi isso o que Sofia contou a Bernardo na delegacia.

Violeta mordeu os lábios.

"Por que esse atrevido sempre se intromete nos acontecimentos de nossa família?", pensou com relação a Bernardo.

— Além do mais — acrescentou Joaquim —, também não foi isso o que Mariana me contou desde o início, e há pouco repetiu tudo, da mesma forma, para nosso filho, e com ainda mais detalhes.

— Mariana? — indagou ela, fitando o marido surpresa, e tentou disfarçar o descontentamento. — Que bom que já está melhor a esse ponto. Graças a Deus!

— Sim, felizmente, minha princesa está ótima — confirmou Mário. — E ela não sabe mentir. Contou-nos tudo como aconteceu.

— Ah, meu filho... A menina é apenas mais um fantoche nas mãos daquela bandida. Deve estar mentindo para protegê-la, porque pensa que se trata de uma boa moça! Como é inocente minha neta!

— Mamãe, será que a senhora não percebe que nunca irei duvidar de minha filha? Além do mais, o próprio delegado não acredita na versão da senhora, sabia? Tanto é que Sofia já foi solta, hoje mesmo.

— Solta? Mas já? Esse país não tem jeito mesmo! — ironizou Violeta.

— Pois fiquei muito feliz em saber disso — retrucou Joaquim. — Sempre acreditei na inocência de Sofia, como você bem sabe, Violeta.

Violeta sorriu com ironia e deu de ombros ao comentário do esposo.

— Bem, dona Violeta — explicou Bernardo —, o juiz aceitou o pedido de *habeas corpus* do advogado de Sofia, e ela irá responder à acusação que a senhora fez em liberdade. Porém... — ele fez uma pequena pausa —, se ficar comprovada a inocência dela, a situação pode se complicar para o lado da senhora, caso o seu depoimento seja considerado falso.

Violeta sobressaltou-se, sem conseguir disfarçar o sentimento de medo que lhe invadiu o ser.

— Mas como pode ser possível uma injustiça dessas? Aquela sem-vergonha sequestra minha neta, mente descaradamente negando o feito, e eu é que vou acabar saindo como a infratora da lei? Repito que falei a verdade.

E percebendo que estava sem saída e que logo tudo poderia ser descoberto e ela seria incriminada, de repente, veio-lhe uma ideia à mente. Se tudo corresse como estava planejando, ela poderia sair ilesa de qualquer acusação.

— A menos que... — dissimulou Violeta, fazendo uma pausa. — E se Décio mentiu tanto para mim quanto para a babá? Isso poderia explicar a divergência entre as nossas versões.

— Como assim, mamãe?

— Só pode ter sido isso, meu filho. Veja, bem. Se eu afirmo que falei a verdade e Sofia também, Décio só pode estar mentindo! Para mim, quando cheguei a casa aquele dia, ele disse que Sofia

e Mariana tinham sumido, e eu, claro, me desesperei. Enquanto para Sofia, ele deve ter dito para que tirasse a menina de casa, como vocês já sabem.

— Mas e por que ele faria isso? — indagou Joaquim.

— Simples — respondeu Violeta. — Eu me lembro bem que ele já havia comentado comigo que estava apaixonado pela babá, mas que ela não lhe dava bola. Deve ter feito isso para se vingar.

Mário, Joaquim e Bernardo se entreolharam e permaneceram pensativos por um instante.

— Faz sentido — comentou Mário, e Joaquim assentiu com a cabeça.

— É uma possibilidade plausível — ajuntou Bernardo. — Se assim for, logo a polícia descobrirá tudo.

Eles conversaram por mais alguns minutos. Em seguida, Bernardo despediu-se e voltou para seu escritório. Mário voltou para casa com os pais, mas, antes disso, Violeta havia pedido licença para ir à toalete, quando, na verdade, fora até a recepção e ligara para casa. Pediu a Berta que chamasse Décio e combinou tudo com ele. O motorista iria sumir para sempre, em troca de muito dinheiro, que o ajudaria a fugir para bem longe, levando com ele o segredo dos dois. Quando chegaram a casa, Mário e Joaquim souberam da fuga do motorista e concluíram que Violeta estava certa. No dia seguinte, eles iriam resolver tudo com a polícia e retirar a queixa contra Sofia.

À noite, Mário retornou ao hospital, onde dormiu como acompanhante da filha. No dia seguinte, ele acompanhou a mãe à delegacia, retiraram a queixa e esclareceram tudo com a polícia. Além disso, a pedido do filho, enquanto Mário permanecia a maior parte do tempo no hospital, Violeta havia telefonado para Sofia e pedido que voltasse a trabalhar como babá de Mariana, mas exigiu que retornasse apenas na segunda-feira, quando o filho partiria para Campinas logo bem cedo. Dois dias depois, Mariana recebeu alta e voltou feliz para casa, ao lado do pai.

Mário precisava retornar a Campinas, para retomar os negócios pendentes, porém não gostaria de fazê-lo sem antes conversar com Sofia pessoalmente. Teria tempo para isso, pois, era sexta-feira, e ele passaria o final de semana com a filha. Porém, por duas vezes, ele chegou a telefonar para Sofia com o intuito de agendar uma visita à casa da jovem. Não obtendo êxito — pois a babá havia viajado com seus familiares —, deixou Mariana encarregada de entregar-lhe mais um bilhete, quando estivessem juntas na segunda-feira.

Então, durante o final de semana, mesmo mantendo certas restrições e cuidados com a saúde, Mariana e seu pai se divertiram como havia tempos não faziam. Eles experimentaram diferentes brincadeiras infantis, muitos jogos divertidos e assistiram a filmes e desenhos animados, em uma alegria contagiante. Joaquim participou de alguns desses momentos de diversão com o filho e a neta, e Violeta, para não desagradar Mário, resolveu não interferir em nada nem implicar com Mariana, permitindo que aqueles momentos entre pai e filha atingissem o seu ápice de júbilo.

CAPÍTULO 19

Sublimes lições

No final da tarde de domingo, após retornarem de um agradável final de semana na serra, para amenizar o susto que passaram, em um sítio que pertencia a um amigo de Vicente, Sofia e seus familiares estavam muito felizes e relaxados, ainda que exaustos. Assim, Solange e Pedro voltaram para casa; Adelaide e Vicente comeram alguma coisa rápida e se recolheram, enquanto Sofia e Breno foram até um restaurante próximo dali, para jantar e continuar a conversa que haviam começado no dia anterior.

Sentados confortavelmente à mesa, Sofia e Breno saboreavam um suco de frutas e conversavam animadamente, enquanto aguardavam o jantar.

— Então, tio — comentou Sofia —, confesso que ainda não compreendi bem o significado dos termos "espírito" e "perispírito". Depois que conversamos ontem, li algo sobre o assunto no caminho, quando voltávamos da serra, mas ainda não consegui compreender.

Após um gole do suco, Breno respondeu:

— É perfeitamente compreensível a sua dificuldade. Não tivemos tempo suficiente para que eu pudesse esclarecer alguns detalhes.

Sofia assentiu, e ele continuou:

— Minha experiência como professor mostrou-me que existem determinados termos que não são tão facilmente conceituados, principalmente quando a cómpreensão deles envolve outros termos igualmente desconhecidos.

— Verdade, tio — concordou Sofia. — A explicação que li sobre os conceitos de "espírito" e "perispírito" citava o termo "fluido universal", que eu, como principiante no assunto, também não conhecia. Por isso, ficou difícil compreender bem.

Breno lançou-lhe um sorriso afável e revelou:

— Confesso que quando iniciei meus estudos sobre espiritualidade, a maioria dos textos que lia sobre o assunto também me pareciam confusos. Muitas vezes eram sucintos demais, de modo que eu, com frequência, coletava informações adicionais de várias fontes, tanto de livros quanto de amigos experientes no assunto, para conseguir compreender o significado complexo dos termos.

— Mas, agora, posso usufruir um pouco de seu vasto conhecimento, não é mesmo? — falou Sofia sorrindo.

Breno sorriu e, após tomar outro gole do suco, respondeu:

— Claro, meu anjo! É sempre um prazer esclarecer-lhe as dúvidas quando tenho condições de fazê-lo. Mesmo assim, ainda será necessária muita leitura de sua parte para que consiga compreender o assunto de forma mais abrangente.

Sofia assentiu com a cabeça. E percebendo que a sobrinha estava ávida pelas suas palavras, ele seguiu com a explicação:

— Bem, vou começar pelo termo "fluido universal", para facilitar sua compreensão.

— Ótimo! Fique à vontade.

— Na obra *O Livro dos Espíritos*, Allan Kardec se referiu ao termo "fluido universal" como sendo o elemento fundamental e primário de onde deriva tudo aquilo que pode ser considerado matéria. Ou seja, é a matéria primitiva da qual derivam todas as demais formas de matéria e energia.

Sofia o ouvia com atenção, e ele continuou:

— Alguns anos depois, na obra *A Gênese*, Kardec se referiu, pela primeira vez, ao termo "Fluido Cósmico Universal", que passou a ser definido como F.C.U.

— Mas ele não foi redundante? — questionou Sofia, curiosa. — Porque, pelo que entendo, universal e cósmico são a mesma coisa, não é isso?

— Bem, esses dois adjetivos parecem mesmo sinônimos, pois o termo "cósmico" pode também ser entendido como "universal", em algumas acepções. Por isso, frequentemente eles são confundidos como sinônimos, mas a rigor não são.

— E qual a diferença entre eles?

— Então, como você deve saber, o Universo é algo muito difícil de ser explicado. A palavra em si geralmente designa tudo o que existe fisicamente, ou seja, a totalidade do espaço e tempo e todas as formas de matéria e energia.

— Entendo.

— Pois bem. O conhecimento atual da ciência sobre o Universo nos mostra que, de tão imenso e grandioso, ele pode ser considerado infinito. Em razão de tudo isso, existem muitas teorias científicas sobre sua origem, tamanho e complexidade, incluindo estudos modernos de física quântica.

— É verdade, tio.

— Então, alguns cientistas defendem que o Universo, como o conhecemos, seria apenas um dos muitos universos existentes. Já o termo "cosmo" ou "cosmos" é originário do grego antigo ou arcaico e, para esses povos, ligava-se diretamente às ideias de

ordem, organização, harmonia e até beleza, uma vez que a beleza resulta da harmonia das formas.

— Então... — disse Sofia, pensativa — o termo "cosmo" teria alguma relação com a palavra cosmético?

— Sim. Exatamente! — exclamou Breno, animado com a perspicácia da sobrinha. — O termo "cosmético" faz menção ao sentido antigo e original da palavra cosmo, nomeia produtos destinados à proteção ou ao embelezamento de diferentes partes do corpo. Porém, reconhecendo que o Universo é inerentemente ordenado e harmonioso, o filósofo e matemático grego Pitágoras passou a definir o cosmo como sendo a totalidade de todas as coisas deste universo ordenado, desde as estrelas, até as partículas subatômicas. Desde então, a palavra cosmo tem sido utilizada para designar o Universo como um todo, como um sistema bem organizado e coeso, como a própria Filosofia o define. Tanto o é que o cosmo é estudado pela Cosmologia, que estuda a origem, a estrutura e a evolução do Universo como um todo, a partir da aplicação de métodos científicos. Ou seja, os termos "Universo" e "cosmo" não são sinônimos.

— Que interessante tudo isso, tio! Confesso que eu não sabia que havia essa distinção tão sutil entre Universo e cosmo.

— E você não faz parte da minoria, minha sobrinha. Na verdade, a maioria das pessoas desconhece tanto o sentido original quanto o atual da palavra cosmo.

— Então, sendo assim, o que exatamente Allan Kardec quis dizer quando introduziu o termo cósmico ao termo fluido universal?

— Pois bem. Como os conceitos da palavra cosmo são ainda desconhecidos pela maioria até hoje, muitos afirmam que Kardec foi redundante ao mencionar o fluido cósmico universal na obra *A Gênese*, quando, na verdade, ele pretendia ampliar o conceito do termo "fluido universal", referindo-se também ao caráter organizador ou harmonizador do fluido. Ou seja, seria o equivalente a "fluido organizador" ou "ordenador do Universo" ou mesmo "fluido harmonizador do Universo".

— Entendo. Sendo assim, fica claro que não há redundância ou impropriedade em se utilizar o termo "fluido cósmico universal", tal como fora utilizado por Kardec.

— Exato! Embora muitos desconheçam, os questionamentos surgidos sobre o termo foram devidamente esclarecidos. Sendo assim, podemos observar que o próprio Kardec costuma resumir os termos, usando, algumas vezes, apenas a expressão "fluido cósmico" e em outras cita apenas "fluido universal". O fato é que todos nós, desencarnados e encarnados, vivemos em um meio comum formado desse fluido cósmico universal, que se constitui na matéria primitiva, da qual derivam todas as demais formas de matéria e energias. Em outras palavras, as modificações e transformações dessa "substância primitiva" deram origem à incontável variedade dos corpos da natureza.

— Entendo, tio.

E Breno continuou:

— Então, minha querida, os espíritos utilizam-se dessa "substância" como "matéria-prima" para suas intervenções sobre a matéria, tanto no plano espiritual como no plano material. Sendo assim, ela serve como intermediário entre o espírito e a matéria.

— Bem — interrompeu Sofia, com um sorriso discreto nos lábios —, confesso que agora complicou um pouco.

Breno sorriu e continuou a esclarecer-lhe as dúvidas:

— Vou tentar ser um pouco mais claro. Como o fluido universal é o elemento gerador de todas as demais manifestações materiais e energéticas, ele pode ser facilmente manipulado sob a impulsão do espírito. Fazendo uma analogia com o mundo material em que nos encontramos atualmente, esses fluidos têm para os espíritos — que por sua vez também são fluídicos —, uma

aparência tão material quanto a dos nossos objetos palpáveis; são para eles o que as substâncias do mundo terrestre são para nós.

— Como assim?

— É simples! Assim como o homem faz com os seus materiais, aos espíritos é possível não apenas formar substâncias, mas também modificar-lhes as propriedades. É imprimindo o pensamento e a vontade criativa sobre os fluidos, que os espíritos os modelam em formas desejadas — que assumem colorações e finalidades específicas —, podendo ser dotados de diversas propriedades, incluindo tóxicas, enfermiças, terapêuticas ou outras. Todos os espíritos servem-se desses fluidos para fabricar os objetos que lhes são íntimos e habituais, isso enquanto perdurem seus pensamentos como agentes materializantes.

— Hum... Agora estou entendendo...

— Pois bem. É dessa forma que os espíritos acabam materializando, no plano espiritual que habitam, suas lembranças materiais mais fortes, tais como vestimenta, residência, mobiliários e até alimentos. No entanto, a possibilidade de manipulação consciente dos fluidos é sempre proporcional ao grau de evolução do espírito.

— Compreendi, tio, mas confesso que de maneira um tanto geral. Preciso ler mais sobre o assunto.

— O que é muito normal, minha querida — concordou Breno. — Diferente do que muitos imaginam, o tema é complexo e necessita de muito estudo para uma compreensão mais clara. Se você conseguiu compreender a essência do que falei, já me dou por satisfeito, pois sei que, com a continuidade de seus estudos, em breve, você estará compreendendo muito melhor.

— Certamente, tio.

Nesse instante, o garçom aproximou-se trazendo o jantar e, após servi-los, retirou-se. Enquanto comiam, Sofia pediu:

— Então, tio, agora que compreendi o termo "fluido universal", o senhor já pode me explicar o significado de espírito e perispírito — disse sorrindo.

— Sim, claro! — Breno lançou-lhe um sorriso franco. — Vamos à segunda parte da explicação. Bem, é mesmo a partir da compreensão do fluido universal que podemos entender o significado dos termos "espírito" e "perispírito". Enquanto o espírito é a alma, quando encarnada, o princípio intelectual, moral e imaterial — sem uma forma determinada —, e que utiliza o corpo físico como instrumento, o perispírito é um envoltório fluídico do espírito, constituído do sutil fluido universal e imperceptível pela visão material. Seria o "corpo" astral do espírito, usando uma linguagem mais popular. Ele funciona como o elo entre o corpo físico e o espírito quando encarnado. É por meio da manipulação consciente do perispírito que o espírito exerce todas as suas manifestações.

— Como assim, tio? Acho que não entendi muito bem.

— Vou explicar melhor. O perispírito faz do espírito um ser definido, tornando-o capaz de atuar sobre a matéria palpável, ou seja, quando encarnado, o espírito se vale desse corpo semimaterial para conseguir atuar sobre o corpo e sobre o meio ambiente em que está inserido. Da mesma forma, por intermédio do perispírito, recebe as sensações deles. Por isso, ele é o traço de união entre o espírito e a matéria. Já quando desencarna, sem o corpo físico, o espírito permanece com o perispírito, do qual se vale para exercer suas manifestações no plano espiritual.

Sofia parou de comer e ficou um pouco absorta no que acabara de ouvir, e disse em seguida:

— Mas... sendo o perispírito o "corpo" de nosso espírito, que forma ele assume após desencarnarmos?

— A sua dúvida é a de muitos, minha sobrinha — Breno sorriu novamente. — Primeiro, é importante que entenda que a natureza do perispírito e a capacidade de manipulação consciente do fluido universal é proporcional ao grau de evolução do espírito. Assim, o espírito forma o seu perispírito com os fluidos ambientais do mundo onde ele irá habitar, que não são os mesmos em todos os mundos. Sendo assim, as entidades superiores formam seu perispírito com os fluidos mais puros do plano em que se encontram, enquanto as inferiores usam os fluidos disponíveis em seus planos, que são mais densos, ou grosseiros, e por isso chega a confundir-se na aparência com o corpo físico. Ou seja, quanto mais evoluído for o espírito, mais sutil e luminoso será o seu perispírito, enquanto o mais inferior estará envolto em um perispírito grosseiro e menos luminoso.

— Entendi — Sofia deu outra garfada na comida. Pouco depois, indagou: — Mas, tio... e quanto às nossas encarnações passadas? Quando desencarnamos, com qual delas vamos nos apresentar?

— Bem, é por meio do pensamento e da vontade que o espírito atua sobre o perispírito, imprimindo nele transformações que lhe permitem apresentar-se com a forma que mais lhe agrade, geralmente a da última experiência na Terra. Porém, essas transformações podem resultar tanto de uma vontade consciente como de um pensamento inconsciente.

— Como assim?

— Assim... Um espírito pode apresentar-se normalmente com a aparência de sua última encarnação e, em determinada situação, em que algo ou alguém o faça recordar-se de uma existência anterior, ele pode, inconscientemente, modificar-se, inclusive em relação ao seu vestuário ou outras características físicas da época. Mas tão logo ele desligue seu pensamento do passado, retorna à aparência costumeira.

— Ah, mas que interessante, tio! — exclamou Sofia extasiada.

E Breno continuou:

— No entanto, como falei há pouco, a capacidade de manipulação dos fluidos é proporcional ao grau de evolução do espírito. Sendo assim, tudo o que fazemos de bom ou de ruim, encarnados ou não, se reflete em nosso espírito e, consequentemente, em nosso perispírito.

Sofia franziu o cenho, enquanto degustava uma porção de massa. Percebendo a expressão da sobrinha, Breno sorriu e disse:

— Vou tentar esclarecer. As nossas qualidades ou imperfeições, os abusos, as faltas e os vícios experimentados pelo corpo físico em existências passadas são registrados no perispírito, tanto que eles podem reaparecer em uma nova encarnação como enfermidades, moléstias ou mesmo como marcas de nascença, que vão se purificando à medida que o espírito evolui. Sendo assim, após a desencarnação, a aparência do perispírito não depende apenas da vontade e agrado do espírito, pois, normalmente, ela retrata a sua condição íntima. É por isso que, diante de uma consciência de culpa, da qual não se consegue furtar, muitos espíritos se apresentam com "corpos" ou perispíritos deficientes, com deformidades físicas variadas, ou mesmo com aparências bizarras, dentre outras alterações. Então, é apenas melhorando nosso espírito, pela nossa evolução íntima, que podemos aperfeiçoar e purificar nosso perispírito.

— Ah, tio, agora entendo! É por isso que algumas pessoas relatam que viram "fantasmas" com deficiências físicas, feridos ou mesmo com aparências aterrorizantes.

— Exatamente. A grande maioria dessas pessoas chama tais aparições de "fantasmas" ou de "fenômenos sobrenaturais", quando, na verdade, trata-se de fenômenos completamente naturais, que existem desde os primórdios do mundo e têm se espalhado por todas as culturas da face da Terra. Essas aparições nada mais são do que os espíritos sofredores que se deixam ver, usando para isso

o seu corpo perispiritual. Claro que é também necessário que a pessoa tenha a aptidão para vê-los.

Sofia se remexeu na cadeira discretamente, como se estivesse desconfortável com algo que acabara de se lembrar, e Breno percebeu.

— O que foi, Sofia? Quer falar algo? Fique à vontade, minha querida. Pode falar.

— É que... tenho um professor na faculdade que com frequência entra nesse assunto e afirma categoricamente que espíritos não existem e que a visualização deles é consequência de uma disfunção cerebral.

Sofia fez uma leve pausa e, percebendo que ela pretendia continuar, Breno nada disse, para não interrompê-la. E ela prosseguiu:

— Ele disse que os sintomas apresentados pelos médiuns são muito parecidos com aqueles observados em doenças como a esquizofrenia, que provoca alucinações auditivas e delírios de perseguição, bem como tumores cerebrais e transtorno de identidade dissociativa — quando o doente tem dupla identidade, ouve vozes e até muda sua caligrafia. Daí perguntei o porquê de a ciência não comprovar tais alterações nos cérebros dos médiuns, já que elas são tão semelhantes à de doenças conhecidas e estudadas. Então, ele respondeu que seria uma disfunção de causa diferente e que, sendo sutil e desconhecida, os aparelhos de que dispomos ainda não conseguiram diagnosticá-las.

Breno sorriu e então considerou:

— Ah, minha sobrinha... Essa postura é muito comum entre os cientistas, que procuram explicar tudo pela ótica da ciência terrena. Interessante é que alguns, como o seu professor, argumentam que não conseguem identificar alterações cerebrais de natureza patológica no cérebro de médiuns porque não possuem aparelhagem competente para isso, mas, por outro lado, não consideram que a mesma ciência também não dispõe, ainda, de equipamentos capazes de captar e comprovar os fenômenos espirituais. Seus recursos não conseguem explicar, por exemplo, fenômenos como previsões do futuro, ou como pessoas médiuns conseguem saber da morte de parentes distantes e de tantas outras informações acontecidas a longas distâncias. Há também os relatos comprovados de luzes que acendem sozinhas, portas e gavetas que se abrem inexplicavelmente e tantos outros fenômenos.

— Pois é isso mesmo, tio. Não aceitam a argumentação que eles mesmos usam.

— Como já falamos em outra ocasião, muitos também não sabem que existem obras incríveis de cientistas de grande influência de sua época e de tantas pessoas idôneas que estudaram seriamente muitos desses fenômenos e não encontraram outra explicação senão atribuí-los a manifestações de cunho espiritual. Incluindo o próprio Kardec, como também já comentamos em outra ocasião.

— É verdade. Tantas evidências ainda não convencem.

— Certamente. E muitos ainda levarão considerável tempo para isso. No entanto, uma coisa é certa: ao longo dos tempos os fenômenos serão esclarecidos, pois se trata de acontecimentos físicos e naturais. Atualmente, por exemplo, existem alguns pontos de vista afirmados pelos espíritos há muito tempo e que a ciência já está começando a comprovar por meio de estudos de física quântica. Por isso, posso lhe garantir que vai demorar menos do que muitos imaginam até que tudo venha à tona. Até lá, quem está buscando ou esperando por manifestações públicas e baratas por parte dos espíritos apenas para provarem sua existência certamente se decepcionará.

— Mas é que me irrita a postura que muitas dessas pessoas céticas assumem, de tanta prepotência.

Breno sorriu novamente e contemporizou:

— Não se incomode tanto, Sofia. Eu já lhe pedi isso. Veja bem, até os espíritos superiores que nos falam não conhecem toda a verdade, pois existem seres ainda mais luminosos que detêm informações difíceis de serem compreendidas por nós, mesmo sendo estudiosos no assunto. Sendo assim, você não precisa ficar incomodada com a postura de muitos dos céticos, pois cada indivíduo tem o seu tempo de compreender como as coisas realmente são. Seja nesta ou nas próximas encarnações.

De repente, um rapaz visivelmente alterado adentrou o restaurante subitamente, com uma mulher logo atrás dele. Ele caminhava sem rumo, rápido e ofegante, como que à procura de alguém. Era magro, alto, de fisionomia abatida, com marcas de expressão acentuadas e olhos arregalados preenchendo-lhe as órbitas demasiadamente escurecidas. A mulher que o seguia era mais velha que ele. Também visivelmente abatida, tentava detê-lo puxando-o fortemente pelo braço enquanto andavam; porém, o rapaz soltava-se energicamente das mãos dela sempre que era alcançado.

Pouco tempo depois, o jovem parou de frente para uma das mesas, onde um casal jantava em silêncio.

— Então, você está aqui, não é? — gritou ele, olhando fixamente para a moça sentada à sua frente, que agora estava aterrorizada pela presença chocante daquele jovem rapaz.

E ele continuou:

— Foi por causa dele que você me deixou, sua vadia? — disse, apontando para o rapaz sentado ao lado da moça.

— Meu filho, por favor, pare com isso — tentou intervir a senhora que o seguira até ali. — Venha comigo, você está fora de si.

Então, a moça levantou-se de súbito e, trêmula, respondeu aos insultos do jovem:

— Você sabe muito bem que eu não o deixei por causa de ninguém. Eu lhe pedi para escolher, e você preferiu ficar com a sua droga, com a qual deve estar intoxicado neste momento. Você está fora de si. Agora escute a sua mãe e saia daqui, antes que chamem a polícia e o levem preso novamente.

— Por favor, meu filho, venha comigo — insistiu a mãe do rapaz, em lágrimas.

Nesse momento, todos no estabelecimento tinham a atenção voltada àquela cena lamentável.

— Não vou a lugar algum, sua velha! — vociferou o rapaz enlouquecido, empurrando com força a mãe, que caiu no chão, bateu a cabeça e perdeu os sentidos.

O rapaz que estava ao lado da moça também se levantou de súbito e gritou na direção do jovem:

— Olhe o que você fez, seu louco! Vou chamar a polícia!

Nesse instante, enquanto dois seguranças se aproximavam, Breno e Sofia correram para socorrer a senhora, enquanto outros dois rapazes tentaram deter o jovem, mas ele parecia ter a força de muitos homens juntos e, com movimentos bruscos, desvencilhou--se dos rapazes, empurrando-os com força para longe. No entanto, eles não desistiram de detê-lo e, com a ajuda dos dois seguranças, finalmente obtiveram êxito.

Vendo-se imobilizado, o rapaz, ainda mais alterado, começou a se debater energicamente entre os braços dos quatro homens, em uma tentativa desesperada de soltar-se. Percebendo que não obtinha êxito, ele parou de movimentar-se. Então, sua voz tornou--se mais grave, e a fisionomia modificou-se, tornando-se ainda mais sinistra. Ofegante, começou a falar:

— *Não adianta tentarem detê-lo!* — disse na terceira pessoa. — *Ele já está sob o nosso controle faz tempo, e ninguém poderá mudar isso!* — E soltou uma gargalhada assustadora, que ecoou por todo o estabelecimento.

Nesse momento, um dos rapazes que o seguravam pousou a mão sobre a fronte do jovem, sem tocá-la, e começou a balbuciar

orações, rogando a Deus e aos espíritos de luz ajuda àquele pobre ser. O rapaz voltou a debater-se com ainda mais vigor.

Enquanto isso, a mãe do jovem já havia retomado os sentidos e estava acomodada em uma cadeira, bebendo um copo com água oferecido por Sofia. Breno orientou a sobrinha para que permanecesse ao lado da senhora e as duas orassem em silêncio. Em seguida, ele juntou-se ao rapaz que orava sobre a fronte do jovem, fazendo com isso uma corrente de orações. Lentamente, o jovem foi serenando.

Nesse momento, o pai do rapaz adentrou o recinto e foi ter com a esposa. Em seguida, encontrando o filho já mais calmo, com a ajuda dos seguranças, ele conseguiu, finalmente, acomodá-lo em seu automóvel e levá-lo embora dali. A mãe dele havia relatado a Sofia que eles pretendiam interná-lo em um hospital destinado à recuperação de indivíduos dependentes de drogas.

E foi apenas quando o jovem estava sendo conduzido para fora do estabelecimento, que Sofia percebeu que conhecia um dos rapazes que o haviam ajudado. Antes que ele retornasse à mesa em que estava sentado, ela aproximou-se e o abordou:

— Dr. Bernardo! Que surpresa vê-lo aqui! Só agora o reconheci.

Breno aproximou-se e ajuntou:

— Pois eu faço das palavras de Sofia as minhas. Como vai o senhor?

Bernardo fitou os dois, também surpreso, e foi com um largo sorriso que os cumprimentou:

— Que surpresa agradável! É um prazer revê-los! — Ele estendeu a mão para cumprimentar Breno e depois Sofia. — Assim como vocês, também não parei para reconhecê-los, pois o episódio que nós todos vivenciamos há pouco exigiu toda a nossa concentração no rapaz.

— Certamente! — concordou Breno, e Sofia assentiu com a cabeça.

Bernardo apresentou o amigo, Jorge, que estava ao seu lado. Em seguida, solicitou ao garçom que transferisse os pratos e copos dos dois para a mesa em que Breno e Sofia estavam sentados.

Já acomodados, enquanto comiam, eles conversavam animadamente.

— Então, doutor Bernardo... — disse Sofia, que foi interrompida pelo advogado.

— Por favor, me chamem apenas de Bernardo —, pediu ele, com um sorriso afável.

Sofia retribuiu-lhe o sorriso e recomeçou:

— Então, Bernardo, você também é um especialista em assuntos espirituais?

— Não, não, sou apenas um estudioso do assunto. Iniciei os estudos para aprender a lidar com minha sensibilidade mediúnica.

— Meu tio Breno também estuda o assunto há vários anos.

— Percebi, diante da ótima atuação dele.

Breno esboçou um leve sorriso e retrucou:

— Eu apenas o auxiliei. Você fez a maior parte do trabalho.

Eles conversaram com desenvoltura, como se fossem amigos de longa data. Sofia explicou que estava iniciando os estudos sobre espiritualidade e Espiritismo. Breno relatou sua longa jornada nos estudos de filosofia e espiritualidade, e Bernardo contou sua história desde a infância. Jorge falou um pouco sobre o trabalho que desenvolvia no mesmo centro espírita que Bernardo frequentava e, em seguida, precisou retirar-se. Por fim, Bernardo considerou:

— Então, vejam que interessante, meus amigos, como a vida tem seus meios de agir em razão de algum propósito e sempre em benefício de todos. Neste lamentável episódio que acabamos de presenciar aqui, com a ajuda de nossos guias espirituais, pudemos auxiliar um pouco aquele jovem rapaz, ao mesmo tempo em que nos reencontramos. Certamente, isso não aconteceu ao acaso.

— Concordo com você — disse Breno. — É notório que, por algum motivo, a vida está tentando nos aproximar.

— E por falar naquele rapaz... — interveio Sofia — Já que estou diante de dois entendidos no assunto, pergunto: o que realmente aconteceu a ele? Foi uma incorporação? Pois percebi que tanto a voz quanto as feições dele mudaram completamente, enquanto falava dele mesmo na terceira pessoa.

— Sim, minha sobrinha, — respondeu Breno. — Aquele jovem estava sobre a influência de espíritos de muito baixa vibração.

E Bernardo continuou:

— E foi por isso que ele serenou depois que entramos em uma corrente de preces, na qual solicitamos ajuda aos espíritos de luz, para que viessem em socorro dele.

— Mas... — Sofia fez uma pausa. — Pelo que percebemos, ele estava sob o efeito de drogas. Sendo assim, toda a reação dele não pode ter sido causada por isso? — questionou.

— Sim, está totalmente certa! — concordou Breno. — Você, como uma boa estudante de Enfermagem, deve conhecer, pelo menos de maneira geral, as alterações fisiológicas provocadas pela ação das drogas no nosso organismo.

— Sim — aquiesceu Sofia. — Mas... e quanto à questão da influência espiritual?

— Pois bem — Breno voltou a esclarecer —, sabemos que as drogas podem atingir os diversos sistemas orgânicos em nível celular, principalmente o sistema nervoso. Sem contar com suas consequências geradoras de tantas desventuras morais, sociais, suicídios, homicídios e loucuras.

Sofia assentiu com a cabeça, e Breno continuou:

— Tais alterações fisiológicas, por elas mesmas, já podem causar prejuízos incalculáveis à saúde do indivíduo, mas a questão vai além do físico, por dois motivos. Primeiro, os danos provocados pelas drogas atingem também o perispírito e, segundo, há também a ação dos espíritos inferiores no indivíduo aprisionado pelo vício.

— O senhor poderia falar um pouco mais sobre essas duas situações, por favor? — pediu Sofia carinhosamente, enquanto Bernardo continuava ouvindo tudo atentamente.

— Claro, minha querida — disse Breno, mastigando a última porção da refeição. Ele passou o guardanapo na boca e prosseguiu:

— Bem, o efeito destruidor das drogas é tão intenso que excede os limites fisiológicos do organismo humano, comprometendo também seriamente o equilíbrio e a saúde do perispírito. O nosso corpo perispiritual, além de delimitar o espírito, também tem a função de dar forma aos elementos celulares, estando mais intimamente relacionado com o sangue e com nossos neurônios. Dessa forma, a agressão das drogas às estruturas fisiológicas, sobretudo ao sangue, aos neurônios e a outras estruturas correlatas, refletirá na forma de lesões e deformações também no perispírito do dependente. Tal violência pode até mesmo contribuir para o surgimento de um acentuado desequilíbrio do espírito, já que o perispírito intermedeia a adaptação das energias espirituais no corpo físico e vice-versa.

E percebendo que tanto Sofia quanto Bernardo continuavam a ouvi-lo com atenção, Breno continuou:

— Além disso, o indivíduo que abusa das drogas sofre também a influência negativa de entidades desencarnadas de vibrações inferiores. Na maioria das vezes, essas entidades possuem um perfil específico.

— Como assim, tio?

— Veja bem, Sofia. Após desencarnarmos, durante algum tempo, que pode ser curto ou longo, o espírito guarda os vícios, as tendências e os condicionamentos de quando éramos encarnados. Sendo assim, após deixar este mundo, o espírito de um

dependente de drogas continua submetido à mesma dependência durante algum tempo.

— Eles sentem o mesmo desejo e necessidade de consumir a droga que usavam quando em vida — ajuntou Bernardo.

— Exato — concordou Breno. — No entanto, como a entidade espiritual não poderá mais proceder da mesma forma que antes para satisfazer suas necessidades, ela irá se vincular à mente de um dependente para atingir seus objetivos. Com isso, a entidade tanto poderá transmitir-lhe seus anseios de consumo, como também será capaz de usufruir das emanações tóxicas impregnadas no perispírito do usuário.

— Nossa! — exclamou Sofia, surpresa com tanta informação antes desconhecida por ela. — Então, são espíritos que também eram dependentes de drogas quando encarnados.

— Isso mesmo. A maioria das entidades desencarnadas de vibrações inferiores que influenciam os usuários de drogas possuem esse perfil.

— E... assim... Quais são, exatamente, as consequências dessa influência sobre o dependente químico?

— Bem — continuou Breno —, enquanto o usuário estiver abusando de drogas...

— E inclui-se entre elas o álcool — interveio Bernardo —, que é a droga mais utilizada pela humanidade...

— Isso mesmo — aquiesceu Breno, e seguiu com os esclarecimentos: — Então, enquanto o indivíduo abusa da droga, ele alimenta a dependência desses espíritos obsessores — conhecidos como "vampiros" —, ao mesmo tempo em que coleta em seu prejuízo as impregnações fluídicas maléficas desses seres. Tal sobrecarga energética contribui ainda mais para as alterações físicas, intelectuais, emocionais e perispirituais sofridas pelo dependente. E... — Breno fez uma pausa, temendo que estivesse se estendendo demais.

— Pode continuar, tio, por favor.

Encorajado pela sobrinha, ele continuou:

— Bem, a manutenção desse círculo vicioso também irá aprisionar o usuário à vontade dessas entidades trevosas, roubando-lhe o domínio da consciência e dos próprios desejos. Ou seja, além de agravar a situação fisiopatológica do dependente, a influência desses espíritos ainda dificulta-lhe bastante qualquer tentativa de se libertar do abuso. E mais: quando ele desencarnar, estará vinculado às regiões espirituais igualmente inferiores, onde continuará sofrendo consequências substancialmente penosas.

— Meu Deus, gente! Como seria importante e útil se as pessoas soubessem que o abuso de drogas traz para o usuário, além das consequências fisiopatológicas, também o agravante do dano espiritual!

— É verdade — considerou Bernardo. — Se elas soubessem, teriam um motivo adicional para evitar o primeiro contato com drogas. E aqueles que já estivessem dependentes poderiam buscar auxílio também espiritual, além de apenas médico.

— Exatamente, Bernardo — concordou Breno. — E, nesse sentido, as casas ou centros espíritas contribuem com os espíritos superiores em um trabalho de prevenção e auxílio aos usuários e dependentes de drogas, tanto no mundo material quanto no espiritual. São ações realizadas sempre em concordância com os ensinamentos da doutrina espírita, com seu propósito maior de contribuir para a ascensão espiritual do ser humano.

Após Breno concluir a explanação, Bernardo o fitou com admiração e considerou:

— Bem, Breno, confesso que eu conhecia muito do que falamos nessa nossa proveitosa conversa, mas não ao nível de detalhamento abordado por você. Já vi que tenho muito a aprender usufruindo de sua companhia.

Breno sorriu e retrucou:

— Agradeço o seu julgamento, mas penso que todos nós lucraremos muito com esse novo ciclo de amizade que começa a se formar aqui.

— Principalmente eu, ao lado de vocês dois — comentou Sofia sorrindo.

— Não é bem assim, Sofia — considerou Bernardo, também sorrindo. — Devemos concordar com o que o seu tio quis dizer: todos nós sempre teremos o que aprender e o que ensinar.

Os três sorriram afáveis, em uma atmosfera de alegria e serenidade.

E percebendo que eles eram os últimos clientes no restaurante, pois o recinto estava praticamente vazio, Bernardo, Breno e Sofia finalizaram a conversa, pediram a conta e se despediram, mas, antes de irem, o advogado convidou tio e sobrinha para assistirem juntos a um espetáculo de teatro que entraria em cartaz na semana seguinte. Após acertarem os detalhes do reencontro, eles finalmente deixaram o recinto, que fechou as portas imediatamente depois.

CAPÍTULO 20

Um simpático vendedor de doces

Após Breno ter deixado Sofia em casa e seguido para a própria residência, ela foi direto para o chuveiro, rememorando o jantar que tivera saboreado na agradável companhia do tio e de Bernardo.

Enquanto relaxava sentindo a água quente e forte cair-lhe sobre as costas, a imagem de um homem invadiu-lhe a mente, era Mário. Surpreendeu-se por se pegar pensando nele involuntariamente. Não sabia identificar o que estava sentindo naquele momento.

"Como posso pensar em alguém que só conheço por cartas?", questionou-se intrigada.

Balançou a cabeça energicamente, como que tentando afastar aqueles pensamentos sem sentido. Relaxou um pouco mais sob a água antes de sair do banho.

Já em seu quarto, enquanto vestia uma camisola confortável, lembrou-se de Bernardo. Pensou em como era agradável, inteligente, bem-humorado, gentil e cortês, além de ser um homem fisicamente bonito também, embora tal atributo fosse irrelevante para ela diante de tantas qualidades que ele possuía. Em seguida,

apagou as luzes e acomodou-se confortavelmente na cama. Em meio a pensamentos diversificados sobre os recentes acontecimentos de sua vida, adormeceu.

No dia seguinte, como de costume, levantou-se cedo, comeu algo e saiu de casa para apanhar a condução.

Sentada na parada de ônibus, imersa em seus pensamentos, sentia-se ansiosa para rever Mariana e, ao mesmo tempo, apreensiva e preocupada em relação a Violeta. Sem que ela percebesse, um garotinho aproximou-se, trazendo em uma das mãos uma cesta com doces. Era um menino aparentando idade entre sete e oito anos, franzino, cabelos lisos castanho-escuro, olhos cor de mel e pele visivelmente bronzeada. Apesar do biótipo esguio, parecia gozar de boa saúde, e seu olhar expressivo e penetrante denunciava vigor e sagacidade.

— A senhora não quer comprar um doce? — indagou o menino, abordando Sofia de súbito. Ela deu um sobressalto e voltou-se na direção dele.

— Desculpe se a assustei — falou o menino.

— Não, não tem problema. É que eu estava distraída e não tinha percebido você se aproximar. O que disse mesmo?

— A senhora não gostaria de comprar um doce? Foi a minha mãe que fez. Não se preocupe, pois ela é bastante higiênica.

Sofia fitou o menino, um tanto surpresa com a sua desenvoltura.

— Ah, então foi sua mãe que fez e ela é higiênica? — repetiu ela, com espirituosidade.

— É sim, senhora.

— Hum... Muito bom saber! — disse sorrindo. — E você me parece um menino muito inteligente, sabia?

— Obrigado, senhora! Mas a senhora não gostaria de me comprar um doce? São bem gostosos. — Ele posicionou a cesta à frente de Sofia e aguardou.

— Estou vendo que você é um vendedor bem determinado, não é mesmo? — dizendo isso, Sofia abriu a bolsa e começou a procurar a carteira. — Vou ver se tenho algum dinheiro para lhe dar. Está bem?

— Desculpe, senhora, mas não estou lhe pedindo dinheiro. Eu só gostaria de saber se a senhora deseja ou não comprar um doce.

Sofia parou de mexer na bolsa e fitou o menino desconcertada.

— Ah... tudo bem, me desculpe. — Voltou a vasculhar o interior da bolsa e, finalmente, retirou a carteira de dentro dela.

— Quanto custa o doce?

O menino respondeu, e ela o observou em silêncio por alguns instantes. Depois indagou:

— Você deve estar precisando muito desse dinheiro, não é?

— Sim, senhora. Estou.

— Eu vou lhe comprar o doce, mas gostaria de lhe dizer que crianças não devem trabalhar, mas sim estudar e brincar bastante.

— Mas eu estudo, senhora.

— Estuda? Em que horário?

— Estudo pela manhã.

— Então, o que está fazendo aqui vendendo doces?

— É que eu não moro aqui na capital. Moramos apenas eu e minha mãe no litoral. Como ela está doente, esta semana viemos para a casa de uma tia minha, que mora aqui em São Paulo, para minha mãe poder ir ao médico. Mas minha mãezinha já está melhorando e parece que vamos voltar para casa no próximo final de semana. Daí, eu voltarei ao colégio.

— Ah, entendi — ponderou Sofia. — Mesmo assim, uma cidade grande como essa é sempre muito perigosa para um menino de sua idade. Não deveria estar na rua assim sozinho.

O menino olhou para Sofia com fisionomia retraída. Permaneceu em silêncio por alguns instantes e depois falou:

— Por um acaso, a senhora já sentiu a dor da fome?

Sofia remexeu-se no banco com a pergunta.

— Felizmente, não — disse, abaixando o olhar.

— Felizmente, eu também não — devolveu o menino. Ele sentou-se ao lado de Sofia, apoiando a cesta de doces no banco e continuou:

— Se eu nunca passei fome em minha vida, foi por causa do trabalho duro de meus pais, mas agora que só tenho a minha mãe e ela está doente, preciso ajudá-la. É por isso, senhora, que estou trabalhando, para nem eu nem a minha mãezinha passarmos fome.

Com os olhos marejados, Sofia assentiu com cabeça, e o menino continuou falando, como se sentisse necessidade de esclarecer sua situação.

— E sabe por que tenho tanto medo de passar fome, senhora? — Sofia balançou a cabeça em sentido de negação. — Porque tenho muitos amigos que já passaram muita fome nesta vida e que, vira e mexe, sofrem com a "danada". E eles me contaram que ela dói... Dói mais do que apanhar com chicote de couro. Já vi até um bebezinho morrer e ser enterrado num caixão todo branco e bem pequeno. E morreu por quê?... Fome, senhora. Fome...

Sofia não conseguiu evitar que duas lágrimas escorressem pela sua face e permaneceu em silêncio.

— Se fosse a senhora no meu lugar, ficaria de braços cruzados?

— Não! — exclamou ela, com a voz embargada. — Você tem razão. Felizmente, durante a minha infância nunca trabalhei, mas desde a adolescência também tenho trabalhado para ajudar com as despesas em minha casa.

— Então a senhora me entende.

— Entendo.

— Mas eu também entendo a senhora.

— Entende?

— Entendo a sua preocupação, mas não se preocupe. Quando minha mãe ficar boa, vamos voltar para a nossa cidade, e lá ela voltará a trabalhar, como sempre trabalhou, e eu vou voltar para o colégio. Claro que, como o único homem da casa, vou precisar ajudar ainda mais a minha mãe nos trabalhos dela, mas o estudo eu não vou deixar nunca. Quero me formar e dar uma vida mais tranquila à minha mãe. Quero retribuir o que ela e meu pai sempre fizeram por mim.

— Muito bem! — disse Sofia, enxugando as lágrimas do rosto discretamente com as costas das mãos. — Fico muito feliz em saber disso. Eu também sempre pensei assim. Por isso nunca abandonei meus estudos, mesmo trabalhando, e hoje faço faculdade.

— É mesmo? Parabéns!

— Obrigada.

— Mas a senhora vai comprar um doce?

Desta vez, foi um sorriso franco que Sofia não conseguiu conter. Ela assanhou o cabelo do menino, dizendo:

— Sim, eu vou. Como prometi. — E após tirar a carteira da bolsa, comprou três doces.

— Muito obrigado, senhora — disse ele, se levantando feliz e já guardando o dinheiro no bolso da bermuda.

— Não quer ficar mais um pouco conversando comigo até a condução chegar? — perguntou Sofia.

— Eu até gostaria e agradeço o convite, mas o dia está apenas começando e agora tenho de ir, pois pretendo vender toda esta cesta ainda hoje.

— Você tem certeza de que não quer mesmo ficar comigo só mais um tempinho?

O menino parou um instante, olhando fixamente nos olhos de Sofia, depois considerou:

— Agora a senhora já está melhor. Vai ficar bem quando eu for embora.

— Como assim, melhor? Não entendi.

— Quando cheguei aqui, a senhora estava preocupada com alguma coisa. Estava pensando em algo que a estava preocupando.

Sofia o olhou surpresa e com curiosidade.

— Como sabe?

O menino sorriu e respondeu:

— Não me olhe assim. Não sou vidente. Apenas vi uma ruguinha aqui — ele apontou para o cenho de Sofia —, no meio de suas sobrancelhas, logo quando cheguei. Agora ela não está mais aí. Na minha mãe sempre acontece a mesma coisa quando ela está preocupada com alguma coisa.

Sofia beliscou delicadamente uma das bochechas do menino, dizendo:

— Você é um garotinho muito inteligente e perspicaz mesmo, hein?

— O que significa pespis...

— Pers-pi-caz — repetiu Sofia, pausadamente, sorrindo.

— Isso. O que significa essa palavra?

— É uma pessoa que observa as coisas com muita atenção e que, por isso, costuma perceber coisas que outras pessoas, que não são perspicazes, não percebem. Entendeu?

— Sim. Obrigado pela explicação.

— Não há de quê.

— Então... sendo assim, eu vou ser pes... digo, perspicaz de novo.

Mais uma vez, Sofia fitou o menino com curiosidade. Ela cruzou os braços, lançando-lhe um sorriso desafiador, e disse:

— Vamos lá! Fique à vontade.

— Então... se a pessoa para quem a senhora vai dar um desses doces gostar dele e quiser que a senhora compre mais para ela, eu estarei aqui amanhã novamente, no mesmo horário.

Sofia semicerrou os olhos, dizendo:

— Hum... E por que você acha que vou dar um dos doces a alguém?

— Porque sou perspicaz, como a senhora mesma disse.

— Tudo bem, eu disse — concordou ela, ainda sorrindo. — Mas por que você deduziu isso?

— Bem, se a senhora, que deve ter acabado de tomar café da manhã para ir trabalhar, me comprou três doces, provavelmente, não vai comer todos agora, porque deve estar sem fome. E como é uma pessoa muito boa — e pessoas boas não pensam apenas no próprio "umbigo" —, não vai esperar até sentir fome para comer todos. Antes disso, já vai ter dado a alguém. Acertei?

— Muito bem observado! — disse Sofia, aplaudindo o garoto e sorrindo. — Você está certíssimo! Pois eu vou dar mesmo um deles a uma garotinha de quem eu gosto muito, mais ou menos da sua idade. Ela se chama Mariana e é esperta assim como você.

O menino sorriu.

— Obrigado mais uma vez!

— Não tem de quê. Então, quer dizer que verei você aqui amanhã novamente?

— Se for nesse horário, sim.

— Está combinado. — Sofia estendeu a mão na direção do garoto, e ambos trocaram um aperto de mãos. — Ah... e se tanto eu como a garotinha gostarmos do seu doce, comprarei mais amanhã.

— Certo — aquiesceu o garoto, feliz. — Daí, a senhora vai poder dar um doce também para sua mãe e para seu pai, porque a senhora deve aproveitar enquanto ainda tem os dois vivos, né?

Sofia franziu o cenho.

— Como sabe que eu ainda tenho meus pais vivos?

— Porque, se não tivesse, teria dito quando falei que meu pai morreu. A senhora já sabe... sou perspicaz — Ele sorriu e piscou o olho para Sofia. — Mas agora preciso ir.

Sofia abriu um largo sorriso e indagou:

— Posso lhe dar um abraço? — O menino consentiu, e eles se abraçaram.

— Muito obrigado mais uma vez — disse ele, abraçado a Sofia.

Após se afastarem, ela o beijou na bochecha, e ele corou.

— Eu que agradeço a sua companhia tão agradável logo no início de meu dia.

— Não há de quê — disse o menino sorrindo, meio sem graça.

— Antes de você ir, poderia me dar o endereço da casa de sua tia? No caso de eu não o encontrar aqui amanhã novamente — indagou Sofia.

— Claro. Posso sim. A senhora tem uma caneta para anotar?

— Tenho uma aqui na bolsa.

Mas quando Sofia abriu novamente a bolsa para pegar a caneta, percebeu que o ônibus que estava aguardando se aproximava e ela não poderia deixá-lo passar, pois certamente chegaria muito atrasada se o fizesse. Então, fechou a bolsa rapidamente e acenou para o ônibus, que parou à frente deles e abriu as portas. Enquanto subia os degraus, olhando para trás, Sofia disse para o menino:

— Amanhã nos veremos aqui novamente, não é?

— É sim. Vá com Deus! — desejou o menino, observando-a entrar no ônibus.

— Fique com Deus você também! — E soltou um beijo para ele.

A porta se fechou, e Sofia partiu, olhando através da janela de vidro a imagem daquele garotinho, tão especial, tornar-se cada vez menor, até sumir completamente de seu ângulo de visão.

&

Quando Sofia chegou à casa dos Pedrosas, como de costume, foi Berta quem a recebeu.

— Bom dia, Berta!

— Bom dia, senhorita Sofia! A dona Violeta quer falar com a senhorita antes que vá ver a menina.

Sofia sentiu o coração acelerar, mas já esperava por isso. Ela havia sido readmitida por telefone, e, certamente, a sua patroa teria recomendações a lhe fazer.

— Obrigada, Berta. Onde ela está?

— Esperando a senhorita no escritório.

— Tudo bem. Irei até lá agora. Obrigada.

Ao adentrar o escritório, Sofia avistou Violeta de costas, sentada em uma confortável poltrona, folheando uma revista de moda. Então, a babá se posicionou de frente para a patroa e disse:

— Bom dia, dona Violeta. Deseja falar-me?

— Sente-se — disse Violeta, permanecendo sentada.

Sofia sentou-se.

— Não farei rodeios. Serei direta — falou Violeta, mantendo a fisionomia inalterada. Sofia assentiu. — Para começar, quero que saiba que, em razão dos últimos acontecimentos, você só está de volta nesta casa por causa da menina, que insistiu nisso com o pai.

Sofia franziu o cenho.

— Mas dona Violeta, todos já sabem que não tive culpa de na...

— Não terminei de falar! — interrompeu a patroa, com um tom agressivo na voz.

— Desculpe.

Violeta depositou a revista, que segurava entre as mãos, sobre uma mesinha de cento à sua frente. E fitando Sofia nos olhos, continuou:

— Você pode até não ter sequestrado a menina, mas fez uma coisa muito pior que isso.

Sofia remexeu-se na cadeira, e seu coração descompassou mais uma vez, porém permaneceu em silêncio, até que Violeta terminasse de falar, pois não queria contrariá-la.

E Violeta continuou:

— Antes de começar a trabalhar aqui, deixei bem claro que não queria que incomodasse o meu filho com assuntos referentes aos cuidados da menina. Eu lhe disse que tudo deveria ser tratado diretamente comigo, mas você me desobedeceu. E fez ainda pior, me traiu, comunicando-se às escondidas com meu filho. O que você pretendia com isso? Pensou que eu não fosse ficar sabendo?

Sofia empalideceu.

"Como ela descobriu tudo, se apenas Mariana conhece esse segredo e ela jamais falaria?", pensou.

Então, se deu conta de que Mário poderia ter revelado à mãe o que havia se passado entre eles. Tomou coragem e indagou:

— Dona Violeta, do que exatamente a senhora está falando?

— Não se faça de desentendida! — esbravejou Violeta, com brasa nos olhos. — Você sabe do que estou falando. Sei que andou escrevendo ao meu filho nas minhas costas.

— Quem disse isso à senhora?

— Não interessa! O que importa é que você andou incomodando o meu filho e, com isso, traiu a minha confiança.

— Desculpe-me se não lhe comuniquei que entrei em contato com o seu filho, dona Violeta, mas posso lhe garantir que foi por um motivo muito nobre, a saúde de Mariana. Confesso que desobedeci, decepcionando a senhora, mas foi em benefício da vida de sua neta. Não incomodei o seu filho por nenhum motivo fútil.

— Não me importa o motivo. Você mentiu, desobedeceu às minhas ordens e traiu a minha confiança. Isso é o que vale para mim. Eu sou a avó da menina e sei muito bem quando se trata de algo sério com a saúde dela, ou quando não passa de uma de suas crises corriqueiras. Não era necessário incomodar o meu filho com isso.

Sofia fez menção em se defender, mas foi interrompida por Violeta.

— E não adianta tentar se desculpar, pois nada do que disser vai mudar ou justificar o que fez. De modo que eu vou lhe avisar só mais uma vez. Se eu souber que contrariou qualquer ordem minha outra vez, você vai se arrepender de ter voltado a esta casa.

Sofia sentiu um forte impulso de descarregar muitas verdades sobre aquela mulher amarga, fria e perversa, mas pensou em Mariana e conteve-se.

— Sim, senhora. Não vai mais acontecer. Desculpe-me mais uma vez.

— É bom que seja assim mesmo. Está avisada. Agora vá.

Sofia levantou-se, e Violeta tomou novamente a revista que estava lendo.

— Com sua licença — disse a babá, enquanto se retirava.

Ao chegar ao vão da porta, Violeta disse em voz alta:

— Ah, só para matar a sua curiosidade, saiba que foi Mariana quem me contou tudo. — E voltou a concentrar-se na revista.

Sofia deixou aquela sala sentindo o sangue borbulhar em suas veias. Então, foi direto para o quarto de Mariana, que, como de costume, a esperava sentada em sua cama, recostada em um travesseiro e com um livro à mão.

— Bom dia, minha pequena princesa! — disse com um largo sorriso, ao fitar a figura iluminada da menina, que, rapidamente, a fez esquecer todo o mal-estar gerado pela conversa que tivera com Violeta.

— Bom dia, Sofia! — exclamou Mariana, com o coração inundado de alegria. — Que felicidade ter você de volta!

As duas se abraçaram calorosamente durante alguns instantes. Em seguida, após se afastarem uma da outra, Sofia sentou-se ao lado dela na cama e indagou:

— Como você está, meu anjo? Está se sentindo bem?

— Estou ótima, Sofia! E muito feliz porque você voltou.

— Eu também, minha pequena. E mais feliz ainda em encontrá-la assim, com esse sorriso lindo! — Ela acariciou as maçãs do rosto de Mariana e falou: — Mas fiquei muito preocupada quando soube de seu problema de saúde. Infelizmente, não pude ir vê-la no hospital. À época, o que me tranquilizou foi saber que seu pai estava ao seu lado durante todo o tempo em que esteve internada.

— É verdade, Sofia. Meu pai não saiu de perto de mim. E por falar nele... — Mariana fez uma pausa, enquanto tirava um pedaço de papel de baixo de seu travesseiro. Em seguida, ela o estendeu na direção da babá.

— Pegue, Sofia. É outra carta de meu pai.

Olhando para aquele pedaço de papel, a conversa que Sofia tivera com Violeta poucos minutos antes invadiu-lhe o pensamento, como se estivesse ouvindo a voz da patroa. Tomou a carta nas mãos, olhou para a pequena e advertiu:

— Meu anjo, isso não pode mais continuar. Não devo mais enviar nem receber cartas de seu pai.

— Por que, Sofia?

A babá levantou-se, foi até a porta que estava entreaberta e verificou se Violeta não estava por perto. Depois fechou a porta e voltou a sentar-se na borda da cama, ao lado de Mariana.

— Porque a sua avó descobriu tudo — sussurrou. — Não sei como ela fez isso, mas descobriu.

— Como assim, Sofia? O que ela descobriu exatamente?

— Ainda há pouco — revelou Sofia, falando baixo —, quando cheguei, antes de vir aqui, tivemos uma conversa, e ela me falou que eu a havia desobedecido quando importunei o seu pai com assuntos referentes a você. Disse-me que você tinha-lhe contado que escrevi ao seu pai. Claro que sei que não foi você. Confesso que cheguei a pensar que tivesse sido o seu pai, mas logo me surgiu a hipótese de ela ter dado um jeito de ouvir nossas conversas.

— Não me surpreende mais a maldade de minha avó — comentou Mariana, triste. — Você está certa, Sofia. Ela deve ter ouvido atrás da porta alguma de nossas conversas, porque eu nunca falaria nada para ela. Meu pai também não foi, eu sei.

— Bem — decidiu Sofia —, a questão agora é que não podemos mais nos arriscar, pois não quero correr o risco de ficar longe de você novamente. Vou ler a carta em casa e depois lhe conto, "tá"? — Mariana assentiu com a cabeça, e Sofia guardou a carta na bolsa.

Como costumava fazer, Violeta saiu de casa logo depois da conversa que teve com Sofia e só retornou no final da tarde, de modo que o dia transcorreu animado e feliz para a babá e a menina. Antes de ir embora no final da tarde, Sofia despediu-se de Mariana — após acomodá-la em seu quarto — com a promessa de que jamais a deixaria.

Ao final de seu longo dia, já acomodada na própria cama, Sofia rememorou com satisfação os momentos felizes que costumava ter ao lado de Mariana. Aquela menina tão especial e maravilhosa merecia todos os seus esforços para permanecer ao lado dela — reafirmou em se íntimo.

Nesse instante, a figura do menino, que havia conhecido no ponto de ônibus pela manhã, formou-se em sua mente, e ela temeu nunca mais voltar a vê-lo. Gostaria muito de reencontrá-lo e, de alguma forma, poder ajudá-lo.

Dando sequência aos seus pensamentos e reflexões, Sofia lembrou-se da carta de Mário, que estava em sua bolsa, e levantou-se para pegá-la. Em seguida, sentou-se na cama e começou a lê-la:

Cara Sofia,

Estou lhe escrevendo novamente porque tentei falar-lhe pessoalmente e não obtive êxito. Eu pretendia ir até sua casa

no último final de semana, mas, como não consegui contatá-la, recorri novamente ao bom e velho pedaço de papel.

Gostaria imensamente que aceitasse as minhas sinceras desculpas pelo lamentável ocorrido. Queria dizer-lhe também que fiquei muito feliz e agradecido por saber que você, apesar de tudo, na sua infinita gentileza e bondade, aceitou voltar à nossa casa para continuar cuidando de nossa Mariana. Só um ser humano com o coração repleto de bondade agiria da forma que está agindo.

Estarei de volta no próximo final de semana e continuo com o propósito de poder agradecer-lhe por tudo pessoalmente.

Com os meus mais sinceros cumprimentos,
Mário

Sofia ficou absorta, imaginando que Violeta certamente a demitiria se soubesse de algum encontro entre ela e Mário. Então, lembrou-se de quando estivera na cadeia e suscitou a possibilidade de tudo o que passou ter sido uma armação de Violeta para vingar-se dela por ter se comunicado com o filho. Sim, depois da conversa que tivera com a patroa naquela manhã, sua hipótese era bem plausível, pensou. A esse pensamento, sentiu um arrepio percorrer-lhe a espinha.

— Meu Deus! Será? — disse em voz alta.

Se isso fosse verdade, sua patroa seria muito mais perigosa e cruel do que ela imaginava.

Resolveu fazer uma sentida prece, em que rogou proteção a Deus e aos espíritos de luz. Rogou por ela e também por todos aqueles com quem convivia e aos quais estimava. Pouco depois, adormeceu.

CAPÍTULO 21

Surge uma pontinha de ciúmes

Em razão do comércio de gado e exploração da atividade pastoril constituírem os pilares da economia de Lages, sendo a agricultura uma atividade subsidiária e complementar, a maior parte da população ficava distribuída nas fazendas. Assim, a vila (centro da cidade) era procurada praticamente para o comércio, cerimônias religiosas, festas e administrações municipais. Ante a constante passagem de tropas, a região mantinha ligação comercial com outras províncias, lucrando também com aluguéis dos campos de invernada para o descanso e engorda de animais. Todo esse contexto propiciava a Lages um ambiente de comércio efervescente.

Maria Eugênia e sua mãe tinham passado toda a manhã na feira do centro da cidade, auxiliando Josué na negociação de gado. Exausta, a jovem sentou-se sobre um caixote de madeira e bebeu um pouco de água. Em seguida, molhou o rosto e pescoço para refrescar-se. Respirou fundo e relaxou durante alguns instantes, quando a imagem de Romero invadiu-lhe a mente.

Rememorou com satisfação a ocasião em que tinha visto o jovem pela primeira vez, em uma festa religiosa na cidade. O

rapaz não havia tirado os olhos dela durante todo o tempo em que permaneceu no local. A esta lembrança, Maria Eugênia sorriu descontraída, lançando um olhar distante ao horizonte. Depois disso, ele passou a planejar diversas maneiras de tentar abordá-la, com o intuito de conhecê-la. Mas não foi necessário nenhum plano complexo, pois o seu intento foi conseguido já em uma segunda tentativa, quando ajudou Maria Eugênia a capturar um suíno fugitivo que havia adentrado as terras do pai dele.

A situação foi inusitada e um tanto divertida, com o jovem casal perseguindo o astuto animal. Após capturá-lo juntos, eles sentaram-se sob a sombra de uma árvore de copa generosa, nas terras de Josué, para descansar do esforço realizado na façanha. Ofegantes e banhados em suor e lama, sorriram juntos durante algum tempo, rememorando o ocorrido. Quando serenaram, conversaram durante longos minutos e, desde então, passaram a se ver com frequência e se apaixonaram.

Maria Eugênia foi despertada de suas lembranças ao ouvir o pranto de uma mulher próximo dali. Era uma escrava sendo negociada entre o pai de Romero e um tropeiro. O pranto da mulher se deu porque ela seria levada para outra cidade da província catarinense, afastando-se do amado.

Naquela época, embora a necessidade de aumentar as tropas na Guerra do Paraguai estivesse suscitando em todo o país o recrutamento de um contingente de escravos para fazer frente nas linhas de batalhas, mesmo antes disso, o cenário da escravidão no município de Lages era considerado "peculiar" e "insignificante". Além disso, com a proibição efetiva do tráfico negreiro ocorrida em 1831 e o acirramento da política abolicionista, o número de escravos foi reduzido ainda mais na cidade. Assim, o ex-tenene-coronel Fonseca, ferrenho escravocrata, era proprietário da maioria do total reduzido de escravos da região, enquanto Josué, abolicionista convicto, tinha apenas três empregados negros alforriados por ele, incluindo Zuíla.

Compadecida da situação da escrava, principalmente porque estava vivenciando uma situação parecida, com o risco de afastar-se de Romero caso ele fosse mesmo enviado à guerra, Maria Eugênia pediu ao pai que interferisse na negociação.

— Papai, por favor, compre a escrava Lia. Todos na região conhecem a história de amor que ela tem com Samuel. Não pode ser levada daqui assim.

Josué ouviu a filha com atenção e respondeu:

— Maria Eugênia, você sabe que sou abolicionista. Comprar escravos não faz parte de minhas negociações.

— Eu sei disso, papai — retrucou a jovem. — Basta alforriá-la, como fez com os outros, e ela poderá continuar trabalhando em nossas terras.

— Não sei, filha...

— Mas você mesmo disse que estamos expandindo nossos negócios e logo precisaremos de mais ajuda.

Josué coçou o próprio queixo, pensativo. Então, decidiu fazer o que a filha lhe pedia. Afinal, tinha mesmo razão, logo precisaria contratar um novo empregado.

Assim, Josué e Maria Eugênia deixaram Maria, por um instante, cuidando dos negócios na feira e aproximaram-se do tenente-coronel para lhe fazer uma proposta de compra. Nesse instante, Antônia Julieta, como que saída do nada, aproximou-se deles, dizendo:

— Como vocês se atrevem a intervir nos negócios de meu marido?

— E quem foi que lhe disse que preciso de um porta-voz? — interviu o tenente-coronel, fitando a esposa com olhar repreendedor. — Se a proposta for boa, não vejo por que recusar.

— Mas a compra pelo tropeiro já não está fechada? — retrucou Antônia Julieta. — Onde ficaria a sua palavra de homem?

Nesse momento, o tenente-coronel fitou a esposa com fúria e esbravejou contra ela, em desaprovação ao seu comportamento audacioso. Envergonhada por chamar a atenção de muitas pessoas ao redor, Antônia Julieta revoltou-se com Josué e Maria Eugênia, pois os considerava como responsáveis pela situação constrangedora. Mesmo assim, ela nada disse, para não acirrar ainda mais sua discussão em público com o esposo, mas jurou para si mesma que se vingaria deles em uma primeira oportunidade.

Nesse instante, como se tivesse ouvido os pensamentos de Antônia Julieta, Carmelita aproximou-se e disse-lhe ao ouvido:

— Pode deixar, minha querida futura sogra, que eu resolvo isso.

Logo em seguida, Carmelita tirou de dentro da bolsa uma agulha de crochê e avançou sobre Maria Eugênia, golpeando-a na região do abdômen, pintando de vermelho o seu longo vestido azul.

❧

Como sempre acontecia após aqueles sonhos de fim trágico, Sofia acordou angustiada. Porém, depois de um banho de água fria, a sensação ruim se dissipou, e ela lembrou-se do garotinho que havia conhecido no dia anterior. Ansiosa para revê-lo, chegou ao ponto de ônibus mais cedo do que de costume. Esperou com satisfação, mas ele não apareceu. Desapontada, ela tomou a condução e seguiu para a casa dos Pedrosas.

Durante todo o dia, a imagem do menino surgiu-lhe à mente com recorrência.

"Talvez amanhã ele apareça", pensou esperançosa.

Mas ele também não veio no dia seguinte, nem no outro, e Sofia foi se conformando com a ideia de não mais revê-lo.

E, assim, a semana foi passando e logo chegou a quinta-feira, em que Sofia não teria aula e iria ao teatro com Breno e Bernardo.

Após chegar do trabalho, ela tomou um banho revigorante, colocou uma roupa confortável e jantou com tranquilidade na companhia de sua família, a quem anunciou que iria ao teatro com o tio e o advogado. Em seguida, foi até o quarto e aprontou-se com capricho. Nesse ínterim, Breno telefonou dizendo que não iria poder acompanhar a sobrinha em razão de um imprevisto. Sofia quis desistir do programa, mas Breno a convenceu do contrário.

Bernardo chegou à casa de Sofia pontualmente às vinte horas. Desceu do carro e tocou a campainha. Sofia já o esperava e, por isso, foi ela quem o atendeu à porta. Vendo-a vestida e maquiada com capricho e discrição, o advogado não conteve a admiração:

— Você está muito bonita, Sofia! Quer dizer... Não que não seja uma moça bonita, mas...

— Não se preocupe — interrompeu Sofia, sorrindo. — Entendi. Muito obrigada! Você também está muito bem!

E sorriram um para o outro.

— Então, podemos ir? — perguntou Bernardo.

— Sim, podemos. Só o estava aguardando, pois meu tio Breno não poderá ir conosco.

Bernardo lamentou a ausência de Breno enquanto se dirigiam ao carro. Ele abriu a porta do passageiro, e Sofia entrou. Em seguida, eles partiram.

Quando chegaram ao teatro, ainda faltava meia hora para o espetáculo começar. Então, eles se acomodaram confortavelmente nas poltronas da plateia superior e, enquanto aguardavam, conversaram descontraidamente.

— Uma pena seu tio não ter vindo conosco, pois apreciei bastante nossa última conversa — comentou Bernardo.

— Eu também. Meu tio é mesmo uma pessoa muito especial, mas certamente não faltarão oportunidades para nos reencontrarmos em outra boa conversa. Ainda mais agora, que ele fará reuniões semanais na própria casa, com o objetivo de estudar e discutir sobre temas espiritualistas. E já me antecipou que irá convidá-lo.

— Mesmo? Que ótimo! Certamente, farei questão de frequentar quando puder.

— Você será muito bem-vindo!

Bernardo agradeceu com um sorriso afetuoso.

— Mudando um pouco de assunto — comentou Sofia — e ainda no mesmo tema... Confesso que fiquei curiosa quanto à sua sensibilidade mediúnica. Em que situações você costuma visualizar aparições de espíritos? Agora, por exemplo, está vendo algum neste local?

— Não sei se você sabe, Sofia, mas existem vários níveis e tipos de sensibilidade mediúnica. — Ela assentiu com a cabeça, e ele continuou: — Por exemplo, alguns conseguem enxergar espíritos a todo momento, porque eles estão naturalmente entre nós. Já outros, os veem apenas em determinadas situações, geralmente, quando há o desejo ou a necessidade de o espírito desencarnado comunicar-se com o médium, seja para enviar-lhe algum recado, pessoal ou destinado a terceiros, pedir ajuda, reclamar algo, dentre outras... Sendo assim, a minha sensibilidade me permite enxergá-los apenas em determinadas circunstâncias.

— Compreendo.

— Mas, além da habilidade para enxergar os espíritos, existem aqueles com sensibilidade mediúnica também para ouvi-los, psicografar suas mensagens e incorporá-los — completou Bernardo.

Eles ainda conversaram bastante antes do espetáculo, pois tinham chegado bem antes do horário. Sofia falou sobre a paixão que tinha pelo curso de Enfermagem e pelos trabalhos voluntários que realizava com crianças e idosos. Citou a leitura, o cinema e o teatro como programas de lazer preferidos e enfatizou o amor que nutria pelos seus familiares e por Mariana. Bernardo também comentou sobre a própria vida profissional, sobre a relação com seus familiares e falou dos fortes laços de amizade que mantinha com Mário. Por fim, comentou que estaria viajando no dia seguinte para Campinas, a pedido de Mário.

Quando, finalmente, as luzes se apagaram e o espetáculo começou, eles cessaram a agradável conversa.

Após o fim do espetáculo, as luzes do teatro reacenderam, e tanto Sofia quanto Bernardo sentiam-se felizes e relaxados.

Pouco a pouco, as pessoas foram deixando o recinto, comentando sobre o belo espetáculo a que haviam assistido, inclusive Sofia e Bernardo. Porém, como caía uma forte chuva, aqueles que não portavam um guarda-chuva precisaram permanecer abrigados sob o espaçoso *hall* da recepção.

— Parece-me que essa chuva não irá passar tão rápido — comentou Bernardo.

— Também acho que não — concordou Sofia. — Mas antes de sair de casa, percebi que o tempo iria mudar. Deveria ter trazido um guarda-chuva.

Bernardo parou um instante absorto, observando a chuva cair. Em seguida, indagou:

— Sofia, você já tomou banho de chuva intencionalmente em algum momento de sua vida?

Ela puxou pela memória suas lembranças de infância.

— Sim. Já fiz isso algumas vezes, quando era criança.

— Eu também, apenas quando era criança. Mas acho que vou fazer isso agora novamente.

Sofia o fitou com surpresa.

— Como assim? — indagou. — Não me diga que está pensando em entrar nessa chuva. Está frio demais!

Bernardo sorriu e respondeu:

— Ah, Sofia, não se preocupe. O carro não está longe. Correrei até lá e trago-o para a frente do teatro, para apanhá-la.

Sofia parou um instante, analisando a situação. Em seguida, se encheu de coragem e disse:

— Pois, então, irei com você.

— De forma alguma! — objetou o advogado. — Eu irei sozinho. Como você mesma disse, está muito frio.

Então, nesse mesmo instante, Sofia segurou a mão direita de Bernardo e o puxou, descendo juntos a escadaria que dava acesso à calçada.

Eles correram de mãos dadas por alguns instantes, e, quando se aproximaram do carro, Bernardo parou abruptamente de frente para Sofia, segurou-lhe as duas mãos e disse:

— Permita-me que eu a aqueça neste frio intenso. — E começou a conduzi-la em uma dança orquestrada pela sonoplastia originada dos fortes pingos da chuva a cair sobre a calçada, que insistiam em lavar a cidade vigorosamente.

Bernardo rodopiou conduzindo Sofia até a sacada de uma livraria, já quase de frente para o carro, em que uma vendedora de botões de rosas se protegia da chuva com os últimos botões que lhe haviam restado das vendas do dia. Então, ele comprou-lhe toda a mercadoria restante, deixando a vendedora radiante de alegria. Em seguida, o advogado reuniu os botões de rosas em um lindo buquê e o ofereceu à Sofia, dizendo:

— Para você!

Sofia agradeceu o lindo mimo com um largo sorriso. Em seguida, o casal correu novamente de mãos dadas, atravessou a rua e entrou no carro, partindo dali com o aquecedor ligado no máximo.

❧

No dia seguinte, Sofia acordou rememorando a noite anterior. Felizmente, amanhecera sem sinal de resfriado após um banho de chuva tão frio. Mesmo que tivesse adoecido, teria valido a pena, pois ela havia se divertido como havia muito não fazia. Tinha saboreado uma conversa agradável, assistido a um espetáculo maravilhoso e ainda voltado a ser criança sob a chuva. Por fim, ela olhou o relógio e constatou que estava na hora de levantar-se.

Como de costume, fez todo o seu ritual matinal e saiu em seguida. Sentiu uma pontada de esperança de rever o garotinho que conhecera no início da semana; porém, novamente, ele não apareceu, e ela seguiu para o emprego desiludida.

Na casa dos Pedrosas, no meio da manhã, Sofia e Mariana brincavam sentadas sobre o tapete da sala de estar, quando a campainha tocou. Berta foi atender e voltou com um lindo buquê de rosas amarelas, acompanhado de uma caixa de bombons e de um pequeno cartão. Ela parou de frente para Sofia e disse:

— É para você, Sofia.

— Para mim? — indagou a babá surpresa, enquanto se levantava.

Após entregar a encomenda, Berta retirou-se em silêncio, enquanto Sofia apreciava a surpresa. Com uma ansiedade natural, abriu o cartão. Olhou para Mariana e disse timidamente:

— São do Bernardo, amigo de seu pai!

— Do tio Bê?

— Sim, meu anjo. Ele mesmo. Nós fomos ao teatro ontem e foi muito divertido. — Sofia curvou-se um pouco, aproximando-se de Mariana, e cochichou ao ouvido dela:

— Quando estivermos a sós em seu quarto, eu lhe contarei os detalhes do encontro.

Sorrindo, Mariana assentiu com a cabeça e continuou brincando com suas bonecas. Sofia voltou a atenção novamente para o cartão e o leu em silêncio:

Cara Sofia,

Gostaria de lhe agradecer pela maravilhosa companhia de ontem à noite. Para isso, escolhi este buquê de rosas amarelas com muito carinho. Ele representa meus sinceros sentimentos de amizade. Espero poder vê-la novamente em breve.

Cordialmente,
Bernardo

P.S.: Também espero, francamente, que não tenha ficado resfriada!

Sorrindo descontraidamente, Sofia cheirou as rosas, que exalavam delicado perfume.

Percebendo o semblante de felicidade da babá, Mariana comentou:

— O tio Bernardo é muito legal, não é, Sofia?

— Sim. Ele é uma pessoa muito especial.

— Vocês estão namorando?

Sofia ficou um pouco desconcertada com a pergunta franca da menina e ponderou:

— Não, meu anjo! Somos apenas bons amigos. Veja, leia o bilhete. — E esticou o braço na direção de Mariana, que não o pegou.

— Sofia, não preciso ler o bilhete para acreditar em você, mas também sei muito bem que o tio Bê logo vai pedir você em namoro.

— Ah, é mesmo? E por que você tem tanta certeza disso, hein, lindinha?

— Basta analisar os fatos. Vocês saíram juntos, e, no dia seguinte, o tio Bê lhe mandou flores. Como ele é um homem muito inteligente, deve ter percebido logo que você é uma moça muito especial. Sendo assim, ele lhe mandou flores hoje, mas em breve a pedirá em namoro.

Sofia sorriu da astúcia da menina. Em seguida, ela depositou o buquê e a caixa de bombons sobre o sofá, sentou-se novamente sobre o tapete e abraçou Mariana com carinho, dizendo:

— Muito obrigada pelo elogio, minha princesa, mas você que é uma menina mais do que especial, como eu já lhe disse tantas vezes. É inteligente, adorável, generosa, linda, perspicaz e muito mais. Sorte a minha de tê-la conhecido.

— Eu digo o mesmo, Sofia. Amo você!

Naquela manhã de sexta-feira, Bernardo viajara até Campinas, pois Mário havia lhe solicitado a presença em uma audiência de conciliação da empresa.

Era quase meio dia quando Bernardo adentrou a sala de Mário e o encontrou sentado à sua mesa de trabalho, em meio a uma pilha de pastas e papéis. Vendo-o entrar, Mário levantou-se sorrindo.

— Que bom que você chegou, meu amigo! — e abraçou Bernardo.

— Também fico feliz em vê-lo. Como estão as coisas por aqui?

— Bem, tirando o inconveniente de termos sido processados injustamente, está tudo indo muito bem. Já consegui organizar quase tudo o que estava fora do lugar nesta filial.

— Que bom, meu amigo! Mas a propósito, a que horas, exatamente, será a audiência hoje à tarde?

— Às dezesseis — afirmou Mário.

— Ótimo! Então, por agora, por que não vamos almoçar, enquanto colocamos os assuntos em dia?

— Eu ia lhe propor exatamente isso, pois estou faminto!

Mário guardou alguns dos papéis que estavam sobre a mesa e, em seguida, saiu da sala na companhia do amigo.

Já acomodados em um restaurante de ambiente aconchegante, localizado na mesma rua da filial da empresa, conversavam animadamente, saboreando um delicioso suco natural, enquanto aguardavam a chegada do almoço.

— É como eu disse, meu amigo — comentou Mário —, felizmente, a filial está voltando a organizar-se. Em breve, estarei retornando a São Paulo de uma vez, deixando no meu lugar um substituto bem treinado e de confiança.

— Já tem alguém em mente?

— Depois que você recusou o meu convite, estamos negociando com Augusto, da matriz. Ele é jovem, experiente e goza de total confiança nossa.

— Foi uma boa escolha. Augusto realmente tem se destacado muito nos últimos anos.

Bernardo deu um gole no suco e logo voltou a falar:

— Mas deixando os assuntos profissionais um pouco de lado, como você está, meu amigo? O que tem feito por aqui para se distrair quando não está trabalhando? Ou continua focado apenas no trabalho? Você me parece um tanto abatido.

— Continuo focado no trabalho. Quando não estou no escritório, estou trabalhando no apartamento. E quando não é isso, vejo um bom filme ou leio um bom livro, e isso me basta.

— Eu o entendo, meu amigo, mas, aos poucos, você precisa voltar a ter uma vida social, isso lhe fará bem.

— Ainda não estou preparado. Não pretendo me forçar a nada sem estar sentindo uma necessidade real. Vou deixar acontecer naturalmente.

— Tudo bem. Se você se sente mais confortável assim, tem o meu apoio. Não insistirei mais nisso.

— Agradeço, meu amigo, mas e quanto a você? Da última vez que nos falamos, estava decidido a arrumar-se seriamente com alguém. Continua com esse propósito?

— Sim, continuo. E até já acho que encontrei a pessoa que estava procurando.

— Como assim? Conte-me essa novidade — pediu Mário, com surpresa e curiosidade.

— Bem, depois que a conheci, já nos encontramos duas vezes, e confesso que pretendo vê-la em muitas outras ocasiões.

— Já mandou flores?

— Sim.

— Então o caso é sério! Pois você só manda flores quando se interessa seriamente por alguém.

— Exatamente. No entanto, desta vez penso que poderá ser realmente sério.

— Cuidado, meu amigo... Vá com calma. Lembre-se de que você quase se enganou com a última garota com quem saiu. A ansiedade poderá lhe comprometer o julgamento...

Bernardo sorriu.

— Mas desta vez não estou enganado. Trata-se mesmo de uma moça muito especial.

— Hum... E quem é essa garota tão especial e sortuda que conseguiu encantar o coração de um dos solteiros mais cobiçados da sociedade paulistana?

— Você a conhece.

Mário franziu o cenho.

— Eu? Mesmo? Quem é ela?

— Sofia — disse Bernardo, de uma vez. — A babá de Mariana, para ser mais específico.

Mário sentiu um aperto no peito com a revelação. Não compreendia a razão daquele sentimento, pois nem mesmo conhecia a babá pessoalmente. Também não estava em condições de se encantar por mulher nenhuma. Mesmo assim, sentiu-se profundamente desconfortável.

— É mesmo? Puxa, que bom! — exclamou, com um entusiasmo forçado; afinal, estava em pauta a felicidade de seu melhor amigo. — Sofia é mesmo uma mulher especial.

— Você não me pareceu muito surpreso — comentou Bernardo.

— Não mesmo.

— E por que não?

— Simples. Você deve lembrar-se de que desconfiei de toda a gentileza com a qual tratou Sofia à época em que ela foi presa.

— Lembro-me bem.

— Por isso não me surpreende que estejam saindo juntos.

— Mas fui sincero quando quis ajudá-la. O meu interesse por ela como mulher surgiu depois que a conheci melhor, quando a encontrei, por um acaso, em um restaurante.

Mário sorriu, dizendo:

— Tudo bem, meu amigo. Acredito em você. Já estão namorando sério?

— Ainda não, estamos nos conhecendo, mas sinto como se já a conhecesse de longas datas, de tão confortável que ela me faz sentir ao seu lado. Não irá demorar até eu pedi-la em namoro.

Mário ficou absorto por um instante.

— Quer saber, Bernardo? Sinto-me em falta com essa jovem — confessou.

— E por quê?

— Porque desde que começou a trabalhar com nossa família, ela tem cuidado de minha filha como se fosse filha dela, de modo que Mariana a adora. E quando deveríamos ser gratos e atenciosos com ela, a mandamos para uma prisão injustamente. E, para completar, ainda não tive oportunidade nem de agradecer nem de pedir-lhe desculpas pessoalmente. Até tentei algumas vezes, mas não tive êxito.

— Fique tranquilo, meu amigo. Sofia é uma mulher maravilhosa. Ela já entendeu o ocorrido e aceitou de bom grado as explicações dadas por dona Violeta. Não se atormente mais com isso, pois ela não está lhe cobrando nada. Conhece a sua rotina de grande empresário.

— Ela lhe disse isso?

— Em outras palavras, sim. O sentido foi esse. Ela me disse que, pelo que conversou com Mariana, sabe que você deve estar preocupado em agradecer a ela e se desculpar pessoalmente. Ao mesmo tempo, ela entende que se a oportunidade ainda não chegou... não há com o que você se preocupar, porque, da parte dela, está tudo certo.

"Então, ela não contou a ele sobre as cartas", pensou Mário, enquanto tomava outro gole do suco.

— Tudo bem — disse ele. — Fico mais tranquilo em saber disso. Obrigado. Mas assim que tiver uma oportunidade, conversarei pessoalmente com ela.

— Certamente.

— Bem, meu amigo — observou Mário —, queria que soubesse que estou feliz por você, finalmente, ter encontrado uma mulher à sua altura.

— Obrigado. Vou ter de concordar com você — disse Bernardo, sorrindo. — Além de possuir um enorme coração, Sofia é também uma mulher extremamente inteligente, perspicaz, bem-humorada, sensata e também muito bonita. E ainda por cima, adora crianças, assim como eu, que sonho em ser pai um dia.

— Puxa! Ela possui mesmo todas essas qualidades?

Bernardo assentiu.

— Está vendo? — comentou Mário. — Você merece mesmo uma mulher como essa em sua vida.

Enquanto Mário falava, a razão o guiava em seu discurso, mas o coração continuava a traí-lo, com aquela sensação de perda e peito oprimido, que ele não conseguia discernir de onde vinha.

Eles conversaram ainda durante alguns minutos antes de retornarem ao escritório, onde Bernardo começou a analisar o processo. A audiência ocorreu pontualmente às dezesseis horas, e o juiz deu ganho de causa a Mário. Pouco depois, os dois amigos retornaram juntos à capital.

Na noite do dia seguinte, Mário telefonou para a casa de Sofia, mais uma vez, com o mesmo propósito de antes, de agradecer-lhe e se desculpar pessoalmente por tudo. Porém, Sofia tinha acabado de sair com Bernardo. Sentiu novamente um aperto no peito.

CAPÍTULO 22

Um encontro inesperado

Uma semana depois, num sábado de manhã, Beatriz acordou indisposta, abriu os olhos e percebeu que o quarto ainda parecia girar. Pelo menos, a velocidade estava bem menor do que quando chegara a casa na noite anterior. Sua cabeça doía bastante e tinha o estômago embrulhado. Estava se sentindo péssima, deprimida e sem ânimo. Resolveu permanecer sob os lençóis por mais alguns minutos.

Meia hora depois, ela olhou o relógio e constatou que passava das onze da manhã. Então, a muito custo, levantou-se devagar, saiu do quarto e caminhou com passos pesados até o banheiro. Tirou a roupa e entrou debaixo do chuveiro, de onde caía uma água fria e forte sobre o corpo trêmulo. Precisava daquilo para tentar melhorar.

Após terminar o banho, enrolou uma toalha sobre a cabeça e outra em torno de si. Voltou ao quarto, jogou a toalha que cobria o corpo sobre a cama e fitou a própria imagem refletida no espelho. Era alta, corpo escultural, pele branca como a neve, cabelos loiros ondulados caindo sobre os ombros, olhos cor de

mel. A boca era carnuda e em formato de coração, o nariz, delgado e delicado. No geral, suas feições tinham a harmonia das de uma boneca de porcelana, mas com a sensualidade provocante de uma mulher astuta, determinada e impetuosa.

Em voz alta, ela deu vazão a uma sequência de questionamentos íntimos:

— Por que será? Por que eu nunca consigo o que quero, mesmo sendo tão bela? A noite toda me insinuando para Marcelinho, e bastou aquela "patricinha" da Raquel aparecer, e ele me deixou de lado. Desse jeito, vou continuar solteira e pobre! Sim, porque, se não conseguir logo um bom casamento, em breve, de nada me adiantará ser tão bela.

Ela foi até o guarda-roupa e escolheu um vestido confortável. Enquanto se vestia, continuou pensando: "Eu também não pretendo perder os melhores anos de minha juventude estudando ou trabalhando feito uma burra de carga para ganhar uma miséria, como faz Sofia, e a boba da minha mãe vive passando isso na minha cara! Claro que um bom casamento será a minha única saída.".

Após vestir-se, olhou-se novamente no espelho.

"Se pelo menos Bernardo não tivesse me deixado", pensou. "Ele parecia estar se apaixonando, mas, de repente, terminou tudo. Sem dúvida, seria um ótimo partido!"

Ana Maria estava na cozinha finalizando o almoço, quando Beatriz sentou-se à mesa preguiçosamente. Vendo-a naquele estado, com olheiras profundas, abatida e sem ânimo, ela voltou-se para a filha e indagou:

— Você chegou novamente de madrugada, Beatriz?

— E qual é o problema? Estava na festa da Raquel. Eu avisei que iria.

Ana Maria aproximou-se da filha, tentando sentir o seu hálito.

— Você bebeu novamente, menina! — vociferou, após sentir o odor alcoólico exalado da boca da filha. — E pelo visto, não foi pouco. Sabe que horas são?

— Hoje é sábado. Não vejo problema algum em acordar tarde — retrucou a jovem.

— O seu problema é que você não acorda tarde nem frequenta essas festas apenas aos finais de semana. Vive fazendo isso em dias de semana também, mocinha. — Ana Maria voltou a mexer a panela que estava no fogo. E continuou: — Pior do que isso, está bebendo como um homem! Para dizer a verdade... nem o seu pai bebe assim! Não vejo vantagem alguma nessas noitadas infrutíferas!

— Que besteira, minha mãe! Hoje em dia muitas mulheres que conheço bebem também. Deixe de ser "careta"!

— Então, talvez não esteja escolhendo bem suas companhias.

— Não me venha com preconceitos. Quero um pouco de café. Estou precisando.

— Pegue você mesma. Não vê que estou fazendo o almoço?

Beatriz levantou-se, tomou uma xícara no armário, pôs café dentro dela e voltou a sentar-se.

— Outra coisa — falou a mãe. — Já decidiu quando voltará a estudar?

— Não estou em condições de pensar nisso agora. — E deu um gole no café quente e forte.

— Quando se trata de estudar e trabalhar, você nunca está em condições para falar sobre o assunto. Veja seu pai. Neste momento, está trabalhando. Eu também, trabalho as tardes inteiras e ainda cuido da casa. Acha justo que nos esforcemos tanto para sustentar as suas bebedeiras?

— Ora, mamãe! A miséria de dinheiro que vocês me dão não serve para quase nada!

Ana Maria desligou o fogo da comida, voltou-se para Beatriz, furiosa, e disse:

— Ah, é? Sua mal-agradecida! Quer dizer que não lhe damos o suficiente? E quanto à comida que come? A roupa que veste? A morada, a cama onde dorme, a água que usa e bebe... Acha que tudo isso temos de graça? E você nem mesmo me ajuda com as tarefas de casa.

— Não pretendo ficar morando aqui a vida toda, mamãe. Assim que arrumar um marido que possa me dar tudo o que mereço, me caso com ele e dispenso o pouco que vocês me oferecem aqui.

— Pouco? — Ana Maria puxou uma cadeira e sentou-se ao lado da filha, fitando-a com um misto de cólera e desgosto. — Não tem vergonha de falar uma coisa dessas? Não apenas por nós, seus pais, mas principalmente diante de Deus, que nos permite ter tudo o que temos.

Em silêncio, apenas gesticulando com a boca e com os olhos, Beatriz desdenhava das palavras da mãe, sem a fitar diretamente nos olhos.

— Pois saiba que nós lhe damos muito — disse Ana Maria. — Trabalhamos duro para não lhe faltar nada nem ao seu irmão, ainda que não tenhamos o luxo que você, não sei por que, acha que tanto merece. Sempre demos a vocês dois o essencial para viverem dignamente e terem uma boa educação, mas, principalmente, lhes demos valores familiares, éticos e morais. Isso vale muito mais do que qualquer fortuna que muitos pais dão de mão beijada a seus filhos por aí, enquanto se esquecem de lhes fornecer valores fundamentais à formação de um ser humano de bem.

Beatriz deu de ombros. Tomou outro gole de café e fingiu nem ouvir o que a mãe falava. Mesmo assim, Ana Maria continuou:

— Você é privilegiada, menina, porque temos condições de lhe pedir apenas que estude. Não precisamos que trabalhe. Veja o exemplo de sua prima Sofia, ela sempre trabalhou para ajudar com as contas de casa, mas nunca deixou os estudos e, em breve, estará formada. E não é só isso. Sempre que pode, ela ainda ajuda Adelaide com os serviços da casa...

Beatriz deu uma sonora gargalhada e disse:

— Estava demorando para falar em Sofia. Por um acaso, a senhora pensa que eu seria burra o bastante para agir como ela?

— Sofia não tem nada de burra. Muito pelo contrário. É uma moça inteligente e esforçada. E quanto a você? Acha mesmo que vai arrumar um marido rico e está tudo resolvido? Ah, minha filha... você ainda tem muito o que aprender...

— Sofia, Sofia... sempre Sofia! — murmurou Beatriz. — Aquela boba foi fazer um favor aos ricaços para quem trabalha e veja no que deu. Até presa ela foi! Sinceramente, minha mãe, eu sou uma moça inteligente. Saberei perfeitamente encontrar um caminho mais fácil para conseguir o que quero. Além do mais, ainda conto com uma beleza diferenciada. Felizmente, tive a sorte de nascer com ela, e Sofia não. Por isso, só resta a ela sofrer na labuta.

— Como você está enganada, minha filha! — lamentou Ana Maria.

— A senhora é que está. Quer saber? Se eu não desse o meu jeito para me virar sozinha, como acha que eu conseguiria usar as roupas, sapatos e maquiagem que costumo usar?

Ana Maria olhou-a surpresa.

— O que quer dizer com "dar seu jeito"? Pelo que eu saiba, você não tem um trabalho, nem ao menos voltou a estudar! Não diga que está fazendo coisa errada...

— Fique tranquila, não estou fazendo nada de errado — esclareceu Beatriz. — Apenas estou vendendo umas mercadorias que a prima de Juliana traz dos Estados Unidos. Elas são de marcas famosas e aqui no Brasil custam muito caro. Tenho ganhado um bom dinheiro com isso, pois preciso manter-me bela e atraente

para conseguir atingir o meu principal objetivo de vida, que é casar-me com um homem rico que me "banque".

Ana Maria lançou um olhar à filha não mais de raiva, mas sim de compaixão.

Lamentou em pensamento:

"Como ela pensa dessa forma tão tosca, tendo sido bem-educada por mim e pelo pai? Ah, como irá sofrer se continuar com esse pensamento!"

Por fim, Ana Maria considerou:

— Infelizmente, minha filha, percebo que meus conselhos não estão surtindo efeito com você. Mesmo assim, como uma boa mãe nunca desiste de um filho, não desistirei de você. Contudo, saiba que, se eu fracassar nessa missão de guiá-la para o melhor caminho, a vida tratará de lhe cobrar o que você precisar apren-der. — E deu-lhe as costas, indo na direção do armário, apanhar a louça para pôr a mesa.

∾

No dia seguinte, o horário de almoço na casa de Adelaide se aproximava, e Sofia aguardava a chegada de Bernardo. Ela o havia convidado para almoçar na companhia de sua família naquele domingo.

Ao tomar conhecimento de que Bernardo era um advogado renomado na capital, Adelaide não se opôs ao convite da filha; em vez disso, até se ofereceu para cozinhar, pessoalmente, um prato especial para a ocasião, contanto que Sofia arcasse com as despesas. Sofia concordou de imediato, agradeceu a oferta da mãe e até ficou feliz por sua reação, embora desconfiasse dos interesses de Adelaide por trás daquela súbita gentileza.

Quando Bernardo chegou, foi Sofia quem o recebeu, com um largo sorriso nos lábios. Em seguida, ela o apresentou aos pais:

— Muito prazer, meu rapaz! Seja bem-vindo à nossa casa — disse Vicente com simpatia.

— O prazer é todo meu, seu Vicente. Agradeço desde já a hospitalidade!

— E esta é minha mãe — disse Sofia, voltando-se para Adelaide, que cumprimentou o advogado com um largo sorriso, o que geralmente era raro, mas, daquela vez, tinha um bom motivo para ser simpática, pois o rapaz seria um ótimo partido para casar-se com Sofia.

— Encantado, dona Adelaide! — E beijou-lhe o dorso da mão.

— O senhor está com muita fome? — indagou Adelaide, e, antes que Bernardo respondesse, ela completou: — Estamos apenas esperando alguns parentes que sempre almoçam conosco no domingo. Eles não vão demorar.

— Por favor, dona Adelaide, a senhora não precisa se incomodar comigo. Esperarei o tempo que for necessário sem nenhum problema.

— Sendo assim... então, o senhor pode sentar-se no sofá e ficar à vontade. Meu marido e Sofia lhe fazem companhia, porque agora vou pôr os pratos na mesa. Com sua licença.

— Por favor, sinta-se à vontade — disse Bernardo, gentilmente.

Após retirar-se da sala, Adelaide seguiu até a cozinha satisfeita, imersa em suas especulações sobre a presença daquele moço elegante e sofisticado em sua casa.

Enquanto isso, já acomodados no sofá da sala de estar, Vicente e Sofia conversavam animadamente com Bernardo. Poucos minutos depois, Breno chegou, cumprimentou a todos e se juntou à conversa. Logo em seguida, foi Solange quem tocou a campainha, acompanhada de Pedro. Sofia os apresentou a Bernardo, que estava se sentindo em casa, entre os familiares dela.

Após arrumar a mesa com capricho, Adelaide aproximou-se da sala, dizendo:

— A mesa já está posta. Agora só falta chegar Ana Maria, com o meu cunhado e os filhos dela, meus sobrinhos.

Nesse mesmo instante, a campainha tocou novamente.

— Não morrem mais! — falou Adelaide. — Devem ser eles. — E fez menção em ir atender a porta.

— Pode deixar, mamãe — interveio Sofia —, que eu atendo.

Sofia foi atender à porta e voltou na companhia da tia Ana Maria, de seu esposo, Osório, e dos dois primos, Paulo e Beatriz.

Ao vê-los entrar, Bernardo logo reconheceu Beatriz, mas agiu com naturalidade, levantando-se para cumprimentá-los, enquanto Sofia iniciou as apresentações.

Após apresentar a tia, seu esposo e filho, o menino olhou para Sofia e perguntou:

— É o seu namorado, prima?

— Não, meu querido — retrucou Sofia, sorrindo meio sem jeito. — Somos apenas bons amigos.

Então, quando Sofia voltou-se para Beatriz, a jovem antecipou-se:

— Não precisa se dar a esse trabalho, prima, pois eu já conheço muito bem o seu amigo.

Beatriz aproximou-se de Bernardo e, de súbito, beijou-lhe a face, dizendo:

— Tudo bem, meu querido? Como você está?

Bernardo corou, desconcertado. E todos ficaram surpresos com a reação da jovem, aguardando uma explicação para tal gesto de intimidade, mas, antes que Bernardo dissesse qualquer coisa, os pais de Beatriz a fitaram com olhar repreendedor, e Osório falou-lhe com voz firme:

— Que modos são esses, Beatriz? Comporte-se, por favor!

— Ora, papai! — objetou ela. — Eu e Bernardo já fomos namorados. Qual o problema em cumprimentá-lo com mais intimidade do que vocês, que ainda não o conheciam?

— Em casa nós três conversaremos melhor. Está ouvindo, mocinha? — advertiu Ana Maria.

Beatriz deu de ombros e voltou-se para Bernardo, aguardando uma resposta do jovem.

— Eu estou ótimo, Beatriz. E você, como tem passado?

Percebendo que aquele não seria o momento adequado para suas investidas, no sentido de uma reaproximação com o advogado, Beatriz limitou-se a responder-lhe o trivial, afirmando que estava muito bem.

Como forma de contornar o clima desagradável que se instalou entre os presentes, Breno se pronunciou:

— Bem, agora que não falta mais ninguém e estamos todos devidamente apresentados, por que não vamos ao almoço? Já podemos, não é mesmo, minha irmã? — Indagou, olhando para Adelaide.

— Sim, claro. Vamos almoçar de uma vez, pois eu mesma já estou faminta.

Durante o almoço, Bernardo e Breno conduziram a conversa na maior parte do tempo. Breno contou algumas aventuras inéditas, de quando morava fora do Brasil, enquanto Bernardo discorreu sobre temas variados, sempre com desenvoltura e bom humor.

Enquanto almoçavam, Beatriz observava em silêncio cada palavra proferida pelo advogado, bem como o seu comportamento diante de todos e, principalmente, em relação à Sofia. Ela pretendia descobrir se eles eram mesmo apenas amigos ou se estavam tendo algum relacionamento amoroso às escondidas. Precisava ficar atenta a tudo.

Após o almoço, como era de costume, Pedro e Paulo saíram correndo para brincar no espaçoso quintal da casa, enquanto Vicente convidou os adultos para saborear o café de Adelaide, reunidos na varanda de frente para o jardim.

Beatriz foi a última a se retirar da mesa e viu quando Bernardo, após sussurrar algo à Sofia, adentrou o toalete. Então, ela disfarçou e aguardou até que a prima se juntasse aos demais na varanda, de modo que ela pudesse abordar o advogado a sós.

Quando Bernardo saiu do toalete, ele foi surpreendido pela mão de Beatriz segurando-lhe fortemente o braço e o arrastando para a cozinha.

— O que significa isso? — indagou ele, surpreso, enquanto Beatriz o jogava contra a parede da cozinha.

Com a fisionomia contraída e visivelmente irritada, ela retrucou:

— Eu é que deveria lhe fazer essa pergunta. Está tentando me fazer ciúmes com a minha prima?

— Por favor, largue o meu braço e se contenha.

Beatriz soltou o braço de Bernardo e respirou fundo, tentando acalmar-se.

— Que brincadeirinha de gato e rato é essa agora?

— Brincadeira de gato e rato? Do que você está falando, garota?

— Ora, não se faça de desentendido. Primeiro, você diz que não quer mais sair comigo, alegando que somos muito diferentes. E agora aparece aqui como se fosse o melhor amigo de minha prima. Certamente, está fazendo isso para se reaproximar de mim sem dar o braço a torcer! Não é isso? Confesse!

— Meu Deus, Beatriz! Como você não me conhece!

— Claro que conheço. É como todos os outros, vaidoso e conquistador. Quer que eu caia aos seus pés. Por isso primeiro me chutou e agora está tentando me fazer ciúmes.

— Está completamente enganada! — Ele se afastou de Beatriz, posicionando-se por trás da pequena mesa que havia na cozinha, e ela o seguiu. — Eu jamais faria isso com você nem com ninguém. Não é de meu feitio. Sou um homem transparente, sincero, e sei exatamente o que quero. Não preciso fazer joguinhos para me relacionar com qualquer mulher que seja.

Pelo tom da voz, Beatriz percebeu que Bernardo poderia está falando a verdade. Então, ponderou:

— Bem, se não está mesmo pretendendo me fazer ciúmes, por que então aproximou-se da "mosca morta" da minha prima?

— Não fale assim de sua prima! Pelo menos, não na minha frente!

— Você só pode está brincando! Preferir Sofia a mim?!

— Por que acha que ela não atrairia a minha atenção como mulher?

— A resposta é óbvia. Ela é uma completa desengonçada, "sem sal", metida a boa samaritana, e, ainda por cima, não chega aos meus pés no quesito beleza!

Beatriz chegou bem perto de Bernardo e, segurando fortemente seu queixo entre os dedos indicador e o polegar, puxou o rosto dele na direção do seu, tentando forçar um beijo entre eles.

— Isso é a *sua* opinião. — O advogado segurou a mão da jovem com firmeza e a afastou com vigor. — Para mim, Sofia é uma moça cheia de qualidades, o que a faz tão encantadora! Além de muito bonita também. O tipo de mulher que faria qualquer homem feliz.

Beatriz sorriu com ironia.

— Ela é uma simplória, isso sim. Uma pobre de espírito, que se submete a ser babá na casa de gente rica para ganhar uma ninharia.

— Não vou ficar aqui batendo boca com você, simplesmente porque percebo que eu não conseguiria mudar a forma deturpada de como você enxerga a vida e também a excepcional prima que tem. Apenas lamento. Agora me dê licença.

Bernardo deu as costas e tentou sair dali, mas foi detido por um novo puxão no braço.

— Volte aqui — disse Beatriz, com os olhos em chama. — Eu ainda não terminei.

Com um movimento firme, novamente, Bernardo retirou a mão da jovem de seu braço.

— Mas eu já terminei. — E saiu da cozinha, deixando Beatriz furiosa.

— Você vai se arrepender por ter me tratado dessa forma! — esbravejou, cerrando os punhos.

Bernardo não deu ouvidos às ameaças dela e foi ao encontro de todos na varanda, enquanto Beatriz bebeu um pouco de água, para tentar acalmar-se, deixou o copo sobre a pia e saiu. Com a fisionomia retraída, passou apressada pela sala e depois pela varanda, onde sua família estava reunida em uma conversa agradável e animada. Bateu o portão de ferro do jardim e partiu.

Vendo Beatriz sair daquela forma, Ana Maria fez menção em ir falar com ela, mas desistiu. Conhecendo bem o gênio da filha, temeu que ela a destratasse na frente de todos. Além disso, não era a primeira vez que agia assim. Decidiu que conversariam em casa.

Durante quase duas horas de uma agradável conversa e um divertido jogo de cartas, em meio a uma atmosfera de alegria e satisfação, os familiares de Sofia foram se retirando pouco a pouco. Por fim, após Bernardo ter se despedido de Adelaide e de Vicente, com muita gratidão, Sofia o acompanhou até o portão de saída.

Do lado de fora, antes de entrar no carro, Bernardo segurou as mãos de Sofia, olhou-a fixamente nos olhos, e comentou emocionado:

— Muito obrigado por ter me proporcionado um domingo tão agradável ao lado de sua família. Eles são maravilhosos! Estou me sentindo muito leve e feliz.

— Não há de quê. Foi um prazer! E como você mesmo presenciou, todos gostaram muito de você, de modo que será sempre bem-vindo em nossa casa.

— Agradeço mais uma vez.

Bernardo fitou Sofia em silêncio por alguns instantes. Ela corou e desviou o olhar para uma folha seca que era arrastada ao chão pelo vento. Ele tocou seu queixo suavemente, levantando-o para fitá-la em seus olhos.

— Sofia, perdoe-me se estiver me aproveitando dessa oportunidade gerada pelo seu generoso convite, mas a verdade é que não posso ir embora sem antes lhe confessar que eu não gostaria de continuar sendo apenas seu amigo.

Sofia permaneceu em silêncio por alguns instantes, enquanto Bernardo aguardava pacientemente por suas palavras. Por fim, ela considerou:

— Bernardo, também confesso que gosto muito de estar ao seu lado, pois, além de termos muito em comum, você é uma pessoa maravilhosa, um homem especial, como eu nunca havia conhecido antes. O tipo que faria qualquer mulher feliz.

— Qualquer mulher? Mas não você?

— Engana-se. Inclusive a mim.

— Então?...

— O problema é que tenho medo de magoá-lo, pois não me sinto em um momento propício a um relacionamento amoroso.

— E por que não?

— Porque estou focada nos estudos e, em razão do meu trabalho, o tempo que me resta é quase que completamente despendido a eles. Sendo assim, tenho medo de que você crie expectativas em relação a mim e se decepcione. Tenho a consciência de que não poderei lhe dar a atenção que merece.

— Sofia, conheço bem a sua rotina, e você também conhece a minha. Somos pessoas ocupadas, e, nos dias de hoje, esse cenário é cada vez mais frequente entre os casais. Não somos mais adolescentes que, pelo calor da paixão e ansiedade de viver, precisem estar colados um no outro. Sou um homem maduro e pretendo ter

um relacionamento sério com você, o que inclui adaptar-me aos seus horários e rotina, pois a apoio em tudo o que faz.

— Mas Bernardo, acredite em mim, serão muitas as vezes em que negarei a sua companhia em razão da necessidade de estudar. Por enquanto, por que não ficamos assim, como amigos, até que eu esteja formada, dentro de um ano. Depois disso, estarei mais à vontade para me envolver em um relacionamento amoroso sério.

— Eu a compreendo, Sofia, pois muitos homens e mulheres realmente não saberiam entender a rotina de uma pessoa como você, mas esse não é o meu caso. Estou disposto a estar ao seu lado conhecendo e respeitando as suas necessidades e prioridades. Além do mais... — Bernardo fez uma breve pausa e, com um sorriso malicioso, continuou: — A vida pode ser muito dinâmica quando quer, sabia?

— Dinâmica?

— Sim. Dinâmica. Por exemplo, se, de repente, dentro desse período de um ano até que você esteja formada, surgir para mim uma oportunidade de trabalho na China? Eu, por estar descompromissado, facilmente poderei aceitar. Você pretende correr o risco de perder um homem maravilhoso como eu? — e sorriu para ela. — Foi você mesma que disse que eu era...

Com um largo sorriso nos lábios, Sofia respondeu:

— Engraçadinho como sempre, hein?

— Então? O que me diz?

Sofia demorou alguns instantes para responder.

— Bem, não sabemos se dará certo ou não, mas... podemos ao menos tentar.

E foi com euforia e emoção que Bernardo recebeu a resposta dela, abraçando-a fortemente.

Após se afastarem, o advogado acariciou-lhe os cabelos carinhosamente, e considerou:

— Claro, minha querida, o futuro a Deus pertence. Façamos apenas a nossa parte.

Com um discreto sorriso, Sofia assentiu com a cabeça. Bernardo enlaçou sua cintura com os dois braços, puxando-a para mais perto dele, enquanto a fitava firmemente nos olhos. Ela o olhou indecisa, mas logo quebrou a pouca distância que restava entre eles, aproximando-se ainda mais. Então, com o coração descompassado de emoção, sem hesitar, Bernardo beijou-a nos lábios com firmeza, demoradamente.

CAPÍTULO 23

Envolvendo-se com as trevas

Depois de ter deixado a casa de Adelaide tremendo de ódio e sem falar com ninguém, Beatriz foi direto para a casa da amiga, Juliana, que morava na mesma rua que ela, pois precisava desabafar.

No quarto de Juliana, sentadas na cama, elas conversavam:

— Então, foi isso o que aconteceu — disse Beatriz com rancor, após relatar o encontro inesperado que tivera com Bernardo durante o almoço em família. — Aqueles dois passaram-me a perna, e da maneira mais covarde possível.

— Puxa, amiga! — exclamou Juliana, surpresa. — Quem iria imaginar uma coisa dessas? Logo a "boa samaritana" da Sofia!

Juliana morava sozinha com a mãe, uma viúva que trabalhava arduamente para não deixar lhes faltar nada. Era jovem e ambiciosa, como Beatriz. Tinha estatura mediana, corpo bem feito, cabelos castanhos, olhos negros e grandes, boca larga e pele clara. No todo, era atraente e de uma beleza exótica.

— Pois é — retomou Beatriz. — Quase não acreditei quando descobri que era ele o convidado daquela sonsa.

— Não é para menos, amiga. Qualquer uma no seu lugar teria tido a mesma reação.

— Para dizer a verdade, de imediato, quando o vi sentado no sofá, pensei que fosse por minha causa. Imaginei que estivesse usando Sofia como pretexto para chegar perto de mim, e ainda por cima, me fazendo ciúmes.

— É, faz sentido.

— Mas, quando constatei que estava enganada, e que, na verdade, ele está é "caidinho" pela "mosca morta", não pude conter a indignação, mas não pretendo ser vencida assim tão fácil. Ficar com ele agora é uma questão de honra para mim. Não posso perder para minha priminha "sem sal" de forma alguma!

— E o que pretende fazer, se você mesma disse que acha que ele está apaixonado por ela?

Beatriz ficou um instante pensativa, depois respondeu:

— Bem... no caminho até aqui, eu vinha exatamente pensando nisso. Se ele está gostando da "samaritana", de nada vai adiantar eu me insinuar para ele.

— É verdade. Isso só fará com que ele a repulse ainda mais.

— Pois bem. Então, pensei em tentar me aproximar dele, e, como que sem intenção, a cada dia, eu iria me mostrando ser uma mulher bem mais interessante do que Sofia. Eu fingiria que sou caridosa, generosa... tudo o que ele elogiou nela e muito mais. Inconscientemente, homens adoram ser enganados, sabia?

Juliana deu uma sonora gargalhada e considerou:

— Amiga, você não existe! É muito espirituosa!

— Mas estou falando a verdade! Você pode observar, homens bons, ricos e generosos adoram estar ao lado de uma mulher fingida e má, que os engane e os faça felizes com isso.

— Não sei não, viu? — retrucou Juliana. — Se fosse assim, Bernardo não estaria com Sofia.

— Ora, Juliana, não seja tola! Sofia não é nenhuma santa. Claro que ela deve ter fingindo a maioria das qualidades para ter conseguido fisgá-lo assim tão rápido. Ou você também acredita na personagem de "boa samaritana" que ela insiste em interpretar?

— Bem, sempre pensei que ela fosse como parece ser.

— Que nada! Aquela ali é sonsa e fingida. O problema é que ela sabe se controlar, enquanto eu sou estourada. Na maioria das vezes, mostro logo quem sou. Não meço as palavras. Esbravejo, reclamo e até xingo se precisar. Por isso que na família eu sou tida como a rebelde, enquanto Sofia é vista como a "santinha".

— Mas ela bem que visita criancinhas doentes nos hospitais, e isso é sim uma atitude louvável — retrucou Juliana.

— Louvável? Para quem? Ora, faça-me o favor... Aquelas crianças não vão mudar a própria situação por causa da presença de Sofia. Por isso digo que ela faz isso apenas para aparecer e manter a fama de boa.

— Amiga, vou ter de discordar de você em um ponto. Se ela faz isso para manter a fama de boa eu não sei, mas já ouvi vários médicos falarem que as crianças internadas em hospitais, muitas até com doenças graves, se recuperam muito mais rápido quando recebem carinho e atenção, seja dos profissionais de saúde, dos familiares ou até mesmo de estranhos que as visitam.

— Ai, amiga, você acredita em cada coisa! Mas tudo bem. Não sei mesmo nada sobre esse assunto, mas quanto à Sofia, tenho certeza de que é fingida e ponto final.

— Então, voltando ao assunto... — continuou Juliana, pegando um pedaço de chocolate que estava sobre o travesseiro e oferecendo a Beatriz, que recusou balançando a cabeça. — Como você pretende se aproximar de Bernardo para poder tentar conquistá-lo?

— Pensei em tentar conseguir um emprego na empresa em que ele trabalha. Com isso, poderei botar meu plano em prática

e ainda acabaria com as reclamações de minha mãe sobre esse assunto de emprego. O que você acha?

— Seria ótimo — respondeu Juliana, enquanto saboreava um pedaço de chocolate. — Mas como você iria conseguir o emprego, se não tem qualificação nenhuma nem experiência de trabalho?

— Sim, não tenho, mas sou muito bonita e elegante. Para alguns cargos, como secretária, por exemplo, isso conta mais do que qualquer experiência. O ofício eu aprendo rápido.

— É, tenho de concordar com você.

— Além do mais, a "santinha" da minha prima trabalha na casa dos donos da empresa onde Bernardo trabalha. Vou pedir a ela que interceda em meu favor...

As duas amigas conversaram ainda por alguns minutos. Em seguida, se despediram, e Beatriz voltou para a própria casa, cheia de expectativas.

No dia seguinte, Beatriz acordou bem cedo e foi até a casa de Sofia, antes que ela saísse para o trabalho. Argumentou sobre suas necessidades de começar a trabalhar e pediu à prima que intercedesse por ela com o patrão.

Sofia ficou comovida com a atitude e com as palavras da prima. Pensou que ela realmente tivesse mudado sua forma tosca de enxergar a vida. Estava consciente da necessidade de trabalhar. Com isso, quando Beatriz se foi, Sofia estava decidida a fazer alguma coisa por ela. Então, antes de sair para o trabalho, ela retirou caneta e papel de dentro da bolsa e, mesmo constrangida, escreveu uma carta a Mário. Nela, Sofia indagava ao patrão se na sua empresa havia alguma vaga para secretária ou algo semelhante, pois tinha uma prima jovem, disposta e com necessidades de trabalhar. Em seguida, pediu ao pai que colocasse o envelope no correio. Pronto, estava com a sensação do dever cumprido, fechou a porta e partiu, rumo ao ponto de ônibus.

∾

Na manhã de sexta-feira daquela semana, Bernardo viajara novamente a Campinas, mais uma vez, por solicitação de Mário. Enquanto almoçavam juntos, os dois amigos conversavam:

— E como vai o seu romance com Sofia? — perguntou Mário.

— Finalmente, agora posso dizer que temos um compromisso, pois conversamos seriamente, e ela aceitou me namorar.

— Que bom, meu amigo! — exclamou Mário, ainda que tivesse experimentado a mesma sensação desconfortável que sentira da última vez que o amigo falara sobre seu relacionamento com Sofia.

— Eu tinha certeza de que não seria diferente.

— Bem, mas não foi tão fácil assim.

Bernardo contou como havia sido sua conversa com Sofia e como ela o acabou aceitando.

— E falando em Sofia — comentou Mário —, você sabe se a secretária do doutor Rogério pediu mesmo demissão?

— Que eu saiba, não. Ontem mesmo cruzei com ela pelos corredores da empresa. Por quê?

— Quero saber se há alguma vaga para uma jovem sem experiência prévia, mas com boa vontade para trabalhar.

Bernardo franziu o cenho.

— O que tem Sofia com as contratações da empresa? Está pensando em convidá-la para trabalhar na matriz de São Paulo?

— Não. Não é isso.

Mário parou um instante, analisando se contava ao amigo sobre a carta de Sofia. Então, percebeu que, se falasse da última, teria de explicar as primeiras, das quais nunca tinha mencionado nada. Então, decidiu não comentar sobre isso.

— Então, para quem seria a vaga? — indagou Bernardo.

— Bem — mentiu Mário —, é que Sofia pediu à Mariana — mentiu — que me perguntasse se nós teríamos alguma vaga disponível para uma moça jovem, bonita e sem experiência, mas inteligente, esperta e com potencial para aprender um ofício de forma rápida.

Bernardo franziu o cenho, estranhando a situação.

— E por quem Sofia intercedeu dessa forma?

— Para uma prima.

— Não acredito!

— Como assim, não acredita?

— Não acredito que é o que estou pensando!

— E o que você está pensando?

— Depois eu explico — disse Bernardo, ansioso. — Mas, me diga, Sofia mencionou o nome da jovem? Só pode ser quem eu estou pensando.

— Sim, mas não me recordo no momento. Acho que era Bianca... Bruna talvez...

— Beatriz?

— Exatamente. Era esse o nome. Beatriz. Bernardo, você está pálido. O que tem?

— Meu amigo, Beatriz é aquela moça com quem saí antes de conhecer Sofia. Lembra que comentei com você?

— Sim, recordo-me bem. Que coincidência as duas serem primas! Você ainda sente algo por ela? Por isso está assim?

— Não, não tem nada a ver com isso. Mas é que essa moça é muito mais perigosa do que eu imaginava. Não a empregue em hipótese alguma! Deus me perdoe por estar lhe pedindo isso.

Bernardo contou sobre o episódio na casa de Sofia, em que ele e Beatriz discutiram e que ela chegou a ameaçá-lo. Disse também que suspeitava que esse súbito pedido de emprego deveria ter intenções escusas, provavelmente, para tentar se reaproximar dele.

— Bem, Bernardo — disse Mário após ouvir o amigo —, confesso que você pode estar certo, mas também pode estar enganado.

— Não estou enganado, eu sei. Beatriz não hesitou em aproveitar-se da bondade e ingenuidade de Sofia, convencendo--a a pedir-lhe emprego para poder se aproximar de mim e me perseguir.

— Tudo bem. Se você tem certeza, está decidido. Negarei o pedido de Sofia com a justificativa de que não estamos com carência de funcionários. Depois você conversa com ela e decide se lhe fala ou não toda a verdade sobre a prima.

— Certo, muito obrigado, meu amigo. Depois falarei com Sofia. Ela vai entender.

Mário assentiu, e, nesse instante, o garçom aproximou-se para recolher a louça usada no almoço. Quando ele se retirou, Mário voltou a falar.

— Bernardo, gostaria de lhe fazer um convite.

— Sou todo ouvidos.

— Minha princesa fará aniversário no último domingo do mês. Ela foi categórica em afirmar que não desejava uma festa; em vez disso, pediu-me que fôssemos para a nossa casa de praia, em Ilhabela, passar o final de semana, onde faremos uma pequena comemoração em família. Por coincidência, ainda aproveitaremos o feriado de terça-feira e só voltaremos na quarta, logo bem cedo. Estou convidando-o, juntamente com Sofia, para vir conosco.

Bernardo sorriu com satisfação

— Ah, será um prazer aceitar esse convite! Agradeço mais uma vez! Falarei com Sofia.

Bernardo parou um instante, lembrando-se de um detalhe. Depois continuou:

— Mas e quanto à dona Violeta? Certamente irá incomodar--se com a nossa presença. Perdoe-me, Mário, mas não é segredo para ninguém que nunca fui do agrado dela. E o mesmo vale para Sofia, a quem dona Violeta não demonstra nenhum tipo de afeto.

— Não precisa se desculpar. Conheço bem a mãe que tenho. Quando eu a comuniquei de que nós iríamos comemorar o aniversário de Mariana na casa de praia e que você seria convidado, ela logo tratou de arrumar uma desculpa para não ir, mesmo meu pai confirmando que irá conosco. Quanto à Sofia, não falei que iria convidá-la, pois ela ainda não sabe que vocês estão namorando.

— Bem, se é assim, será mesmo um prazer.

— Você me faz o favor de convidar Sofia em meu nome?

— Claro. Pode deixar.

— Ah, diga-lhe também que o convite é extensivo ao sobrinho dela e aos demais familiares que estiverem disponíveis para ir, pois Mariana faz questão da presença deles. Disse que ficaram amigos quando ela passou aquele final de semana na companhia de todos eles e que não poderia deixar de convidá-los.

No dia seguinte, após retornar de Campinas, Bernardo contou à Sofia sobre a conversa que tivera com Mário em relação à Beatriz. Falou-lhe também sobre o que acontecera na casa dela no dia em que ele havia almoçado lá, de modo que a babá compreendeu a decisão tomada pelo patrão, a pedido de Bernardo.

Por fim, Bernardo a informou do convite ao aniversário de Mariana, que, por sua vez, já a havia convidado pessoalmente. Contudo, embora Sofia amasse a menina e ansiasse para estar ao lado dela no dia de seu aniversário — como Mariana desejava —, Sofia não pretendia hospedar-se na casa de praia dos patrões considerando apenas o convite da pequena. Com o consentimento de Mário, ela sorriu feliz, imaginando como seria agradável passar um final de semana na companhia de Mariana, Bernardo e de seus familiares, em um lugar maravilhoso como Ilhabela.

Durante a conversa com Bernardo, Sofia percebeu que Mário não havia comentado com o amigo sobre as cartas trocadas entre eles e também decidiu nada comentar.

❧

Após ter sido informada por Sofia de que não havia vaga de emprego disponível na empresa dos Pedrosas, foi com muito rancor e sentimento de vingança que Beatriz foi até a casa da amiga, logo após o almoço.

Sentadas à cama, ao lado da amiga, Juliana indagou:

— E agora, Bia, o que você pretende fazer? Vai desistir de Bernardo?

— De forma alguma! Já lhe disse, agora é uma questão de honra. Irei até o fim. E até já sei como fazer Bernardo voltar para mim. — Beatriz estava com um olhar malicioso.

— É mesmo? E o que pretende fazer?

— Você se lembra de dona Furacão? Aquela senhora que nos abordou na frente de uma boate há cerca de um ano atrás?

Juliana puxou pela memória e logo recordou-se da mulher.

— Claro! Lembro-me bem dela. Nos abordou tentando ler as nossas mãos. Lembro-me também que estávamos com pressa, e ela lhe entregou um cartão de visita.

— Foi isso mesmo o que aconteceu. E como sou uma mulher prevenida, guardei o cartão para o caso de uma necessidade.

Surpresa, Juliana questionou:

— Amiga, você teria coragem? Acredita mesmo nessas coisas? Porque tenho lá minhas dúvidas.

— Claro que acredito. Além do mais, a minha vizinha conhece essa mulher. Disse que é uma boa vidente. Ela lê mãos, tira cartas e faz diversos outros trabalhos, inclusive magia para deixar qualquer homem apaixonado ou para afastar as rivais. Ela me contou também que a mulher tem o apelido de "Furacão" porque ela consegue fazer as coisas acontecerem de forma muito rápida.

— Beatriz, querida, não sei não — advertiu Juliana, receosa, enquanto se recostava em um travesseiro na cabeceira da cama. —

Será que não seria melhor você desistir desse homem e partir para outra a ter de mexer com essas coisas? Confesso que tenho medo.

— Não entendo, querida — retrucou Beatriz, com ironia na voz. — Como é que você tem medo, se disse que nem acredita?

— Na verdade, até acredito que possam existir pessoas com o dom de prever o futuro ou de se comunicar com espíritos de pessoas mortas, mas daí a manipular os sentimentos e a vida dos vivos, tenho lá minhas dúvidas. Mesmo assim, acho que tenho uma única certeza... — Juliana observou que a amiga continuava fitando-a em silêncio, aguardando a sua conclusão. — Se essa possibilidade existir mesmo, não deve ser coisa boa. Tenho medo. Arrepio-me só de pensar.

— Que nada, menina! Não seja boba. Essas coisas existem sim, mas não há motivo nenhum para ter medo.

— Como é que você pode ter tanta certeza disso?

— A minha vizinha tem uma tia que fez um trabalho com a tal de Furacão e obteve o que desejava rapidinho, sem perigo nenhum.

— E quem lhe garante que não foi tudo coincidência?

— Ela afirmou que não. Disse que tudo aconteceu exatamente da forma como ela pediu.

— Sim, mas você sabe se o que ela pediu à tal Furacão foi para o bem ou para o mal de alguém? Porque ouvi dizer que, quando se faz uma magia para o mal, aquela chamada de magia negra, o mal realizado, de uma forma ou de outra, sempre acaba voltando para quem o fez.

— Bobagem, isso é lenda contada por medrosos e covardes. Estou decidida. Vou falar com essa mulher ainda hoje. Marquei de ir até lá às quatro da tarde. Você vem comigo?

Juliana olhou apreensiva para Beatriz e considerou:

— Confesso que não tenho coragem.

— Deixe de ser covarde, Juliana! Venha comigo e verá que não há nada de extraordinário. Você poderá fazer uma consulta pessoal também. Quem sabe descobre algo de interessante. Vamos, venha comigo. A dona Furacão não cobra caro pela consulta.

Juliana ficou pensativa um instante, mas logo tornou a falar:

— Estarei mentindo se disser que não tenho curiosidade de saber se essas pessoas falam mesmo verdades sobre o nosso futuro.

— Então, menina. Você me acompanha e ainda aproveita para matar sua curiosidade.

Por fim, Juliana se convenceu.

— Tudo bem. Eu irei, mas aviso desde já que, se me sentir mal em algum momento, sairei de lá imediatamente.

— Está combinado. Se isso acontecer, sairemos de lá na mesma hora.

Como haviam combinado, às quatro horas da tarde daquele mesmo dia, Juliana encontrou Beatriz à porta de casa, e as duas tomaram um táxi. Vinte minutos depois, elas pararam em uma ruela pouco movimentada de um bairro popular, com casas e sobrados pequenos, de arquitetura antiga.

Com o cartão de dona Furacão à mão, após encontrarem o número da casa que procuravam, elas pagaram o táxi e desceram. Estavam de frente para um sobrado velho, com a pintura em grande parte descascada, colocando à mostra um cimento rachado. Não havia jardim, e o acesso à entrada do lugar era por meio de uma porta robusta de madeira velha, com seus veios aparentes.

Poucos instantes após tocarem a campainha, a pesada porta se abriu, e a cabeça de uma senhora de idade avançada, com volumosos cabelos brancos, mostrou-se através da fresta.

— Quem são vocês? — perguntou a senhora, ainda resguardada pela porta aberta apenas um pouco.

— Boa tarde! — disse Beatriz. — Tenho uma hora marcada com dona Furacão.

A fresta da porta se abriu um pouco mais, e a senhora falou:

— Entrem. Podem entrar.

As duas amigas entraram, e a mulher fechou a porta imediatamente.

— Venham por aqui as duas — pediu a senhora, conduzindo as jovens por um corredor estreito, ao longo do qual se viam prateleiras decoradas com imagens religiosas diversas e velas de diferentes espessuras e cores.

Elas subiram uma escada em espiral e, finalmente, pararam de frente para uma porta. A mulher abriu a porta, dizendo:

— Entrem. A dona Furacão está esperando.

Beatriz e Juliana adentraram o recinto com cautela. Logo em seguida, a mulher fechou a porta e retirou-se.

Era um cômodo pequeno, de paredes e teto escuros e piso de cimento. Encostado a uma das paredes, havia um altar também repleto de imagens e velas, além de bonecos de pano espetados com agulhas e alfinetes ou faltando alguma parte do corpo. Juliana arrepiou-se ao observar tudo aquilo.

No centro do ambiente, havia uma pequena mesa redonda, com três cadeiras dispostas ao redor, estando duas delas vazias e a terceira ocupada por uma mulher sentada de frente para a porta. Era a dona Furacão. Uma senhora corpulenta, de cabelos ruivos presos em um coque, aparentando uns cinquenta anos de idade. Trajava um vestido longo marrom e possuía vários colares do tipo "guias" ao redor do pescoço.

Vendo as duas jovens de pé à sua frente, fitando-a apreensivas, dona Furacão convidou-as a sentar:

— Sentem-se. Fiquem à vontade. Quais os nomes de vocês?

Elas sentaram-se e se apresentaram.

— Qual das duas tem hora marcada? — perguntou dona Furacão, com as mãos sobre um maço de cartas.

— Eu tenho — respondeu Beatriz. — Mas, se a senhora puder, a minha amiga também gostaria de fazer uma consulta.

— Vamos ver — respondeu a vidente, olhando para o baralho que tinha em mãos. — Se a próxima cliente agendada atrasar, atenderei sua amiga também.

— Tudo bem — respondeu Beatriz.

— Então, vamos começar — resolveu a vidente.

Ela embaralhou as cartas, dispôs o maço sobre a mesa e pediu a Beatriz que o cortasse em dois montes. Em seguida, alinhou sobre a mesa algumas cartas viradas para baixo e solicitou a Beatriz que se concentrasse no motivo que a levara até ali. Por fim, começou a desvirar as cartas, uma por vez, enquanto falava.

— Hum... você quer trazer um jovem rapaz de volta, mas ele está apaixonado por outra.

— Isso mesmo! — exclamou Beatriz, exaltada.

— Você também quer afastar da vida dele a mulher por quem ele está apaixonado.

— Sim. Sim.

— Porém, eu vou lhe dizer que isso não será fácil.

— E por que não? — objetou Beatriz. — Ouvi dizer que a senhora consegue tudo o que queremos e faz isso sempre muito rápido!

Dona Furacão fitou Beatriz com os olhos semicerrados e a fisionomia fechada, e redarguiu:

— Eu não disse que não será possível. Disse apenas que não será fácil, pois ele está muito apaixonado por ela e não tem interesse algum em você.

Ela parou de falar um instante, desvirou mais duas cartas e continuou:

— Além disso, vejo aqui que os dois são bem protegidos espiritualmente.

Beatriz remexeu-se na cadeira e cerrou os punhos com raiva, fitando as cartas com curiosidade e ansiedade cada vez maiores.

petit

— E o que tenho de fazer para separar os dois e para tê-lo caidinho aos meus pés?

— Bem, se você realmente quiser isso, poderei realizar o seu desejo.

Beatriz esboçou um sorriso sinistro de satisfação. E a mulher continuou:

— Mas vou logo lhe adiantando que vai custar caro. Bem caro!

As duas amigas se entreolharam.

— Quanto? Pago o que for — afirmou Beatriz com convicção.

A mulher parou de mexer nas cartas e comunicou o valor que Beatriz precisaria despender para ter o que desejava.

As duas amigas se entreolharam novamente, surpresas com a alta quantia exigida. Em seguida, Beatriz exclamou:

— Mas é muito dinheiro!

— É um trabalho muito difícil de ser feito. Terei de gastar muito material, entre velas, animais e tudo o mais, além de meus esforços profissionais. O preço é esse. É o justo. E tem mais: vou precisar de toda a quantia adiantada. É isso ou não aceitarei realizar o serviço.

— Animais? — perguntou Juliana assustada.

A mulher fingiu não ouvir e continuou fitando Beatriz, aguardando a sua resposta, com as mãos sobre a mesa.

Beatriz permaneceu em silêncio durante um instante, em seguida falou:

— Tudo bem. Pagarei o que pede, mas quero a garantia de que fará exatamente o que eu peço.

Juliana olhou sobressaltada para a amiga.

— Beatriz, onde vai conseguir tanto dinheiro? Ainda por cima, terá de pagar adiantado, sem mesmo ver o resultado do serviço! E se ela não conseguir separar os dois?

— O que está querendo insinuar, garota? — indagou dona Furacão, fitando Juliana com indiferença e segurança. — Está pensando que pretendo roubar a sua amiga? Eu não preciso disso. Se ela me pagar, terá o que deseja.

Juliana nada disse, enquanto Beatriz fitou novamente a mulher e reiterou sua decisão:

— É como eu disse. Pagarei o que pede.

Depois de fechado o acordo entre elas, dona Furacão ainda respondeu a algumas poucas perguntas de Beatriz e recolheu o baralho de cartas sobre a mesa, finalizando a consulta, que não durou mais do que quinze minutos em seu tempo total. Em seguida, fez a cobrança do valor daquela consulta e reafirmou que realizaria o trabalho quando Beatriz lhe trouxesse o montante exigido.

Após pagar a consulta, Beatriz voltou-se para a amiga:

— Não chegou ninguém ainda. Não vai querer se consultar também?

— De forma alguma! Vamos embora! — disse Juliana, enquanto se levantava.

Vendo que a amiga estava impaciente para sair dali, Beatriz se despediu de dona Furacão, mas antes deixou claro que retornaria com o dinheiro para que ela realizasse seu desejo. Em seguida, as duas amigas se retiraram do recinto. Poucos instantes depois, estavam dentro de um trem de metrô, retornando para casa. Durante o percurso, Beatriz estava em silêncio, absorta, quando Juliana perguntou-lhe:

— Amiga, você não estava falando sério, estava? Não pretende voltar àquele lugar, muito menos para entregar tanto dinheiro àquela mulher.

— Está enganada. Eu já disse que irei até o fim.

— Beatriz, vou repetir a pergunta: e se aquela mulher lhe roubar o dinheiro e não fizer o que prometeu? Já pensou em como reagirá? Nem à justiça você poderá recorrer.

— E por que ela faria isso exatamente comigo? Com a tia da minha vizinha deu tudo certo. Por que não daria comigo?

— Simplesmente, porque com a tia de sua vizinha pode ter ocorrido coincidências dos fatos.

— Mas você não viu que ela logo acertou o motivo que me levou até lá?

— Beatriz, não se faça de cega. Você sabe muito bem que a maioria das mulheres que buscam esse tipo de serviço o fazem com o mesmo propósito que o seu. Até eu teria dito o que aquela mulher lhe disse. E quanto às demais perguntas que você fez, ela respondeu a todas de forma muito evasiva.

— Bobagem! Isso não quer dizer nada. Pretendo pagar para ver.

— Tudo bem — Juliana contemporizou. — Não vou mais insistir, nem questionar. Você é uma mulher adulta para assumir a responsabilidade por seus atos.

— Isso mesmo. Essa é uma atitude sensata de sua parte.

— Tudo bem, mas ainda tem outra questão. Você já sabe como irá conseguir tanto dinheiro?

— Eu estava justamente pensando nisso. E já tenho a solução. Irei procurar Rodrigão.

Juliana sobressaltou-se no assento e fitou a amiga assustada, enquanto o metrô parava em mais uma estação.

— Rodrigão?! O traficante de drogas do bairro vizinho ao nosso?

— Você conhece outro? — indagou Beatriz em tom de ironia.

— Você só pode estar ficando louca!

— Lá vem você com seus falsos pudores...

— Não se trata de pudor! Você sabe muito bem o que acontece com quem se mete com aquele homem. Ou vai dizer que se esqueceu do final trágico de Santiago, assassinado em plena flor da idade?

— Uma coisa não tem nada a ver com a outra. Havia uma rixa pessoal entre eles, independentemente dos negócios ilícitos que compartilhavam. Comigo será diferente, pois não pretendo me indispor com Rodrigão.

— Não é assim que funciona, Beatriz — advertiu Juliana em tom bastante sério, tentando convencer a amiga a desistir do que estava pretendendo fazer. — Você sabe bem que essa gente mata por nada. Não são necessários desentendimentos pessoais. Uma simples dívida, por menor que seja já é motivo para agredirem e matarem sem piedade.

Beatriz fitou Juliana com olhar irônico.

— Você não tem uma reputação tão irrefutável assim, querida. Compra e vende mercadoria roubada sem pudor algum.

— Ah, Beatriz... Não se trata de pudor, já disse. Não queira comparar as duas situações. O risco maior que corro é de ser presa, enquanto você, caso se meta com essa gente, muito pior do que isso, poderá ser morta e ainda arriscar a vida de seus familiares. Está indo longe demais!

— Você está me saindo uma covarde, hein, Ju? — comentou Beatriz sorrindo.

E Juliana objetou:

— Sou apenas sensata quando se trata de risco real de vida. Confesso que tenho lá meus medos quando o assunto é bruxaria e, embora não ache que encomendar um trabalho de magia negra possa lhe trazer nada de bom, pelo menos, penso que não estará se arriscando tanto. Agora daí a você se envolver com um traficante por causa disso... Já é demais, querida! Por que não pede emprestado a alguém de sua família?

— Porque não é apenas esse dinheiro que pretendo pedir a ele. Quero entrar no sistema e me manter no luxo, como eu soube que faz a Renatinha.

Juliana sobressaltou-se no banco mais uma vez, fitando incrédula a amiga.

— Por favor, não me diga que está pretendendo traficar drogas!

— Não conheço um meio mais rápido e fácil para conseguir dinheiro, muito dinheiro, o suficiente para ter a vida de luxo com que sempre sonhei. Porque um bom casamento está bem difícil de conseguir. Vou unir o útil ao agradável.

— Amiga, você só pode está ficando louca mesmo! Eu também gosto de luxo, mas, embora eu tenha consciência de que estou agindo fora da lei, prefiro vender mercadoria roubada ou falsificada a virar traficante. Eu já estava aflita só de imaginar você pedindo dinheiro emprestado para aquele homem. Agora então!... Não faça isso. Se entrar no sistema, não conseguirá mais sair dele com vida.

— O nosso comércio também é ilegal e perigoso. Ainda por cima, é inconstante e rende pouco dinheiro. Agora, por exemplo, estou sem dinheiro algum! Fique tranquila. Eu sou esperta. Entrarei no esquema e ganharei muito dinheiro. Depois que estiver com um bom pé-de-meia formado, pularei fora e abrirei meu próprio negócio.

— Não, amiga. Eu imploro para que não faça isso. Você sabe que poderá pagar com a própria vida caso não consiga sair quando desejar.

Beatriz deu de ombros mais uma vez. Percebendo que de nada adiantaria insistir, Juliana calou-se, e as duas amigas seguiram em silêncio o restante do percurso. Quando o trem parou na estação de destino, elas desceram ainda em silêncio.

CAPÍTULO 24

Tentando uma conquista forçada

No dia seguinte, no final da tarde, Beatriz seguiu sozinha para o endereço onde provavelmente encontraria o traficante Rodrigão, na periferia da cidade.

Após descer do ônibus, ela seguiu caminhando por alguns metros até entrar em uma escola abandonada, onde encontrou o traficante negociando "mercadoria" ilícita com dois rapazes. Aguardou alguns instantes e logo foi atendida.

Beatriz expôs as suas intenções e necessidades e em alguns minutos eles acertaram um acordo. O traficante sabia que a garota, pela sua beleza e desenvoltura, circulava por locais promissores para aumentar sua rede de distribuição. Nesse mundo, a ambição é uma das maiores forças motriz. Ele lhe falou sobre a dinâmica da comercialização da "mercadoria" na região em que ela iria atuar e explicou-lhe as atividades que ela iria desempenhar dentro do esquema de tráfico local. Por fim, enfatizou algumas regras que deveriam ser rigorosamente seguidas por ela.

A jovem concordou com tudo e saiu de lá satisfeita. Além da mercadoria ilícita que iria negociar, o traficante entregou-lhe

também um adiantamento em dinheiro, como forma de estímulo, que ela usaria para pagar a vidente. Beatriz teria um prazo de um mês para os acertos de conta daquela primeira negociação.

Na segunda-feira pela manhã, desta vez sem a companhia da amiga Juliana, Beatriz voltou à casa de dona Furacão. Entregou-lhe a quantia combinada entre elas e exigiu resultados urgentes, ao que a vidente lhe garantiu total satisfação nesse sentido, afirmando que em breve Sofia e Bernardo estariam separados e que o advogado logo cairia aos seus pés.

A semana passou, e Beatriz não obteve nenhum resultado. Na sexta-feira à tarde, ansiosa, foi ter com a amiga.

— Aquela vidente está demorando demais — disse, andando de um lado para o outro dentro do quarto de Juliana.

— Acalme-se, Beatriz! O que você esperava? Que ela fizesse mágica? Ainda não se passou nem mesmo uma semana completa! Isso considerando que ela irá cumprir a parte que lhe cabe no acordo, claro.

Beatriz parou de andar e, fitando a amiga, retrucou:

— Oras, Juliana! Tem gente que consegue o que quer rapidinho! Você sabe, a minha vizinha...

— Já sei — interrompeu Juliana. — Os resultados foram em menos de três dias...

— Pois é isso mesmo. Quanto a mim, nem mesmo uma briga entre Sofia e Bernardo aconteceu até agora! Não estou gostando nada disso. Se a magia daquela bruxa não está conseguindo resolver a situação por si só, vou dar uma "forcinha" do meu jeito.

— O que você está pensando em fazer desta vez, sua teimosa? — indagou Juliana, apreensiva. — Já está dando o dinheiro por vencido tão rápido?

— De maneira alguma! Arrisquei o meu pescoço para conseguir aquele dinheiro. Só estou dizendo que vou dar uma "forcinha" à bruxa. Caso nada aconteça em muito breve tempo, voltarei lá, e ela vai conhecer a força de minha fúria.

— "Tá", mas o que pretende fazer?

— Já tenho tudo planejado. — Beatriz aproximou-se mais ainda da amiga e continuou: — Ontem à noite, acompanhei minha mãe até a casa de tia Adelaide, apenas para sondar sobre o namoro da "mosca morta", que estava na faculdade e ainda não tinha chegado.

Juliana assentiu com a cabeça, e Beatriz continuou:

— Então, tia Adelaide acabou soltando que o aniversário de Bernardo é amanhã e que, como a sonsa não trabalha aos sábados, ela fará uma surpresa ao namoradinho aparecendo sem avisar no escritório dele, para levar-lhe um mimo de aniversário. Ai, como é fingida e brega! Nada original.

— Eu chamaria isso de romantismo — objetou Juliana.

— Que romantismo que nada! Aquela ali está jogando com as poucas armas que tem para agarrar de uma vez o meu homem. Tudo fingimento.

— Tudo bem, amiga. Pense o que quiser, mas continue, por favor. Fiquei curiosa.

— Então — continuou Beatriz —, como eu sou mais esperta do que ela, darei um jeito de chegar primeiro e, quando ela aparecer, nos pegará aos beijos.

— Hum... plano típico de novela, hein! Mas quem garante que ele irá beijá-la?

— Ai, Juliana... Às vezes penso que você é um tanto lenta demais para meu gosto.

— Olha o respeito comigo!... — retrucou Juliana, sorrindo.

E Beatriz continuou:

— Claro que irei me insinuar o máximo que puder para conseguir esse beijo, mas, se ainda assim ele resistir aos meus encantos, darei o meu jeito. Deixe comigo! Quero só ver se minha priminha puritana e certinha continuará namorando um homem depois de pegá-lo aos beijos com outra, ainda mais se essa outra for a própria prima.

∾

Logo bem cedo da manhã do dia seguinte, como havia planejado, Beatriz telefonou para a casa de Sofia, e foi Adelaide quem atendeu. Ela conversou rapidamente com a tia, fingindo que tomava informações sobre a costura de um vestido novo, e aproveitou para perguntar por Sofia. Adelaide respondeu que a filha estava no banho e, com satisfação, completou dizendo que ela iria encontrar o namorado assim que se aprontasse. A relação entre Adelaide e Sofia havia melhorado bastante depois que ela e Bernardo começaram um relacionamento sério.

Após desligar o telefone, Beatriz arrumou-se com rapidez e muito capricho. Em seguida, saiu de casa e pegou um táxi.

Ao chegar à empresa dos Pedrosas, um prédio luxuoso de seis andares, ela pagou o táxi, adentrou o imóvel, tomou um dos elevadores e seguiu para o sexto andar, onde sabia que ficava o escritório de Bernardo.

Após deixar o elevador, Beatriz tomou informações e rapidamente estava de frente para Sueli, a secretária de Bernardo. Curvou-se na direção dela e disse:

— Eu vim falar com o doutor Bernardo. Anuncie-me, por gentileza. — O tom de sua voz e a postura eram firmes, e o olhar, de superioridade. Estava muito bem vestida e penteada, de modo a exaltar-lhe ainda mais a beleza.

— A senhorita tem hora marcada? — indagou a secretária.

— Não tenho e não preciso ter. Sou a namorada dele.

A secretária abriu um sorriso franco e considerou:

— Ah, então é a senhorita Sofia?

Beatriz mordeu os lábios, mas conseguiu conter a raiva.

— Eu mesma.

— Muito prazer em conhecê-la! — Sueli estendeu a mão para cumprimentá-la com simpatia. — O doutor Bernardo fala muito bem da senhorita. Vou anunciá-la. Só um instante, por favor.

Ela pegou o telefone e comunicou a presença de "Sofia" ao chefe. Poucos instantes depois, Beatriz adentrou o escritório com um sorriso irônico nos lábios.

Bernardo estava de pé ao lado da sua mesa de trabalho. Ao vê-la entrar, surpreendeu-se:

— O que *você* está fazendo aqui?

— Surpreso em ver-me, meu querido?

— Claro que sim! Sueli informou-me que era Sofia, e não você.

— Felizmente, como você pode ver, somos bem diferentes, para a minha felicidade e sorte! — E sorriu novamente com sarcasmo.

Bernardo aproximou-se dela e, com fisionomia séria, considerou:

— Escute bem, Beatriz. Estou em horário de trabalho. Pode me dizer logo o que veio fazer aqui?

Beatriz deslizou a mão sobre o rosto dele delicadamente, dizendo:

— Estava com saudades, meu amor! — Ele segurou a mão dela com firmeza e a afastou para longe.

— Eu não tenho tempo a perder com suas brincadeiras irresponsáveis e de péssimo gosto. Portanto, se não veio fazer nada de importante, peço que se retire, por favor.

— Por que esse comportamento tão agressivo? Sei que hoje é seu aniversário e vim fazer-lhe uma surpresa. — Ela depositou as mãos sobre os ombros dele e aproximou os lábios de sua boca. — Não sente saudades de meus beijos ardentes? — sussurrou.

— De forma alguma — disse ele, fitando-a dentro de seus olhos sedentos.

— Duvido. — E investiu em um beijo na direção da boca do advogado, que rapidamente virou o rosto, ao mesmo tempo em que lhe segurou os braços e a empurrou para a frente, afastando-a de perto dele.

— Por favor, Beatriz, saia daqui agora ou chamarei os seguranças.

— Está com medo de não resistir a mim? Não precisa, meu querido. — E reaproximou-se dele. — Estamos sozinhos aqui. Vamos nos entregar a esse momento de paixão e loucura. Prometo que ninguém nunca saberá de nada! Usufrua de minha beleza, totalmente disponível para você.

— Beatriz, entenda uma coisa — falou Bernardo, agora em tom apaziguador. — Diferente do que você imagina, nem todos os homens são atraídos apenas por esse tipo de característica feminina. A beleza é efêmera e, no seu caso, também bastante superficial.

— Não acredito. Beije-me e lhe provarei o contrário.

Bernardo segurou os ombros dela com firmeza e a afastou novamente.

— Por favor, Beatriz, não se humilhe dessa forma para um homem que não sente nada por você e que, sobretudo, ama outra mulher. Você é jovem e bonita, como bem sabe. Procure alguém que tenha algo em comum com você e deixe-me em paz.

Nesse instante, Sueli bateu à porta.

— Pode entrar Sueli — disse Bernardo, tomando certa distância de Beatriz.

Mas em frações de segundos, enquanto a secretária abria a porta com cautela, Beatriz investiu para cima de Bernardo e, como uma cobra durante o bote, segurou seu rosto fortemente com as duas mãos e o beijou nos lábios com firmeza, no mesmo instante em que Sueli encaminhava Sofia na sala.

Sofia estava completamente surpresa com a cena diante de seus olhos, enquanto Sueli, envergonhada e sem compreender a situação, pediu desculpas e retirou-se rapidamente, deixando os três a sós.

Com um forte empurrão, Bernardo afastou Beatriz de seus lábios e, fitando Sofia surpreso, considerou:

— Meu amor, eu posso explicar tudo!

Embora trêmula e profundamente irritada, Sofia continuou em silêncio, olhando de Bernardo para Beatriz, alternadamente.

— Bom dia, prima. Tudo bem com você? — ironizou Beatriz. Bernardo e Sofia a "fuzilaram" com os olhos.

— E ainda consegue ser irônica! — exclamou Bernardo. — Sofia, sua prima veio de surpresa até aqui e, lamentavelmente, beijou-me à força. Juro que foi isso o que aconteceu.

Beatriz deu uma sonora gargalhada e considerou:

— Meu querido, você acha mesmo que a minha priminha querida, certinha como ela é, vai acreditar nessa mentira deslavada? Não adianta mais esconder, meu bem. O que ela viu aqui fala por si só. Já sabe que somos apaixonados um pelo outro e que ela está sobrando nessa história.

Sofia enrubesceu e cerrou os punhos.

— Já chega, garota! — vociferou Sofia. — Paciência tem limite. Cale a boca e saia daqui agora! Tenho certeza de que você não vai querer ser expulsa à força.

Beatriz surpreendeu-se com a atitude da prima. Não esperava aquela reação, mas decidiu continuar provocando-a. Então, aproximou-se de Bernardo e fez menção de tocar-lhe a face novamente, mas foi impedida pela mão de Sofia, que avançou na sua direção, segurou-lhe firmemente o punho e a arrastou até a porta de saída.

Beatriz puxava o braço com força, tentando desvencilhar-se, enquanto esbravejava contra a prima, mas Sofia não a largou.

Abriu a porta e a enxotou para fora do escritório, depois trancou a fechadura por dentro.

Do lado de fora, com o cabelo desalinhado, mas com a fisionomia tranquila, Beatriz abriu a bolsa, retirou um espelho de dentro dela e, enquanto arrumava o cabelo com as mãos, comentou em voz baixa:

— Eu já estava mesmo de saída, priminha querida. Minha missão já foi cumprida. Agora vocês já podem ficar à vontade para se "matar" aí dentro.

Após arrumar o cabelo, ela retocou o batom, apalpou-se organizando a roupa e saiu, passando por Sueli em silêncio, como se nada tivesse acontecido.

Dentro do escritório, ainda ruborizada e com o coração acelerado, Sofia deixou-se cair na cadeira destinada aos clientes, de frente para a de Bernardo.

— Pode começar a explicar o que aconteceu aqui.

Bernardo sentou-se de frente para ela.

— Obrigado, minha querida, por me dar esse voto de confiança.

Após tudo esclarecido, Sofia aguardou, conversando com Sueli, até que Bernardo finalizasse o expediente. Depois de deixar a empresa, aproveitaram o resto do dia para comemorar o aniversário do advogado. Almoçaram em um bom restaurante, foram ao cinema e, por fim, terminaram o dia com um jantar romântico em um piano-bar, de ambiente sereno e agradável.

No dia seguinte, Beatriz apareceu para o almoço de domingo em família, na casa de Adelaide, para certificar-se de que seu plano havia funcionado como ela esperava. Para a sua surpresa, Sofia agira como se nada tivesse acontecido, falando-lhe com naturalidade e citando Bernardo com frequência.

Beatriz não se conformou. Na primeira oportunidade que teve, puxou Sofia a um canto da sala e, com fisionomia fechada, indagou:

— Que brincadeira é essa mais uma vez?

— Brincadeira? Do que está falando, prima? — disse Sofia, com ironia na voz.

— Não se faça de tonta! Por que está agindo assim, alegre e falando comigo como se nada tivesse acontecido, quando sabe que tenho um caso com o seu namorado?

Sofia curvou-se, aproximando-se de Beatriz. Então, sussurrou-lhe ao ouvido:

— Prima, se eu fosse você, procuraria um psicólogo para se tratar. — E se afastando, continuou: — Agora me dê licença que vou ajudar a minha mãe com o almoço. — E saiu com naturalidade.

Beatriz cerrou os punhos com força, tomada de cólera. Em seguida, saiu apressada, batendo o portão com força.

CAPÍTULO 25

Um reencontro prazeroso

O aniversário de Mariana se aproximava, de modo que Mário, Bernardo e Sofia acertaram todas as providências para passar o final de semana prolongado em Ilhabela.

Então, na manhã do sábado, logo bem cedo, Bernardo, Sofia, Pedro e Solange passaram na casa de Mariana, que já os aguardava ansiosa e feliz. Bernardo e Sofia ficaram encarregados de levá-la com eles, enquanto Mário e Joaquim avisaram que só poderiam ir no início da tarde. Ficou combinado também que Breno levaria Paulo logo após o almoço, pois nem Ana Maria nem os demais familiares de Sofia iriam ao passeio.

O percurso da viagem até Ilhabela foi bastante agradável. Espirituoso e com muito jeito com crianças, Bernardo tinha arrancado boas risadas de Mariana e Pedro. Sofia e Solange se divertiram com ele também.

Depois de realizar a travessia de balsa e chegar, finalmente, à ilha, Bernardo comentava sobre os pontos turísticos por onde iam passando. Quando passavam pelo centro histórico da cidade, Mariana perguntou:

— Tio Bê, o que o senhor acha de darmos uma descida rápida aqui para mostrarmos ao pessoal um pouco da cidade? Aproveitamos e tomamos um sorvete bem gostoso.

— Eu acho uma ótima ideia, minha querida. Mas temos de saber se todos estão de acordo.

Em comum acordo, Bernardo estacionou o carro e foi o primeiro a descer. Enquanto os demais faziam o mesmo, ele retirou do porta-malas a cadeira de rodas de Mariana, na qual acomodou-a confortavelmente, com a ajuda de Pedro.

— Mamãe, posso ajudar Mariana empurrando a cadeira dela? — indagou Pedro a Solange.

E acariciando levemente a face do filho, Solange respondeu:

— Meu querido, por que você não pergunta, pessoalmente, a ela?

— Aceita a minha ajuda, Mariana?

— Claro, Pedro! — disse a menina, sorrindo. — Essa cadeira tem comando elétrico, mas também gosto muito que a empurrem, pois assim não me preocupo em guiá-la e relaxo um pouco.

Assim, Mariana e Pedro seguiram à frente. Enquanto caminhava guiando a cadeira de rodas, Pedro observava curioso a arquitetura local, ao som da voz de Mariana descrevendo-lhe os monumentos e fatos históricos da região. Bernardo, Sofia e Solange vinham logo atrás, também apreciando a beleza do local.

— Quanta riqueza histórica! — comentou Sofia, encantada.

— Este é o centro da cidade, meninas — disse Bernardo. — O primeiro bairro da ilha, onde tudo teve início e onde estão localizadas as mais belas relíquias da arquitetura local. Quando Elizabete era viva, ela, Mário, Mariana e eu costumávamos vir para cá com relativa frequência e sempre dávamos uma passada por estes lados. São praças e ruas com muitos pontos turísticos. Estão vendo aquela linda igreja ao longe? — ele apontou, e as duas irmãs olharam e assentiram. — Aquela é a Igreja Matriz de Nossa Senhora da Ajuda e Bom Sucesso.

— Linda! — exclamou Solange. — Gostaria de visitá-la antes de voltarmos a São Paulo.

— Sim, depois poderemos fazer um passeio com mais calma e terei o prazer de lhes mostrar o que conheço. Até canhões de batalha da artilharia imperial portuguesa podem ser vistos por aqui! Olhem um bem ali.

Em seguida, Sofia meneou a cabeça na direção de uns casarões que ficavam do outro lado da rua.

— E aqueles casarões coloniais? Ah, como são bonitos!

— Sim — concordou Bernardo. — Mas em razão do turismo da cidade, que cresce a cada dia, muitos deles estão abrigando atualmente restaurantes, pousadas e lojas que comercializam o artesanato local, o que tem modificado um pouco a arquitetura original.

Nesse momento, Pedro e Mariana passavam na frente de uma lojinha de artesanato, e Solange pediu para pararem um instante no local. Enquanto todos estavam entretidos, apreciando as peças da loja, Sofia aproveitou e foi até uma confeitaria ao lado, para comprar água para todos. Após pagar no caixa, aproximou-se do balcão com a nota de compra à mão e fez seu pedido a um dos atendentes disponíveis. Enquanto aguardava o rapaz trazer-lhe as águas, ela ouviu uma voz ao seu lado, que lhe pareceu familiar, quando reconheceu seu pequeno amigo e só ficou observando a cena.

— Poderia ser aquele ali? — indagou o menino, apontando para um bolo confeitado com cobertura de chocolate. — Esse de chocolate.

— Infelizmente, não, João Eduardo — disse o atendente. — O dinheiro que você pagou só vai dar para levar este aqui, de laranja, sem confeito.

— Você sabe que eu gosto de todos os tipos de bolo, mas é que hoje eu queria um para cantar os meus parabéns.

— É verdade — concordou o atendente. — Um bolo confeitado é bem melhor para os parabéns, mas, infelizmente, ele é bem mais caro.

— Tudo bem — disse o menino, resignado. — Vou levar esse de laranja mesmo.

— Por favor, pode dar ao garoto o bolo que ele deseja, que eu vou pagar — pediu Sofia ao vendedor, que, com satisfação, retirou o bolo de dentro do balcão de vidro para embalá-lo.

— Senhora! — exclamou o garoto, surpreso ao ver Sofia.

— Olá, meu querido! É... João Eduardo, ouvi bem? É esse mesmo o seu nome?

— Sim, sim, é meu nome sim.

— Posso lhe dar um abraço?

O menino consentiu, emocionado, e eles se abraçaram calorosamente. E após se afastarem, mas ainda de mãos dadas, Sofia confidenciou:

— Como eu o esperei naquele ponto de ônibus! Por que não apareceu mais?

— Ah, não deu mesmo.

Nesse instante, o rapaz que atendera João Eduardo interrompeu o diálogo para entregar-lhe o bolo. O garoto recebeu, e Sofia continuou:

— Eu adoraria saber o que lhe aconteceu e como está sua vida, mas, antes, deixe-me fazer uma coisa.

Sofia comprou também alguns salgados e doces e entregou a João Eduardo, que ficou radiante de felicidade.

— Já que hoje é seu aniversário, então leve estas guloseimas também.

Com os olhinhos brilhando de alegria, o menino agradeceu ao balconista e a Sofia. Em seguida, ela o olhou nos olhos e indagou:

— Você deseja que eu lhe compre algo mais? Um lanche ou um suco?

— Não, senhora! Já fez demais. Muito obrigado! Pode ficar tranquila, que tomei café da manhã antes de sair de casa.

— Ah, muito bem! Mas então... você está muito apressado?

João Eduardo pensou um instante, depois respondeu:

— Não muito. Daqui do centro, vou voltar para a minha casa e continuar ajudando a minha mãe a preparar os doces que começamos a vender depois que meu pai morreu.

— Hum... Aqueles doces maravilhosos! A propósito, a menininha esperta de quem lhe falei, que ganharia um dos doces que lhe comprei naquele dia, e que de fato dei, está aqui comigo, na loja ao lado. Você não quer me acompanhar um instante? Depois levamos você em casa.

— Tudo bem. Só não posso demorar muito.

Após encontrar Bernardo, Solange, Mariana e Pedro, Sofia apresentou João Eduardo a todos e comprou-lhe um brinquedo de presente de aniversário. Em seguida, eles foram a uma sorveteria que ficava no outro quarteirão. Acomodados dentro do recinto, improvisaram um sonoro parabéns para o menino, e ele sorriu, feliz com os novos amigos, com os quais se afinou de imediato.

Enquanto saboreavam gostosos sorvetes, eles conversaram animadamente durante mais de meia hora. João Eduardo contou um pouco sobre sua vida na pequena ilha. Disse que, quando o seu pai era vivo, pescava peixes e camarão, e sua mãe vendia a mercadoria nos bares e restaurantes da cidade e também para os turistas que visitavam a região, mas agora que ele tinha partido, estavam sobrevivendo do dinheiro que ganhavam vendendo doces preparados pela mãe, além de uma pequena pensão que recebiam do ex-patrão de seu pai.

O menino falou também da saudade que sentia do pai, com o que Mariana e Pedro se solidarizaram e comentaram sobre suas

"perdas", de mãe e pai, respectivamente. Com a ajuda de Bernardo, Mariana confortou João Eduardo falando-lhe sobre a vida após a morte e sobre a possibilidade do reencontro, em sonhos, com entes queridos já falecidos, e também após o desencarne de todos, deixando-o muito animado.

Por fim, João Eduardo explicou a Sofia por que não compareceu ao ponto de ônibus nos dias que se seguiram ao primeiro encontro deles.

— E foi isso, senhora...

— Já disse, João — Sofia o interrompeu —, pode me chamar de Sofia.

— E foi isso, Sofia, o que aconteceu. A minha tia, que estava cuidando da minha mãe, precisou sair logo cedo da manhã durante alguns dias, para resolver problemas pessoais. Daí, passei a sair mais tarde de casa, porque ficava cuidando de minha mãe até que minha tia chegasse. Por isso você não me viu mais. Então, na semana seguinte, quando minha mãe já estava boa, voltamos para cá e continuamos vendendo os doces, mas voltei para a escola, como disse à senhora.

— Ah, entendi. Fico muito feliz pela recuperação de sua mãe e por você estar de volta à escola! Nunca pare seus estudos, pois, certamente, eles lhe darão o retorno que você merece e espera. — João Eduardo assentiu, e Sofia continuou: — Confesso que à época pensei que nunca mais o veria novamente, mas veja como é a vida, tratou de nos proporcionar este maravilhoso e inusitado reencontro. — Ela assanhou carinhosamente os cabelos do menino.

Pouco depois, Bernardo e Sofia se ofereceram para deixar João Eduardo em casa. Como se tratava de um trajeto curto, eles conseguiram se acomodar dentro do carro e seguiram o percurso sem maiores problemas. Pouco depois, pararam em uma vila de pescadores, no sopé de uma rua enladeirada, cujas casas no alto não davam acesso a automóveis.

— Muito obrigado! — disse João Eduardo após descer do carro.

— Tem certeza de que só podemos ir até aqui? — indagou Sofia, que desceu com o menino para se despedir dele com um forte abraço. — Não está muito longe de sua casa?

— Não, Sofia. Eu moro logo ali, veja. — Ele apontou a casa onde morava. — Só dá para ir andando mesmo, não se preocupe. Vocês não gostariam de ir até minha casa, conhecer minha mãe?

Em nome dos demais, Sofia agradeceu o convite e explicou que, quando o encontrara na confeitaria, tinham acabado de chegar a cidade, de modo que ainda estavam com as bagagens todas dentro do carro. Por isso precisavam ir.

João Eduardo compreendeu e agradeceu mais uma vez pelos mimos recebidos de Sofia e pelo carinho dispensado a ele por todos. Por fim, dirigindo-se a todos, fez-lhes um novo convite:

— Bem, se não podem agora, venham nos visitar à tardinha. Vamos cantar os meus parabéns com todas estas guloseimas que Sofia me deu. Minha mãe vai adorar!

Eles sorriram e prometeram que voltariam no fim da tarde. Em seguida, partiram.

CAPÍTULO 26

Cantando parabéns

A casa de praia dos Pedrosas era grande, espaçosa, confortável e recheada de atrativos, incluindo piscina, salão de jogos, campinho de futebol e belos jardins, repletos de orquídeas brancas e de diversos outros tipos de flor coloridos e perfumados.

Joaquim e Mário haviam comprado o imóvel tão logo Elizabete adoecera, com a esperança de que o contato com o mar e a natureza daquele local ajudassem, de alguma forma, em sua tentativa de recuperação. Assim, era Elizabete quem também dava as coordenadas aos criados quanto à organização e ornamentação de toda a propriedade, o que foi mantido por Mário após sua morte.

Após Bernardo adentrar o carro no espaçoso jardim, eles foram recebidos com satisfação pelos caseiros da propriedade, um casal de meia-idade, Juvênia e Samuel. Em seguida, vieram também cumprimentá-los Rosa e Maria, duas senhoras que, embora não morassem na casa, eram também funcionárias de lá.

Após acomodarem as bagagens em seus respectivos quartos e tomarem um banho revigorante, Sofia, Bernardo, Solange, Pedro

e Mariana reuniram-se à mesa para o almoço, já famintos em razão do avançado da hora. Rosa havia preparado um banquete especial para a ocasião, com pratos principais variados e sobremesas deliciosas. Depois de se alimentar, eles se entregaram a um revigorante descanso.

Duas horas depois, Sofia e Mariana, que estavam no mesmo quarto, foram as primeiras a acordar. Foi com alegria que elas receberam Breno e Paulo, quando eles chegaram. Poucos minutos depois, todos os hóspedes da casa estavam reunidos no salão de jogos, envolvidos em uma atmosfera de paz, amizade, diversão e felicidade. Porém, o compromisso marcado com João Eduardo não permitiu que eles se demorassem ali.

Assim, próximo das cinco da tarde, Mariana indagou:

— Sofia, nós vamos mesmo à casa de João Eduardo, não vamos?

— Claro, meu anjo. Vamos sim.

— Por falar nisso — interveio Bernardo —, o que acham de irmos agora? Já são quase cinco da tarde.

Sofia já havia comentado com Breno sobre o menino, de modo a deixá-lo curioso para conhecê-lo. Assim, eles resolveram que iriam todos juntos até a casa de João Eduardo. Enquanto eles se dirigiam aos carros de Bernardo e Breno, que estavam no jardim, Sofia foi até o quarto com Mariana, pois a menina queria escolher um de seus brinquedos para presentear o novo amigo.

Nesse instante, um carro adentrou a propriedade e dentro dele estavam Mário e Joaquim. Vendo-os chegar, Bernardo aproximou-se. Tão logo eles desceram do veículo, o advogado os cumprimentou com entusiasmo. Em seguida, os apresentou a Solange, Pedro, Breno e Paulo, que estavam bem ao seu lado.

Após Joaquim e o filho cumprimentarem a todos com muita atenção, Mário voltou-se para Bernardo e indagou:

— Onde está minha pequena? Estou doido para abraçá-la!

— Ah, claro — disse Bernardo. — Sua princesa pediu à Sofia para darem um pulinho no quarto antes de irmos.

— Estão de saída? — indagou Mário. — Para onde?

— Vamos visitar um garotinho que conhecemos hoje. Uma pequena "figura". Precisa conhecê-lo. É um menino de origem humilde, mas muito educado e esperto e, como mora sozinho com a mãe e tem poucos amigos, nos convidou para comemorarmos o aniversário dele, junto com a mãe.

— Bonito gesto de vocês! Eu adoraria ir, se não estivesse tão cansado.

— Vocês me dão licença, por gentileza? — pediu Mário a todos no jardim.

Diante da ansiedade de rever a filha, Mário seguiu sozinho até o quarto dela que, assim como o da residência de São Paulo, era adaptado às suas condições especiais de locomoção.

A pedido de Mariana, Sofia separou dois dos brinquedos da menina e os colocou dentro de uma sacola.

— Obrigada, Sofia! — exclamou Mariana satisfeita.

— Por nada, meu anjo. É um lindo gesto o seu! Mas confesso que, vindo de você, nenhuma atitude sublime e generosa me surpreende.

— Que nada, Sofia — Mariana sorriu meio sem jeito. — Você que é a mulher mais especial, boa e maravilhosa deste mundo. Eu a amo muito, muito, muito!

Nesse instante, Sofia pôs a sacola com os brinquedos sobre a cama, enlaçou a menina pela cintura — erguendo-a da cadeira de rodas — e rodopiou abraçada a ela, enquanto dizia:

— Mas isso não é verdade. Você que é a mais maravilhosa de todas! E eu a amo, amo e amo demais!

Por entre o vão da porta do quarto semiaberta, Mário tinha observado toda a cena entre a babá e sua pequena, desde o momento em que Sofia havia guardado os brinquedos na sacola, a pedido da filha, e duas lágrimas de emoção rolaram pelas suas faces. Ele se mantivera em silêncio propositadamente, para saber como a babá lidava com o seu maior tesouro na ausência de adultos por perto.

Enquanto ele observava Sofia, experimentou uma estranha sensação, era como se estivesse revendo uma pessoa conhecida de longas datas, e seu coração, estranhamente, bateu descompassado. Mas não poderia ser, pois tinha certeza de nunca tê-la visto antes. Talvez por causa das cartas que haviam trocado tantas vezes.

Mário secou as lágrimas com as mãos e abriu totalmente a porta, no mesmo instante em que Sofia estava acomodando Mariana de volta à cadeira de rodas, de costas para ele.

— Boa tarde às duas! — disse Mário sorrindo, tentando controlar-se e disfarçar seus sentimentos mais íntimos.

Sem nenhum motivo justificável e racional, a voz dele fez Sofia tremer e o coração acelerar, como se fosse saltar-lhe do peito. Durante os dois segundos que permaneceu imóvel antes de se virar na direção do patrão, para responder-lhe ao cumprimento, um milhão de sentimentos e sensações, desconectadas e incompreensíveis, bombardearam-lhe a mente. Quando se virou, finalmente, seus olhos encontraram os dele, brilhando como espelhos d'água a refletir a própria alma, de modo que ela também teve a sensação de que o conhecia melhor do que a si mesma.

O silêncio foi quebrado pela voz de Mariana, que exclamou feliz:

— Papai! Que bom que o senhor chegou!

— Olá, meu anjo! Como você está? — Mário aproximou-se da filha, tomou-a nos braços e beijou-lhe as bochechas rosadas.

— Estou muito bem, papai, graças a Deus! — Ela o enlaçou pelo pescoço e também beijou-lhe a face com entusiasmo. — E com muitas saudades do senhor.

— Eu também estava morrendo de saudades da minha princesinha! Agora vou lhe pôr de volta na cadeira para poder cumprimentar melhor Sofia.

Mariana assentiu e sorriu satisfeita. Finalmente, seu pai e sua babá haviam se encontrado, como ela tanto ansiava.

Mário olhou para Sofia e a cumprimentou, fingindo naturalidade:

— Olá, Sofia. Tudo bem?

— Tudo bem, doutor Mário.

— E seus familiares, foram todos bem recebidos e acomodados? — Ela fez menção em responder, mas ele continuou.

— Bem... na verdade... Eu deveria começar dizendo: muito prazer em, finalmente, conhecê-la! — Ele sorriu, tentando disfarçar o nervosismo, e estendeu-lhe a mão.

A babá também sorriu e apertou-lhe a mão.

— Muito prazer, doutor Mário!

O simples toque entre eles pareceu eletrizá-los, fazendo-os estremecer por dentro e despertando em ambos um desejo irracional de se abraçarem fortemente e permanecerem assim por longos minutos, como a matar uma saudade adormecida de há muito tempo. Com isso, eles soltaram as mãos rapidamente.

Um pouco sem jeito, Sofia continuou:

— Respondendo à sua pergunta, sim. Fomos todos muito bem recebidos e já estamos confortavelmente instalados. Sua casa é linda, e as pessoas que aqui trabalham são maravilhosas! Agradeço o convite em nome de todos.

— Eu é que agradeço a presença de vocês aqui. Minha Mariana os estima muito. Amigos dela... amigos meus. Obrigado por virem.

— Não há de quê, doutor Mário. Está sendo um prazer para todos compartilhar da presença de Mariana, pois adoramos a sua filha. Além disso, este lugar é realmente majestoso.

— Fico muito feliz em saber.

— Papai — interveio Mariana. — Eu sei que vocês têm muito o que conversar, mas é que agora nós vamos visitar um garotinho muito legal. Um amigo de Sofia, que conheci hoje. O senhor não quer vir conosco? O pessoal está nos aguardando no jardim.

— Entendo, meu anjo —, respondeu Mário, acariciando os cabelos da filha. — Já soube do programa de vocês, seu tio Bê me convidou. Agradeço, mas vou deixar para uma próxima ocasião, pois estou muito cansado, precisando de um bom banho.

— Entendo, papai.

Ele voltou-se para a babá e continuou:

— Bem, Sofia, teremos tempo para conversar. Não quero atrapalhar vocês.

Sofia assentiu, Mário beijou novamente a filha, e os três saíram do quarto juntos em direção ao jardim. A babá vinha guiando a cadeira de rodas de Mariana, e esta segurando a mão do pai, que caminhava ao seu lado.

Sofia e Mariana se juntaram a Bernardo, Breno, Solange, Pedro e Paulo no jardim. Após se acomodarem dentro dos carros de Bernardo e Breno, eles partiram acenando para Mário e Joaquim. Em seguida, passaram em uma padaria e compraram mais algumas guloseimas e refrigerantes. Depois seguiram para a casa de João Eduardo.

Ao chegarem, a porta estava aberta, e o menino os recebeu com alegria e entusiasmo. Estava na companhia de dois amigos e de sua mãe, Margarete, e os apresentou aos convidados.

Após os cumprimentos, Bernardo fitou Margarete em silêncio, durante alguns instantes. Em seguida, exclamou:

— Lembrei!

E todos o olharam curiosos, com exceção de Margarete.

— Bem que eu estava me lembrando do senhor! É aquele homem do hospital! Que me confortou quando meu marido... bem, depois que ele foi operado.

— Exatamente! Sou eu mesmo.

— Que coincidência, doutor...

— Bernardo. Apenas Bernardo.

— Que coincidência, seu Bernardo, o senhor aqui, na minha casa! Estou impressionada!

Bernardo sorriu e considerou:

— Bem, Margarete, confesso que não acredito em coincidências. Se estamos nos reencontrando aqui hoje, penso que a vida deve ter nos reunido propositadamente e, como quase sempre acontece, por algum motivo que ainda desconhecemos.

João Eduardo voltou-se para os novos amigos e disse:

— Muito obrigado a todos vocês por terem vindo. Agora parece até uma festa mesmo!

Todos sorriram, e, em seguida, Bernardo considerou:

— Mas é uma festa, João. Estamos todos aqui reunidos para comemorar mais um ano de sua vida, sua saúde e tudo o mais que Deus lhe deu de maravilhoso.

O menino sorriu feliz, e Margarete ajuntou:

— Muito agradecida a vocês todos pelo que estão fazendo pelo meu menino. — Os olhos dela marejaram, e Sofia a abraçou carinhosamente.

— Não tem nada o que agradecer, Margarete. Seu filho é um garoto maravilhoso e muito especial. Estamos aqui porque nos encantamos todos por ele. — Ela entregou as novas guloseimas que haviam comprado no caminho. — Junte isso ao lanche.

— Mais coisas?! Mas não precisava!

Feliz, Margarete agradeceu novamente e juntou os novos doces e salgados aos que já estavam dispostos na pequena mesa, localizada pouco depois do sofá. Em seguida, convidou todos para cantar os parabéns de João Eduardo, em uma atmosfera de júbilo e harmonia.

Após o lanche, os adultos se reuniram na pequena varanda, decorada modestamente com algumas cadeiras e bexigas coloridas, enquanto as crianças se reuniram para brincar no quintal da propriedade.

Sentados à varanda, enquanto tomavam café, Sofia, Bernardo, Breno e Solange ouviam os relatos de Margarete sobre como a vida tinha-lhe tirado o companheiro.

— Posso imaginar como deve ter sido difícil para vocês — comentou Sofia.

— E eu sei bem do que se trata, pois também perdi o meu esposo — ajuntou Solange.

— A senhora também é viúva? Mas ainda é tão jovem!

— Sim, e também fiquei com um filho pequeno para criar. Claro que a boa condição financeira com a qual meu marido me deixou ajudou bastante a me virar sozinha com o meu Pedro, além do apoio que tive de minha família sempre. Nesse sentido, para você deve ter sido muito mais difícil, claro, mas a dor, a ausência, o vazio dentro da gente, a saudade... passamos igualmente por todo esse sofrimento.

— É isso mesmo — concordou Margarete. — A falta que ele nos faz machuca muito. E eu ainda agradeço a Deus por ter me dado o meu filho, que é o meu companheiro. Se não fosse por ele, eu não teria motivos para continuar lutando nesta vida. Sempre fui uma mulher ativa. Sempre ajudei meu marido vendendo os pescados para os restaurantes da cidade e para os turistas. Não deixávamos faltar nada para nosso menino, nosso anjo de Deus, que sempre nos encheu de orgulho e nunca precisou trabalhar antes disso. Mas quando Régis se foi, vocês sabem... as coisas ficaram difíceis, adoeci, e meu principezinho precisou me ajudar. Hoje vivemos de vender esses doces que faço para complementar a pequena pensão que ganho, generosamente, do dono da frota de barcos para quem Régis trabalhava.

— E que doces maravilhosos, hein, Margarete?! — exclamou Sofia, tentando animá-la. — E foi por causa deles que conheci o seu príncipe.

Margarete esboçou um discreto sorriso, dizendo:

— É, eu sei. Ele me contou. Sempre me conta tudo o que se passa com ele.

— Pois bem, depois daquele dia, lamentei muito por não tê-lo mais encontrado nos dias que se seguiram. Eu me apaixonei por ele. É um menino muito especial. Eu queria saber notícias dele e sua... tentar ajudar de alguma forma. Daí hoje, Deus nos proporcionou essa surpresa, de reencontrá-lo aqui.

Margarete fitou as casinhas dos vizinhos à sua frente, absorta.

— Entendo por que ele encantou a senhora. O meu menino é mesmo muito especial e costuma encantar as pessoas desde quando ainda era bebê. Desde o primeiro dia que ele...

Ela parou de falar, como se estivesse analisando se poderia confiar seu maior segredo àquelas pessoas que acabara de conhecer.

— Bem... desde o dia em que ele entrou na nossa vida... — Ela parou de falar novamente, e Sofia e os demais fitaram-na curiosos. Margarete foi até a cozinha, olhou para o quintal e constatou que João Eduardo continuava brincando com os colegas. Em seguida, voltou a sentar-se e continuou:

— Não falo disso com ninguém, mas sinto que posso confiar em pessoas tão boas quanto vocês. Na verdade, o meu João Eduardo... ele não nasceu de minha barriga. Nós o adotamos quando ainda era recém-nascido. Nós o amamos desde o primeiro momento, e esse amor só aumentou a cada dia. Por onde passávamos com ele, as pessoas se encantavam. E mesmo com uma vida simples, além de muito amor, demos a ele educação também, sabem, na escola e dentro de casa. Até hoje nosso menino nunca deixou de ir à escola e também nunca repetiu o ano.

Sofia segurou uma das mãos de Margarete entre as suas e, com a voz embargada, considerou:

— Parabéns, Margarete! Vocês receberam um presente de Deus e souberam honrá-lo muito bem, nos papéis de verdadeiros mãe e pai. — Margarete assentiu com a cabeça, lançando um discreto sorriso à Sofia, que completou: — Vocês deram a João Eduardo o que há de melhor nesta vida: amor, carinho, atenção e educação, sobretudo, uma educação de "berço". Esses são sentimentos e valores que não podem ser comprados, nem mesmo com muito dinheiro.

Eles conversaram ainda durante alguns minutos. Breno e Bernardo falaram um pouco sobre a continuação da vida e, de certa forma, conseguiram acalentar um pouco mais o coração de Margarete.

Quando começou a escurecer, as crianças se juntaram aos adultos, e todos se despediram. Porém, antes de partir, Mariana fez questão de convidar João Eduardo e sua mãe para comparecerem a casa dela no dia seguinte, para comemorarem juntos o seu aniversário, e Margarete prometeu que não faltaria.

Depois disso, todos deixaram o recinto sentindo-se muito bem.

CAPÍTULO 27

Um novo aviso de Elizabete

De volta à casa de praia, Sofia, Bernardo, Breno e Solange se reuniram na sala para jogar cartas, enquanto Mariana, Pedro e Paulo continuaram a se divertir de variadas formas. Mário e Joaquim ainda repousavam em seus aposentos.

Algum tempo depois, um pouco mais tarde do que o habitual, o jantar fora servido com carinho e atenção pelas criadas da casa.

Quando todos estavam reunidos à mesa, animados e felizes, a conversa fluía agradável, enquanto saboreavam a deliciosa refeição. Mário apenas observava... sobretudo, Sofia.

Sem se dar conta, entre uma garfada e outra, o empresário era atraído pelos mínimos gestos executados pela babá, como a maneira de segurar os talheres, de usar o guardanapo, de sorrir, falar, ou mesmo a forma distraída de passar a mão pelos próprios cabelos.

"O que poderia haver de tão especial em gestos tão simples e comuns?", questionou-se intimamente. "Por que tudo o que ela faz parece tão encantador e me chama a atenção dessa forma?"

A esses pensamentos, Mário fitou Bernardo e rememorou o fato de que Sofia era a namorada de seu melhor amigo; sendo assim, não deveria mais se permitir encantar-se por nada que viesse dela. Pelo menos, não daquela forma, experimentando um sentimento intenso, que, como mágica, brotou em seu ser no momento em que a viu pela primeira vez, no quarto da filha.

Então, com esforço, Mário desviou a atenção da babá para a conversa entre Bernardo e Solange, emitindo uma opinião evasiva sobre o assunto que ambos discutiam, apenas para manter-se distraído.

Após o jantar, as crianças voltaram para o salão de jogos. Enquanto isso, Mário convidou Sofia para tomar um café na sala de estar, pois eles tinham muito o que conversar, sobretudo em relação à Mariana.

— Bem, agora vou deixá-los a sós — disse Bernardo, beijando suavemente os lábios de Sofia, deixando-a na companhia do amigo. Em seguida, se retirou.

Quando ele passava pela porta da biblioteca, avistou Solange folheando um livro. Então, aproximou-se em silêncio.

— *Dom Quixote*, uma obra singular! — disse Bernardo por trás de Solange, que deu um sobressalto com o susto.

Ela voltou-se para ele com o coração palpitante.

— Que susto você me deu, cunhado! — disse sorrindo. — Não o tinha visto entrar.

— Desculpe-me, cunhada. Não tive a intenção. — E sorriu também.

— Tudo bem. Está perdoado.

Bernardo olhou para o livro que Solange segurava e indagou:

— Você já o leu?

— Sim. Duas vezes.

— Também apreciei bastante essa obra. E qual foi o seu motivo?

Solange franziu o cenho.

— Meu motivo? Não entendi.

Sorrindo discretamente, Bernardo explicou:

— Quando gostamos de um livro, geralmente, o fazemos por um ou mais motivos, sejam eles racionais ou irracionais. — Solange assentiu, e Bernardo continuou: — É claro que esses motivos costumam variar muito entre os leitores, principalmente quando se trata de uma obra que desperta tantos sentimentos e interpretações, como esta.

— E...?

— Quando sei de alguém que gostou de um livro que conheço bem, costumo perguntar a essa pessoa o que mais lhe agradou na obra.

— Não por curiosidade, imagino.

Bernardo sorriu novamente.

— Não, não. Sabendo o que elas mais gostaram em uma obra que conheço bem, acabo conseguindo discernir sobre traços da personalidade delas. E como sou um profundo pesquisador do comportamento e pensamento humanos... aprecio fazer isso com frequência.

— Hum... entendo.

Bernardo fitou o livro novamente.

— Mas, então, por que gostou desse livro, a ponto de lê-lo duas vezes? — indagou curioso. — Não precisa responder, se não quiser, mas confesso que estou curioso.

— Ahn... estou pensando se respondo — disse Solange, sorrindo. — Temo pelo que possa desvendar sobre mim.

Os dois sorriram descontraidamente.

— Tudo bem, fique à vontade — disse o advogado.

— Estou brincando. — Ela parou um instante absorta, fitando o livro entre as mãos. Depois, inspirou fundo e continuou: — Além

do misto de loucura, humor e certa pitada de romance, gosto de como o livro nos mostra o importante valor da amizade.

Bernardo afastou um chumaço de cabelo que teimava em cair sobre o olho esquerdo de Solange e considerou:

— Bem, além de comunicativa, você também é um pouco romântica, bem-humorada e costuma ser um tanto irreverente, provavelmente, do tipo que costuma se afastar do que é convencional.

Solange sorriu e retrucou:

— Ah, mas depois de minha resposta, ficou muito fácil deduzir tudo isso.

— Está vendo como é simples conhecer um pouco mais sobre as pessoas sem precisar perguntar diretamente, invadindo-lhe a privacidade?

Eles sorriram juntos novamente, como dois amigos de longas datas.

— "Tá". Tudo bem. Está certíssimo. Agora explique sua analogia, por favor, embora eu já imagine o que vai dizer. — Ela o fitou com olhar desafiador.

— Sim, claro. Um misto de loucura, humor e romance... — disse Bernardo, rememorando a resposta de Solange. — Os termos "humor" e "romance" já falam por si. Quanto à loucura, como sei de sua sanidade mental, essa característica só pode tê-la atraído, provavelmente, por correlacionar-se com algum traço irreverente de sua personalidade.

— É isso mesmo. Não costumo ser tão convencional diante da sociedade, que, muitas vezes, pensa diferente daquilo que, com hipocrisia, defende. E por isso acha-se no direito de julgar e condenar a tudo e a todos.

— Concordo que isso aconteça com frequência, mas precisamos nos policiar para não acabarmos replicando esse comportamento.

— Não. Eu não sou assim — respondeu Solange.

— Entendo que não seja exatamente assim, como elas, mas, se julgá-las pelos seus modos, estará incorrendo em um dos principais erros que nelas condena.

Solange ficou absorta, refletindo nas palavras de Bernardo.

— Sim, entendo. Só precisamos compreender que, na verdade, são pessoas que costumam esconder-se por trás de um estereótipo, reprimindo sua verdadeira personalidade.

— Exato. E geralmente o fazem por fraqueza, diante de um receio de serem rejeitadas no meio em que estão inseridas.

— E por isso, geralmente, amargam uma existência revoltada e infeliz — concluiu Solange, enquanto depositava o livro de volta na estante. — Sofia já havia me falado que você costuma analisar tudo o que se passa a sua volta.

Bernardo objetou:

— Gosto de analisar também os fatos, mas prefiro as palavras e a personalidade de quem as profere.

— Como diz Sofia... — Solange deu um sorriso de canto de boca —, você é mesmo um homem bem diferente da grande maioria. Claro, para minha irmã ter se interessado por você... só sendo mesmo muito especial!

— Agradeço o elogio! Mas Sofia é que é uma mulher singular. E hoje, conhecendo um pouco mais a irmã dela, pude constatar que deve ser um traço de família.

— Generosidade sua.

Eles sorriram juntos mais uma vez.

Enquanto isso, em uma das varandas da propriedade, Breno e Joaquim saboreavam um café, enquanto conversavam. Na sala de estar, Mário sorria ao som da voz de Sofia relatando-lhe as peripécias de Mariana e como as duas costumavam se divertir juntas. Ele aproveitou a oportunidade e confidenciou a ela que iria fazer uma surpresa à filha, presenteando-a no dia seguinte com uma boneca de porcelana negra igual à que tinha quebrado, como a babá lhe havia sugerido na carta.

— Minha filha é mesmo uma menina espetacular! — comentou Mário, sorrindo.

— Ela é maravilhosa! Além de esperta, inteligente, perspicaz e generosa, é também muito bem-humorada. É sempre um prazer enorme estar ao lado dela. São momentos preciosos para mim.

— Tenha certeza de que eu e Mariana temos muita sorte de ter você conosco, Sofia.

Mário a fitou com tanta intensidade, que chegou a perturbá-la. A babá remexeu-se no sofá e desviou o olhar, sem rumo.

Ele fez uma breve pausa e, sob um impulso incontrolável, tomou uma das mãos dela.

— Com todo o meu respeito... — E beijou-lhe o dorso suavemente — ... Eu gostaria de lhe agradecer do fundo de meu coração, por tudo o que tem feito pela minha filha.

Sofia respirou fundo, sentindo-se desconcertada, trêmula e com o coração palpitante. Não compreendia como aquele homem, que acabara de conhecer, conseguia exercer sobre ela tamanho conjunto de emoções. Por fim, sem jeito, balbuciou:

— Não há de quê, doutor Mário. Já lhe disse, o prazer é todo meu!

❧

Na madrugada daquele mesmo dia, quando todos dormiam, Sofia acordou de sobressalto, sentindo-se assolada e inquieta, mas não recordava de ter tido nenhum pesadelo. Ela olhou para a cama ao lado e constatou que Mariana dormia serenamente. Então, decidiu ir até a cozinha beber um pouco de água para tentar acalmar-se.

A escuridão imersa em plácido silêncio estendia-se por toda a propriedade. Ouviam-se apenas os sons de animais de hábito noturno, que coabitavam o jardim.

Sofia saiu do quarto devagar, com cuidado para não acordar Mariana, acendeu uma das luzes do corredor e seguiu em silêncio para a cozinha. Chegando lá, acendeu outra luz e abriu a geladeira. Nesse momento, sentiu alguém tocar-lhe as costas. Com o susto, quase deixou cair a garrafa de água que segurava. Virou-se para trás sobressaltada.

— Desculpe se assustei a senhora, tia — lamentou Pedro, fitando Sofia apiedado. — Não foi minha intenção.

— Nossa, meu anjo! Você quase matou sua tia de susto. Mas está desculpado. — E sorriu para ele.

— A senhora também estava com sede?

— Sim, estava. Acordei com muita sede e vim pegar água, em silêncio, para não acordar ninguém.

Após beberem água, Sofia acariciou os cabelos do sobrinho.

— Agora vamos voltar para a cama e dormir bastante, para podermos acordar amanhã bem-dispostos e nos divertir ainda mais.

— Vamos sim, tia.

Sofia enlaçou Pedro pela cintura, e os dois saíram juntos da cozinha. Quando passavam pela sala de estar, Pedro fixou o olhar no alto da escada que dava acesso ao primeiro andar da casa e parou de andar. Sem entender o que estava acontecendo, Sofia também parou. Olhando surpresa para o sobrinho, indagou:

— O que foi, Pedro?

— Tia, olhe — disse o menino, com os olhos arregalados, apontando o alto da escada.

Sofia olhou.

— Qual o problema, meu amor? Está com medo de subir sozinho até o quarto? Eu vou com você, depois desço novamente.

— Não, tia. A senhora não está vendo?

Sofia olhou novamente, mas nada viu. Em seguida, finalmente percebendo o que poderia estar acontecendo, ela se posicionou na frente de Pedro, segurou seus ombros com delicadeza e, com compreensão, indagou:

— Meu querido, o que você está vendo? Pode me falar. Já sabe que pode confiar em mim. Não precisa ter medo de nada.

Assustado, Pedro hesitou de imediato, mas logo voltou a falar:

— É aquela mulher novamente.

— Que mulher?

— Aquela que vi ao lado da senhora outro dia, na casa de vovó Adelaide.

— Elizabete? — indagou Sofia, surpresa.

— Sim.

— Fique calmo, meu anjo. Agora, se você puder, pergunte o que ela deseja.

— Não precisa tia, ela já me disse.

— E o que foi que ela lhe disse?

— Ela me pediu que eu lhe dissesse que a senhora precisa insistir em trazer dona Margarete aqui amanhã. Disse também que coisas irão acontecer para tentar impedir, mas que a senhora precisará insistir.

Pedro calou.

— Mais alguma coisa?

— Não. Ela acabou de nos abençoar e ir embora.

Sofia sentia-se trêmula, arrepiada e com o coração acelerado, mas tentou disfarçar, de modo a evitar que Pedro percebesse seu desconforto e ficasse ainda mais assustado.

— Certo. Então, querido, não precisa ficar com medo, tudo bem? Nós já conversamos sobre isso, e você sabe que essa mulher que veio falar conosco era uma pessoa muito boa, e, por isso, ela não pretendia nos assustar. Veio apenas me dar um recado, que deve ser importante, mesmo que ainda não saibamos o motivo.

— Sei disso, tia. Mesmo assim, fico com um pouco de medo. Sou criança ainda, né?

— Claro, meu querido. A titia entende, mas você é um menino muito corajoso. — E abraçou o sobrinho calorosamente.

Então, tentando agir naturalmente, Sofia subiu as escadas abraçada ao sobrinho. Eles seguiram juntos até o quarto em que Solange dormia profundamente em uma confortável cama de casal. Em silêncio, ela acomodou Pedro ao lado da mãe, beijou-lhe a face, cobriu-o com um lençol e permaneceu ao seu lado até que adormecesse. Depois saiu na ponta dos pés, deixando a luz de um abajur acesa.

Após retornar para o quarto de Mariana, Sofia deitou-se em uma cama de solteiro, posicionada ao lado da cama da menina, e ficou repassando em mente o recado de Elizabete:

"Margarete precisa ser trazida aqui amanhã". "Por que será?", indagou-se em pensamento. "Coisas acontecerão para tentar impedir, e vocês precisam insistir..."

Ela seguiu rememorando o episódio de sua prisão, quando Elizabete também viera lhe prenunciar um momento difícil de sua vida e aconselhá-la a enfrentar tudo com força interior e fé em Deus. Certamente, iria seguir os conselhos dela novamente. Ficaria atenta ao que viesse ocorrer no dia seguinte. E foi com essa convicção que Sofia adormeceu.

CAPÍTULO 28

Revelações

No dia seguinte, logo bem cedo, os hóspedes e os anfitriões da casa se reuniram em um divertido banho de mar, que foi seguido por brincadeiras, conversas e jogos na areia, sob a sombra de coqueiros majestosos.

Às dezesseis horas, tudo estava pronto para a comemoração do aniversário de Mariana. A mesa de guloseimas, os balões decorativos enfeitando o salão de festas e alguns brinquedos de grande porte, alugados para a ocasião, estavam espalhados no jardim para o deleite da criançada.

Sofia e Bernardo encarregaram-se de buscar João Eduardo e Margarete, porém, antes disso, a babá contou ao advogado o episódio ocorrido na noite anterior, em que Elizabete havia lhe enviado um novo recado. Com isso, Bernardo achou por bem convidar Breno para acompanhá-los até a casa do menino.

No caminho, Bernardo, Breno e Sofia conversavam:

— Bem, Sofia — começou Bernardo —, se Elizabete lhe recomendou que insistisse em levar Margarete até a casa de Mário na

ocasião do aniversário de Mariana, então, provavelmente, algo de importante vinculado à presença dela deverá acontecer.

— Ela também disse que poderá haver empecilhos e que eu preciso insistir. O que quis dizer com isso?

E Breno esclareceu:

— Veja bem, Sofia. Existem certas ocasiões de nossa vida em que estamos prestes a experimentar algo que necessita acontecer para o nosso benefício ou evolução espiritual, ou para o benefício de muitos envolvidos. Porém, algumas vezes, esses momentos podem ser adiados ou até mesmo inviabilizados por ação da influência de espíritos inferiores.

— De espíritos, tio? — interveio Sofia, surpresa. — Mas eles podem interferir no nosso meio a esse ponto? Podem nos atrapalhar a vida assim?

— Sim, podem — Breno continuou —, e o fazem com frequência. A obsessão é justamente a ação desses espíritos desencarnados não esclarecidos sobre a vida de indivíduos encarnados. Essa ação nociva pode ser contínua ou em determinadas ocasiões, sempre com o objetivo de prejudicar o obsediado. Falamos um pouco sobre isso naquele dia no restaurante. Lembra?

— Sim. Mas... qualquer pessoa pode sofrer essas influências? Pensei que fossem apenas os dependentes de drogas. Porque, se assim for, já estou morrendo de medo de acontecer comigo.

— Sim, qualquer um pode sofrer tais ações, mas não precisa ter medo, minha querida — contemporizou Breno, sorrindo carinhosamente. — É necessário fornecermos condições para que isso aconteça. Uma delas é quando possuímos sensibilidade mediúnica aflorada e não sabemos lidar com ela ou quando nossos pensamentos não são nada bons e atraem tais espíritos sofredores. Além do mais, é preciso entender que os espíritos obsessores são seres humanos como nós, dotados de sentimentos e razões, e que também sofrem e precisam de ajuda tanto quanto nós.

— Compreendo. Mas como isso é permitido por Deus?

— Então... — continuou Breno —, na maioria das vezes, a causa da obsessão está em erros cometidos pelo encarnado em relação ao espírito obsessor. Sendo assim, para se vingar, essas entidades acabam "sabotando" a vida dessa pessoa, que numa vida passada as prejudicou. Tudo isso acaba repousando no princípio da Lei da Ação e Reação.

— Então, quer dizer que, no fundo, temos culpa por sofrermos as ações desses espíritos? — concluiu Sofia.

— É basicamente isso — respondeu Breno. — No fundo, além de não esclarecidos, os obsessores são também espíritos sofredores, que clamam por uma justiça feita com as próprias mãos. Por isso que, para livrar definitivamente um encarnado de qualquer ação obsessora, seja ela contínua ou esporádica, é necessário o perdão e a reconciliação entre o obsessor e o obsediado, além de muita oração, de modo que possa haver o rompimento dos laços do passado que os une. Por outro lado, também há casos em que o obsessor se aproxima sem que haja nenhum vínculo com o obsediado. E faz isso apenas porque encontra uma oportunidade, geralmente em indivíduos médiuns que não sabem controlar a situação, para se divertir, atrapalhando a vida deles com satisfação. E há aqueles mais graves, envolvidos com entorpecentes, bebidas alcoólicas, cigarros ou qualquer outro tipo de viciação, que atraem espíritos em busca desses "prazeres", como falamos em outra ocasião. A invigilância nos pensamentos menos felizes, carregados de ódio, maledicência, inveja e outros pensamentos menos edificantes, também são canais para atrair espíritos que vibram na mesma sintonia. Mais uma vez, a oração é de extrema importância para evitar tais situações ou livrar-se delas.

— Compreendo. Mas como isso pode ser possível, se temos um "anjo da guarda" que deveria nos proteger? — perguntou Sofia.

— Livre-arbítrio, querida. Nosso espírito protetor não interfere em nossas escolhas, eles até tentam inspirar as pessoas para o caminho correto, mas, se estas não lhe dão ouvidos, naturalmente eles se afastam.

E depois de uma pequena pausa, notando que Sofia meditava sobre o que fora dito, Bernardo concluiu:

— É por isso, Sofia, que nunca devemos ameaçá-los ou bater de frente com eles, mas sim compreendê-los e conquistá-los por meio do amor. Mediante orações, rogamos a ajuda de Deus e de espíritos superiores para que os auxiliem a encontrar o caminho da luz, e, com isso, eles acabam se afastando do obsediado. Em um plano espiritual de luz, eles são cuidados, amparados e esclarecidos em relação às suas existências passadas.

— É isso mesmo, meu amigo — aquiesceu Breno.

Ao chegarem à casa de João Eduardo, encontraram a porta da sala aberta e Margarete deitada no sofá, com febre, tendo o filho ao seu lado, segurando um pano úmido sobre sua testa.

Ao vê-los no vão da porta, o menino se antecipou:

— Olá Sofia, tio Bê, tio Breno! Entrem! Vejam o que aconteceu. Minha mãe está doente, e, por isso, infelizmente, não poderemos ir ao aniversário de Mariana. Peçam desculpas a ela por nós, por favor.

Sofia, Bernardo e Breno se entreolharam.

— É mesmo, meu querido? — indagou Sofia, aproximando-se ainda mais, fitando Margarete deitada ao sofá.

— Boa tarde, gente — murmurou Margarete, com esforço. — Estou impossibilitada de sair daqui. Além da febre, minha cabeça está estourando. Deve ser uma virose chegando. Agradeço novamente e peço que nos desculpem.

— Já tomou algum remédio, Margarete? — indagou Breno, após também se aproximar, juntamente com Bernardo.

Margarete assentiu com a cabeça.

— Você costuma ter essas fortes dores de cabeça, Margarete? — indagou Bernardo, e João Eduardo antecipou-se em responder.

— Só às vezes, tio Bê. Mas nunca tinha visto uma tão forte assim, a ponto de deixar ela caída nesse sofá.

— É como eu digo — falou Margarete, massageando as têmporas com os dedos indicador e médio de cada mão —, só pode ser uma forte virose querendo me pegar.

— Margarete — perguntou Breno —, você se incomodaria se eu realizasse aqui uma prece em seu benefício?

— Fique à vontade, doutor Breno. Nós aqui sempre fomos muito religiosos. Toda oração é sempre muito bem-vinda.

Então, Breno pediu a todos que mentalizassem a figura do Mestre Jesus e permanecessem em silêncio por alguns instantes, elevando seus pensamentos no bem e na melhora de Margarete. Em seguida, ele estendeu os braços para a frente, pôs as mãos espalmadas para baixo sobre a cabeça dela, sem tocá-la, e manteve-se em firme oração, rogando ao Senhor bênçãos para que lhe fossem transmitidos fluidos curativos, de modo a restabelecer sua saúde.

Pouco tempo depois, Margarete começou a sentir-se um pouco melhor, tanto com relação à cefaleia quanto à febre. Eles continuaram em oração, e logo ela percebeu que havia melhorado ainda mais, de modo que, com algum esforço, se julgou capaz de ir à festa.

Felizes, Margarete e João Eduardo agradeceram a Breno, Bernardo e Sofia. Renovados no ânimo de comparecer à festinha de Mariana, trocaram de roupa rapidamente e seguiram na companhia dos três, rumo à casa da menina.

No caminho, foi João Eduardo quem perguntou a Breno por que ele havia orado com as mãos sobre a cabeça da mãe. Breno explicou a todos que havia realizado um passe magnético em Margarete, que consiste em uma transferência de fluidos curativos de

uma pessoa a outra, por meio da prece e da imposição de mãos. Ele esclareceu ainda que os fluidos utilizados naquela situação emanam do próprio passista, aquele que fornece o passe, com participação dos fluidos espirituais, que juntos se unem com o objetivo de atender aos problemas orgânicos, físicos ou espirituais. No entanto, a eficiência do passe magnético depende, sobretudo, da receptividade do indivíduo, tendo como fator preponderante sua postura, fé e o empenho de renovação, o que pode ser evidenciado na expressão usada com frequência pelo mestre Jesus: "tua fé te salvou".

∾

Foi com alegria que Margarete e seu filho foram recebidos na casa de Mário. A festa de Mariana estava bonita e muito animada, e todos se divertiam bastante. Logo eles se reuniram em torno da mesa e cantaram os parabéns. Após o lanche, Mário presenteou a filha com a boneca de porcelana, e ela, radiante de alegria, juntou-se aos meninos no *playground*. Os adultos se reuniram em uma das varandas da casa, para degustar um gostoso café preparado por Solange.

De repente, enquanto conversava com Joaquim — sobre a pesca e o comércio local de camarões —, Margarete foi acometida por ligeira tontura, náusea, frio e um formigamento pelo corpo. Percebendo sua palidez, ele tomou um copo com água da bandeja de uma das criadas, que passava no local servindo a todos, e o ofereceu a Margarete.

Ao entregar-lhe o copo, Joaquim percebeu que as mãos dela estavam extremamente geladas. Nesse momento, todos voltaram a atenção para ela, que bebeu a água e agradeceu.

— Sente-se melhor, Margarete? — indagou Joaquim, preocupado.

Margarete não respondeu. Fechou os olhos e ficou em silêncio. Sofia fez menção de repetir a pergunta, mas Bernardo gesticulou sugerindo que ela nada dissesse.

Margarete permaneceu em silêncio por mais alguns instantes, respirando lenta e profundamente, ainda de olhos fechados. A sensação de frio que inicialmente sentira aos poucos foi substituída por um calor brando e bem-estar incomparável.

Então, enquanto todos a fitavam apreensivos, ainda sentada à cadeira e de olhos fechados, Margarete finalmente falou:

— *Olá, meus queridos amigos!* — disse, com semblante sereno e a voz um pouco diferente e suave, inspirando confiança e tranquilidade. — *Estou aqui com a permissão dos irmãos maiores, porque chegou o momento de revelar um importante fato que, direta ou indiretamente, está relacionado à vida de todos vocês, seja por aspectos de suas encarnações atuais ou de anteriores.*

— O que ela está falando? — indagou Joaquim, perplexo, fitando os demais. — Será que enlouqueceu?

— Por favor, senhor Joaquim — interveio Bernardo —, garanto ao senhor que está tudo bem com ela. Fique tranquilo. Vamos ouvi-la falar e prometo que, logo em seguida, farei o possível para explicar o que está acontecendo.

Joaquim concordou, permanecendo em silêncio, assim como os demais.

E Margarete continuou:

— *Vou contar-lhes uma breve história para contextualizar a revelação que precisa ser feita neste momento.*

E percebendo que todos a ouviam com atenção, Margarete seguiu com a narrativa.

— *Um belo casal, honesto e trabalhador, morava e trabalhava na residência de uma família abastada da capital São Paulo; ela como cozinheira, e ele como jardineiro. Eles residiam em um dos quartos destinados aos criados dentro da propriedade. Eram bem tratados, respeitados e até*

queridos por todos da família. Os patrões costumavam investir em cursos de culinária para ela e faziam frequentes doações em dinheiro, alimentos e pertences para ambos, de modo que eles viviam dignamente no seio daquela família e eram muito felizes. Porém, faltava um único detalhe para que conseguissem desfrutar a felicidade plena: um filho. Durante anos o jovem casal tentou ser abençoado com um filho, mas não obtiveram êxito.

"Certo dia, quando seus patrões estavam viajando, a campainha tocou, e o vigia foi averiguar de quem se tratava. Pouco tempo depois, ele adentrou os aposentos do casal, eufórico, trazendo nos braços uma criança recém-nascida. A jovem senhora aproximou-se do vigia e, fitando o bebê com emoção, o enlaçou entre seus braços. O casal estava encantado! O vigia logo contou-lhes que aquela criança havia sido doada ao casal por uma mulher elegante e bem-vestida.

Porém, dois anos depois, seus patrões deixaram São Paulo. Desempregados, acabaram aceitando a oferta de um velho amigo para irem morar na cidade de Ilhabela, onde eles viveriam do pescado local. E assim aconteceu. O casal se mudou pouco tempo depois e logo se estabeleceu financeiramente com o novo ofício. Os recursos sempre foram limitados, mas suficientes para criar aquela linda criança, em meio a extrema dedicação, sacrifícios, princípios éticos e morais e, principalmente, muito amor."

Sem ser interrompida, ela continuou:

— *Essa é a história de João Eduardo e de seus pais, Margarete e Régis.*

Nesse instante, todos, com exceção de Bernardo, a fitaram intrigados, sem entender por que ela citara a si mesma na terceira pessoa. E percebendo os olhares questionadores, Margarete esclareceu:

— *Mas antes de continuar minha narrativa, meus amigos, gostaria de esclarecer que quem aqui vos fala não é Margarete, mas sim Elizabete.*

A expressão de surpresa foi unânime entre os presentes, desta vez, com exceção apenas de Bernardo, que estava conseguindo enxergar Elizabete de pé, ao lado de Margarete.

— Meu Deus, ela enlouqueceu mesmo! — exclamou Joaquim, interrompendo a narrativa. — Ela só pode ter enlouquecido!

— Por favor, meu pai. Deixe-a continuar — implorou Mário, com a voz embargada e os olhos marejados. Desejava saber onde tudo aquilo iria dar.

Bernardo pousou a mão no ombro de Joaquim e reforçou-lhe ao ouvido a promessa de que logo tudo lhe seria esclarecido.

— Continue, por favor — pediu Sofia.

E Elizabete, por intermédio de Margarete, continuou:

— *Mário, meu querido, perdoe-me pelo que irei fazer agora: revelar de uma forma inesperada a todos um fato tão importante de nossa vida, porém é chegado o momento de você, Joaquim e Margarete conhecerem a verdade. Muito em breve, os demais aqui presentes também saberão o motivo de estar participando desta breve reunião.*

Lágrimas escorriam pelas faces de Mário que, diante daquela voz e maneira de falar tão semelhantes às da falecida esposa, fora bombardeado por um sentimento misto e contraditório de certeza e incredulidade, no entanto permaneceu em silêncio, ávido pela continuação da narrativa.

E Elizabete continuou:

— *A mulher que levou João Eduardo recém-nascido até Margarete e seu esposo foi...* — Elizabete fez ligeira pausa, mas logo concluiu a frase: — *... Violeta. O bebê havia nascido naquele mesmo dia, de meu ventre. Era nosso filho, Mário querido.*

Nesse momento, todos ficaram ainda mais estarrecidos com a revelação. E enxugando as lágrimas com as mãos, Mário não suportou mais a pressão e a emoção daquele momento e esbravejou:

— É mentira! Tudo isso não passa de uma terrível mentira! Você não é Elizabete! Você não poderia ser a minha Elizabete, porque, se assim o fosse, saberia mais do que ninguém que o nosso bebê sempre foi e sempre será a nossa amada filha Mariana!

— Fique calmo, meu amigo — pediu Bernardo, pousando a mão sobre o ombro de Mário.

— Como posso ficar calmo, diante de tanta atrocidade falada aqui por essa mulher?! Vocês não percebem que ela ou é louca ou uma farsante oportunista, que fala em nome de minha falecida esposa e ainda insinua que a minha mãe seja uma criminosa!

Bernardo pôs-se de frente para Mário, segurou-o pelos ombros e, fitando-o nos olhos, disse com voz firme:

— Mário, é ela. É Elizabete. Eu posso lhe afirmar isso com toda a certeza deste mundo, pois a estou vendo ao lado de Margarete. Por favor, fique calmo, está bem? Calmo — pediu novamente.

Percebendo a seriedade nos olhos, na fisionomia e na entonação de voz do amigo, Mário respirou fundo e tentou controlar-se. Joaquim, que pretendia apoiar o filho com um novo discurso ofensivo a Margarete, após as palavras de Bernardo, resolveu permanecer em silêncio, ainda que duvidasse fortemente de tudo aquilo.

— *Muito obrigada, Bernardo* — disse Elizabete. Em seguida, continuou:

— *Mário, meu querido, você tem toda a razão quando afirma que Mariana é nossa amada filha, porque ela o é; porém, no dia em que dei à luz nossa pequena princesa, de meu ventre nasceu também o nosso menino, que foi batizado pelos seus pais adotivos de João Eduardo. Só descobri tudo o que se passou naquele dia depois que desencarnei. Agora estou aqui, utilizando do corpo de nossa amiga Margarete, para poder revelar a todos esse fato. Porque todos que aqui estão, de alguma forma, possuem laços — formados nesta e em vidas passadas — com a nossa vida e com essa história.*

— E por que minha mãe faria uma barbaridade dessas? — indagou Mário.

— *Por puro ciúme de você, meu querido. Tinha a esperança de nos ver separados algum dia e, quando engravidei, achou que um filho iria dificultar a concretização desse desejo. No entanto, mesmo a contragosto, só lhe restava aceitar a situação. Porém, diante das circunstâncias do meu parto, Violeta se aproveitou para forçar uma situação de risco para a minha integridade física e a de nosso bebê. Como você sabe, Mário, não sabíamos que eram gêmeos, pois, ao longo da gestação não foi possível identificar a segunda criança.*

"Quando a bolsa estourou, e eu, logo em seguida, entrei em trabalho de parto, estávamos sozinhas em casa, além de alguns criados. Então, gritando muito de dor e bastante ofegante, implorei para que Violeta me levasse a um hospital. Mas ela se negou, com o pretexto de que o motorista não estava na casa e que não haveria tempo para chamar um táxi, de modo que ela mesma receberia a criança, com a ajuda de Berta, que tinha experiência como parteira, adquirida na época em que vivera no interior. Claro que ela não teria meios para atestar que não haveria tempo de levar-me ao hospital. Sua atitude foi com a única intenção de prejudicar-me. Percebendo que eu passava muito mal, ela ansiava para que tudo desse errado e que eu viesse a falecer juntamente com nosso filho, mas nós resistimos, com a ajuda de Deus."

Lágrimas continuavam rolando pelas faces de Mário, e Elizabete continuou:

— *No entanto, durante o nascimento de João Eduardo, desfaleci, e Violeta aproveitou a oportunidade para levar nosso filho dali. Ela instruiu Berta a mentir quando eu acordasse, informando que a criança havia nascido morta e com uma deformidade física, e que, por isso, ela teria levado o bebê com a intenção de poupar-me do trauma de ver meu filho nessas circunstâncias. Porém, quando me recobrei, eu estava totalmente confusa. Ainda sentia fortes dores de contração e gritava de dor, quando Berta auxiliou-me no nascimento de Mariana. Percebendo que eu não tinha consciência do nascimento de João Eduardo, Berta nada disse a esse respeito.*

"Após a situação serenar, já com Mariana nos braços, perguntei à Berta por Violeta, ao que ela me informou que a patroa, preocupada com

minha situação, teria ido buscar a ajuda de um médico. Quando ela retornou, Berta a recebeu e confidenciou-lhe a situação, de modo que Violeta foi visitar Mariana em nosso quarto como se nada tivesse acontecido. Por todo o ocorrido, eu jamais imaginaria que minha sogra tivesse cometido o terrível crime que cometeu."

Após a narrativa, Joaquim indagou com rispidez:

— Como poderemos comprovar o que diz? Sua acusação é muito séria. Se for verdade, será um caso de polícia! Por outro lado, se estiver falando leviandades, você poderá ser processada e até presa por isso.

— *Meu estimado sogro* — falou Elizabete —, *sei que é muito difícil para o senhor, mas acredite, sou Elizabete, e tudo o que lhes falei aqui é a mais pura verdade, ainda que uma verdade lamentável e dolorida para todos nós.*

— Não posso crer em uma coisa dessas, jamais! — exclamou Joaquim, exaltado.

— *Eu o compreendo* — respondeu Elizabete. — *Mas agora preciso ir, meus amigos. Não me é permitido demorar mais. Deixo vocês na companhia de duas pessoas especiais, que há muito têm dedicado preciosa ajuda ao trabalho benevolente de espíritos de luz, Breno e Bernardo. Sei que eles irão esclarecer muitos de seus questionamentos sobre o meu contato.* — Ambos assentiram com a cabeça. — *Agradeço a atenção de todos. Deus abençoe vocês!*

Após Elizabete partir, Margarete foi recuperando a consciência rapidamente, embora pouco recordasse do que havia falado. Sentia uma tranquilidade e paz infinitas, como nunca havia experimentado antes.

Bernardo e Breno se encarregaram de explicar a todos sobre a constituição energética do espírito, para em seguida elucidar sobre o fenômeno de "incorporação", que eles haviam presenciado ali. Intercalando explicações e exemplificações, os dois esclareceram que Margarete era dotada de mediunidade de incorporação, uma categoria mediúnica que se caracteriza pela transmissão oral da comunicação do espírito desencarnado. Explicaram que a consciência de Margarete havia sofrido uma interferência energética vinda de Elizabete, que agiu sobre seus órgãos vocais para comunicar-se com todos eles.

Depois que Sofia relatou à Margarete o conteúdo da narrativa de Elizabete, ela ficou surpresa e apreensiva, pois temia que, se toda aquela história fosse verdade, Mário quisesse tomar-lhe o filho.

Bernardo aproveitou a ocasião para informar que ele próprio era dotado de mediunidade de clarividência e, portanto, era capaz de enxergar os espíritos em determinadas ocasiões, quando a maioria das pessoas não os via. Afirmou que pôde observar Elizabete claramente durante todo o tempo em que ela estivera entre eles e a descreveu como um espírito iluminado, trajando vestes mais alvas que a própria neve e irradiando uma luz extremamente branca e brilhante, além de muito amor.

Apesar das explicações didáticas e fundamentadas de Bernardo e Breno, toda aquela situação era muito difícil de ser compreendida por eles, sobretudo por Joaquim e Mário, pois Sofia, Solange e Margarete possuíam forte inclinação para a compreensão e aceitação dos fenômenos espirituais.

Após aquele momento de revelações, os adultos foram ter com as crianças no salão de jogos.

Mário e Joaquim passaram a observar todos os gestos de João Eduardo, tentando encontrar nele alguma semelhança com seu suposto pai. Joaquim percebeu como ele espanava o cabelo em momentos de excitação, da mesma forma que seu filho fazia quando criança. Mário não pôde deixar de notar como a boca, o nariz e as mãos do menino eram idênticas às suas. Ambos também notaram que Mariana e João Eduardo tinham muitas semelhanças físicas. Também havia a semelhança nas datas dos nascimentos.

Claro que a suposta diferença de apenas um dia entre eles poderia facilmente ter sido mais uma das artimanhas de Violeta, em fornecer a data errada aos pais adotivos.

Assim, embora ainda estivessem relutantes, eles começaram a cogitar a possibilidade de Margarete ter falado a verdade e, por isso, precisavam tirar toda aquela história a limpo.

Nos dias que se seguiram, Mário buscou aproximar-se ao máximo de João Eduardo, solicitando que ele e sua mãe ficassem hospedados com eles até o final do feriado. Logo de início, Margarete relutou em aceitar a proposta, mas não demorou muito até se render aos pedidos bem argumentados de Mário.

Assim, por diversas vezes, Mário teve a oportunidade de conversar com João Eduardo, perguntando-lhe sobre fatos pregressos de toda a sua vida. Juntos, eles também tomaram alguns banhos de mar e brincaram bastante, na maioria das vezes, acompanhados de Mariana, Pedro, Paulo e Sofia. Bernardo e Solange se juntaram a eles algumas vezes. Joaquim também queria saber mais sobre João Eduardo e fez isso passando longas horas de conversas agradáveis com Margarete, que lhe pareceu ser uma mulher forte, inteligente, de fibra e bom coração.

CAPÍTULO 29

A verdade vem à tona

Após uma estadia bastante agradável em sua casa de praia, na quarta-feira após o feriado prolongado, Mário retornou para São Paulo e foi direto para a empresa, com o coração inundado de sensações novas. Por um lado, estava feliz, com a alma leve e serena, por ter vivenciado dias tão maravilhosos na companhia de pessoas tão especiais, porém, havia três fatos que o estavam atormentando: a séria acusação que havia caído sobre sua mãe, a possibilidade de João Eduardo ser mesmo seu filho e... Sofia!

Mário não estava conseguindo se concentrar no trabalho. A imagem daquele menino adorável, esperto e generoso, insistia em vir-lhe à mente a todo instante, juntamente com a dúvida que o atormentava a cada segundo, de ele ser ou não o seu filho. Também não estava conseguindo aceitar que sua mãe, por mais complicada que fosse, tivesse agido de forma tão cruel, e até criminosa, com ele e com Elizabete. Era preciso conversar seriamente com ela.

"E se fosse verdade? Como seria a vida deles dali para a frente?", pensou.

Mas a imagem da mãe era intercalada pela de Sofia, sorrindo para ele, linda, amável, inteligente, perspicaz... Uma mulher singular! Além disso, havia algo a mais. Ele sentia-se tão confortavelmente bem ao lado dela, que era como se a conhecesse há muitos anos.

— Meu Deus! Isso não poderia acontecer! — exclamou para si mesmo.

Não poderia pensar nela com outros olhos que não os de amizade, pois era a namorada de seu melhor amigo! Meneou a cabeça vigorosamente, como a afastar da mente aqueles pensamentos que lhe despertavam tanta emoção.

Já passava da hora do almoço, e, definitivamente, Mário não estava conseguindo se concentrar, nem sentia fome. Então, decidiu juntar os papéis que estavam espalhados sobre sua mesa de trabalho e os guardou em uma gaveta. Em seguida, levantou-se da cadeira, apanhou sua pasta com documentos importantes e saiu da sala, passando displicentemente pela secretária.

— Está indo almoçar, doutor Mário?

— Ah, desculpe, Márcia! Vou para casa e não volto mais hoje. Por favor, transfira todos os meus compromissos de hoje para outro dia.

A secretária estranhou a atitude do patrão, que não costumava faltar ao trabalho, nem mesmo terminar o expediente mais cedo.

— Está se sentindo bem, senhor?

Mário não ouviu e continuou caminhando, imerso em seus pensamentos, rumo à saída da empresa.

Com Joaquim aconteceu o mesmo. Não conseguia deixar de pensar na possibilidade de sua esposa ter cometido um crime tão terrível contra o próprio filho e neto. Sabia que Violeta era uma mulher dura, ríspida e intransigente, mas sempre fora uma mãe zelosa, sobretudo com Mário, o seu preferido. Não conseguia acreditar que ela fosse capaz de cometer um crime tão bárbaro, isso seria demais para ele. Seria demais para continuarem vivendo juntos. A esse pensamento, veio-lhe à mente a imagem de Margarete e pensou como ela era diferente da esposa! Mesmo de origem humilde e com pouca instrução, percebia-se claramente que era uma mulher inteligente, guerreira, de coração puro e bom. E ainda possuía um senso de humor aflorado, mesmo diante de tantas lutas e infortúnios experimentados ao longo de sua vida.

Com tantos pensamentos a lhe dificultarem a concentração no trabalho, Joaquim também deixou a empresa mais cedo, um pouco depois de Mário.

Pouco antes, logo após chegarem a São Paulo no meio da manhã, Bernardo levou Sofia à casa dela e ficou aguardando até que tomasse um banho e acompanhou-a na refeição matinal. Em seguida, o advogado levou-a até a casa dos Pedrosas. Quando lá chegaram, já eram aproximadamente onze horas. Bernardo seguiu para seu escritório na empresa.

Ao adentrar a casa, Sofia cumprimentou os criados e foi direto ao quarto de Mariana, que brincava, feliz, com a boneca nova. Após se cumprimentarem animadamente, ela deu um gostoso banho na pequena e pôs nela uma roupa confortável. Penteou-lhe os cabelos e a levou para o almoço.

Diferente do que ocorria com frequência, Violeta estava em casa naquele dia, já a postos à mesa para o almoço, pois tinha uma consulta marcada para o início da tarde.

Vendo Sofia e Mariana se acomodarem à mesa, com um sorriso sarcástico de canto de boca, ela indagou:

— E então, minha querida neta, como foi o final de semana na companhia de meu amado filho e de seu avô?

— Foi maravilhoso, vovó — disse Mariana, enquanto Sofia lhe servia o almoço no prato, em silêncio.

— Alguém mais esteve lá com vocês, além daquele advogadozinho inconveniente?

Mariana e Sofia se entreolharam, mas logo a menina respondeu:

— Não, vovó. Apenas eu, papai, vovô e tio Bê.

— Sei... — disse Violeta, semicerrando os olhos, duvidando da menina. — E por que vocês se entreolharam quando fiz a pergunta?

Rapidamente, Mariana pensou em uma resposta.

— Bem, vovó, é que... algumas vezes, acabei chamando para ir brincar comigo duas crianças que conheci na praia. Só isso.

Violeta permaneceu em silêncio um instante, apenas analisando a neta.

— E as mães delas foram também?

— Não, era a avó delas que as levava todas as tardes para brincarmos juntas.

— Sei... Só espero que não estejam me escondendo nada, porque nessa casa eu sempre descubro tudo!

Mariana assentiu com a cabeça, enquanto mastigava a refeição.

Após o almoço, Mariana e Sofia se resguardaram no quarto para descansarem um pouco da viagem. As duas ficaram deitadas na cama, uma ao lado da outra, recostadas em travesseiros, conversando e rememorando os momentos maravilhosos que haviam experimentado nos últimos dias.

De repente, Violeta abriu a porta abruptamente e adentrou o quarto furiosa, com brasas nos olhos.

— Eu sabia que estavam mentindo, suas fingidas descaradas! — esbravejou, no tom mais alto que pôde. — Ouvi muito bem, mesmo que estivessem cochichando. Todos mentiram! Ninguém tinha me falado que essa daí — ela apontou para Sofia — havia sido convidada para a minha própria casa, sem o meu consentimento.

Dizendo isso, Violeta avançou como uma fera sobre Sofia, segurando fortemente o seu pescoço com as duas mãos. Mariana gritou, implorando que a avó parasse, mas foi empurrada por ela, de tal forma que a menina escorregou da cama e caiu no chão, e Violeta continuou apertando o pescoço de Sofia. Com muito esforço, Sofia conseguiu se desvencilhar, afastando-a com um forte empurrão. As duas ficaram de pé, uma de frente para a outra, e a babá tentou apaziguar a situação:

— Acalme-se, dona Violeta, por favor! A senhora está enganada. Eu não estive em sua casa.

— Mentirosa! Eu ouvi muito bem!

— A senhora deve ter ouvido errado. Estávamos falando baixo e, por isso, deve ter confundido nossas palavras.

— Não me subestime, sua pilantra! — gritou. — Não ouvi nada errado porque ainda não ensurdeci. Todos mentiram para mim. Sua vagabunda! — ela estapeou Sofia na face e a empurrou com força contra a cômoda de Mariana.

Com o impacto, dois vidros de perfume escorregaram da cômoda e se espatifaram no chão, ao mesmo tempo em que Sofia desequilibrou-se e caiu, ferindo suas duas mãos sobre os estilhaços de vidro. No chão, Mariana chorava e gritava forte pelo socorro dos criados.

E fitando Sofia caída ao chão ensanguentada, Violeta vociferou:

— Agora pegue suas tralhas e vá embora daqui para nunca mais voltar, sua petulante atrevida!

Nesse momento, Mário adentrou a casa e foi recebido por Berta, que torcia os dedos e esfregava as mãos, aflita, com os olhos arregalados.

— Graças a Deus que o senhor chegou, doutor Mário!

— Que gritaria é essa, Berta?

— A dona Violeta está no quarto da menina, juntamente com Sofia, e estão numa "brigadeira" só. Antes de entrar lá, ela me proibiu de interromper o que quer que acontecesse. Corre lá, doutor, por favor!

Mário jogou a pasta que trazia à mão sobre o sofá da sala e correu em direção ao quarto da filha, adentrando o recinto exatamente no momento em que Violeta expulsava Sofia de casa.

A cena que presenciara o deixou chocado. De um lado, Mariana caída no chão, pedindo ajuda, aos prantos, e do outro, Sofia ensanguentada, também caída ao chão, com Violeta de pé à sua frente, furiosa e ameaçadora.

— Meu Deus! O que está acontecendo aqui? Mamãe, o que você fez?

Violeta deu um sobressalto ao ver o filho. Jamais imaginaria que ele pudesse aparecer ali àquela hora do dia.

— Meu filho?! Não é o que você está pensando — balbuciou, nervosa. — Eu não fiz nada! Vou lhe explicar tudo!

— É mentira, papai — gritou Mariana em lágrimas.

Imediatamente, Mário retirou a filha do chão e a pôs de volta na cama.

— Você está bem, filha?

— Sim, papai — respondeu a menina, enxugando as lágrimas e serenando o pranto, diante da presença do pai. — Vá ajudar Sofia.

Mário foi até Sofia e abaixou-se diante dela, aflito.

— De onde vem esse sangue todo? Consegue andar? Preciso levá-la ao hospital.

— Estou bem. Apenas cortei as mãos.

Mário correu até o banheiro, apanhou duas toalhas, tomou as mãos de Sofia e as enfaixou com elas. Em seguida, ajudou-a a levantar-se.

— Segure assim, por enquanto, Sofia. Vou chamar o motorista para nos levar a um hospital.

— Não será preciso, os cortes não foram tão profundos. Obrigada! Eu mesma posso cuidar disso.

Vendo Mário lidar com Sofia com tanta preocupação e até com certo carinho, Violeta se desesperou. De imediato, deduziu que aquela "mulherzinha", esperta e dissimulada, havia tido tempo suficiente para encantar seu filho, como uma cobra traiçoeira, durante os dias que passaram juntos na sua casa de praia.

— Meu filho, você não sabe quem é essa mulher. Ela é uma fingida, dissimulada e traiçoeira!

Mário voltou-se para a mãe com os olhos cerrados de indignação.

— A senhora enlouqueceu? Ainda que ela fosse a mulher que está me descrevendo, nada justificaria tamanha violência de sua parte. E quanto à minha filha? O que ela pode ter-lhe feito para que a empurrasse da cama como fez?

— Tudo não passou de um acidente, eu juro!

— É mentira, papai — interveio Mariana. — Ela me derrubou da cama, bateu na Sofia e ainda a empurrou contra a cômoda. Desculpe-me, mas tenho de dizer a verdade.

— Eu só estava me defendendo, filho. Juro!

— Basta, mamãe! Nada do que a senhora disser agora irá melhorar a sua situação.

— Não acredito que prefere ficar do lado dessa mulher que mal acabou de conhecer e ficar contra a sua própria mãe! — vociferou Violeta, rancorosa.

— Não estou a favor nem contra ninguém aqui. Apenas sou contra qualquer tipo de violência.

— Eu não a agredi, apenas a demiti, e ela se revoltou, investindo contra mim como um bicho. Por isso precisei me defender.

— É melhor não dizer mais nada, mamãe. Conversaremos depois. Agora lhe peço que saia, por favor.

Nesse momento, Joaquim apareceu no quarto solicitando explicações do ocorrido. Mário esclareceu-lhe rapidamente que Sofia e Violeta haviam discutido e que a jovem acabara se ferindo.

Joaquim exigiu que Violeta o acompanhasse até o escritório, pois precisavam conversar seriamente. De início, ela relutou a se retirar dali, pois precisava convencer o filho de que não era culpada pelos incidentes ocorridos a Sofia e à neta. Mas Joaquim e Mário não estavam receptivos às suas explicações, principalmente o esposo, que, durante o caminho do trabalho até sua casa, já planejava travar uma conversa séria e franca com ela.

O marido estava com fisionomia contraída, visivelmente sério e seguro, como Violeta nunca o tinha visto antes. Percebendo que, daquela vez, não conseguiria demover o marido da intenção de tirá-la dali para conversarem, Violeta decidiu ceder e acompanhá-lo até o escritório. Seria mais inteligente de sua parte. Depois trataria de convencer o filho.

Após seus pais terem deixado o quarto, Mário pediu a Berta que trouxesse água fresca para Mariana e Sofia beberem. Alguns instantes depois, a criada adentrou o recinto e serviu a menina sobre a cama e a babá sentada em uma poltrona.

Após Berta se retirar, Mário aproximou-se da filha e fez-lhe um carinho nos cabelos, verificando se ela realmente sentia-se bem. Depois beijou-lhe a face e a acomodou sentada na cama. Por fim, entregou-lhe a boneca que estava sobre o criado-mudo.

— Agora vou cuidar da Sofia, está bem, meu anjo? — E beijou a fronte da filha, que assentiu com satisfação.

Ele aproximou-se da poltrona onde Sofia estava sentada e posicionou-se de frente para ela.

— Vamos cuidar desses ferimentos agora? Nossa princesa já está bem e confortável. Pode nos aguardar um pouco.

Sofia fitou Mariana, preocupada.

— Posso aguardar sim, Sofia. Estou ótima! Fique tranquila. Você precisa de cuidados, e eu aguardarei o que for preciso.

— Então... — decidiu Mário, lançando à babá um olhar afetuoso e penetrante. — Vamos a um hospital?

— Não será necessário. Aqui mesmo, no banheiro de Mariana, há um material de primeiros socorros. Poderei fazer a limpeza e assepsia dos ferimentos.

— Bem, como você entende melhor do que eu dessas coisas, não vou contestar. Venha comigo, então.

Com muita delicadeza e cuidado, Mário ajudou Sofia, que ainda tinha as toalhas envoltas sobre as duas mãos, a levantar-se. Eles pediram licença a Mariana e foram juntos até o banheiro do quarto.

A pedido dele, Sofia sentou-se sobre um banquinho de frente para um enorme espelho — acima de uma larga bancada de mármore. Em seguida, Mário inclinou-se para remover, delicadamente, as toalhas das mãos de Sofia. Grande parte do sangue já havia coagulado sobre a pele, mas dois dos ferimentos ainda sangravam com pequena intensidade.

Desconcertada, Sofia puxou ligeiramente as mãos.

— O senhor não precisa...

Mário interrompeu a fala de Sofia.

— Já se esqueceu de que pedi para me chamar de você? — indagou, enquanto retirava de dentro de um recipiente de vidro um chumaço de algodão e o embebia em líquido antisséptico.

— Tudo bem. Mas você não precisa fazer isso. Eu posso cuidar disso sozinha.

Mário parou um instante e, fitando a babá, considerou:

— Sofia, não pode me tirar o direito de cuidar de você e, com isso, poder retribuir, ao menos um pouco, do tanto que tem feito por minha filha.

Ele tomou novamente as mãos dela, delicadamente, e começou a limpar os ferimentos com o algodão. Sofia gemeu um pouco de dor, e ele fez uma pausa. Depois continuou, com cautela. Por fim, fez um curativo sobre os ferimentos e os envolveu com atadura.

— Prontinho! — disse Mário, satisfeito com o próprio desempenho. — Então, passei no teste?

— Sim. Perfeitamente!

— Sendo assim, algum dia, me convide para acompanhá-la àquele hospital beneficente onde levou Mariana. Poderei ser útil ao menos para fazer curativos.

Os dois sorriram juntos.

— Claro. Quando desejar. Basta agendarmos o dia, mas confesso que pensava que nem se lembrasse mais disso.

— Ah, engano seu, minha cara. Recordo-me de tudo o que havia em suas cartas e as tenho guardadas na mais alta segurança.

Sofia sorriu e desviou o olhar.

Ele segurou seu queixo suavemente, virando seu rosto na direção dele. E fitando-a nos olhos, continuou:

— Assim como também não consigo esquecer os momentos agradáveis que passamos juntos neste final de semana.

Sofia enrubesceu e levantou-se abruptamente, esbarrando nele. Então, em um gesto impulsivo e totalmente incontrolável, Mário segurou os ombros dela com sutileza e buscou fitá-la nos olhos, ao que ela desviou o olhar de imediato, porém ele deslizou a mão por sua face até o seu queixo e o ergueu com delicadeza, para que ela o fitasse.

Quando, finalmente, seus olhos se encontraram, nenhum dos dois pôde mais conter aquele sentimento ardente, puro, verdadeiro e incontrolável, que os dominava naquele momento. Mário pousou os lábios, suavemente, sobre uma das pálpebras dela e depois sobre sua face. Por fim, beijou-lhe os lábios com firmeza e paixão.

Aquele não fora um beijo comum, pois, além de paixão, havia também saudade extravasada. Uma saudade cuja origem eles desconheciam e para a qual não tinham qualquer explicação racional. Sentiam como se fossem amantes de outrora e estivessem se reencontrando após um longo período separados.

Quando caíram em si, findaram o beijo e se afastaram, ambos desconcertados.

— Perdoe-me, Sofia, por favor! Eu não tinha esse direito, mas não consegui me controlar. Foi muito mais forte do que eu. Perdoe-me, tanto por você como pelo meu grande amigo, Bernardo. Prometo-lhe que não me atreverei novamente.

— Não há o que perdoar — disse ela, se recompondo. — Eu consenti, e, dessa forma, nós dois saímos do controle.

Depois de deixarem o banheiro, Sofia foi ter com Mariana, enquanto Mário seguiu para seus aposentos. Precisava organizar os pensamentos. Tomou um banho demorado e relaxante e solicitou que lhe trouxessem o almoço no quarto.

Enquanto se alimentava, Mário rememorou o beijo ardente que havia dado em Sofia, mas, rapidamente, a imagem de seus pais invadiu-lhe a mente. Imaginou que seu pai tivesse aproveitado a oportunidade para falar com Violeta sobre João Eduardo. Pensou em ir até a biblioteca, mas hesitou e, por fim, resolveu não interferir.

Na biblioteca, Joaquim conversava seriamente com Violeta.

— Então, quer dizer que você me chamou aqui para discutirmos por causa de um simples acidente com aquela babá dissimulada? — indagou Violeta com sarcasmo.

— Também — respondeu Joaquim, rispidamente. — Sente-se, por favor.

Violeta franziu o cenho. Aquela atitude do marido não era habitual, pois o conhecia como um homem pacato. Fazia tempo que Joaquim vinha se afastando da esposa, pelo seu lado amargo, revoltado com a vida. Ficar perto dela era um tormento. Então, ela começou a sentir-se apreensiva.

— Como assim, "também"? O que mais você tem para me falar de tão importante?

Joaquim sentou-se no confortável sofá da biblioteca e aguardou em silêncio até que Violeta fizesse o mesmo.

— Pronto — disse ela, após sentar-se de frente para ele. — O que quer de mim agora? Por que está tão sisudo? — a fisionomia contraída do esposo a estava deixando cada vez mais irrequieta.

— Em primeiro lugar, quero dizer que o que você fez a Sofia não tem justificativa. — Violeta fez menção em responder de imediato, mas Joaquim foi imperativo em impedi-la. — Não fale nada! Apenas ouça!

E ele continuou:

— Qualquer que tenha sido o motivo da discussão entre vocês duas, a violência nunca se justifica. Portanto, seu comportamento foi reprovável e vergonhoso.

— Vergonhoso? — vociferou Violeta, sem conseguir controlar-se. — Aquela cretina me respondeu e partiu para cima de mim. Eu apenas a empurrei para me defender. Se ela caiu sobre a cômoda e depois sobre os estilhaços de vidro, não tive nenhuma culpa nisso.

— Não discuta, Violeta! Eu lhe dei voz ativa dentro desta casa durante anos. Mas agora existe algo muito mais sério do que todas as atrocidades corriqueiras cometidas por você ao longo de nosso casamento, que eu, por comodidade, acabei relevando.

Violeta remexeu-se no sofá, arrumou um fio de cabelo que teimava em cair-lhe sobre o rosto e aguardou ansiosa as próximas palavras do marido.

— Eu já sei de tudo, Violeta. Não adianta você negar.

— Sabe de tudo o quê? Está maluco? — indagou, furiosa.

— Exijo que me respeite!

— Você está fazendo alguma brincadeira comigo, por acaso? Vá direto ao ponto! Sabe que detesto perder tempo com inutilidades.

Então, sem mais delongas e sem se exaltar, Joaquim descarregou sobre ela tudo o que havia planejado falar-lhe:

— Sei de tudo o que você fez com relação ao filho de Mário e Elizabete. — Violeta empalideceu, atônita. E Joaquim continuou:

— Sei que você cometeu a crueldade e o crime de dar o bebê que era gêmeo de Mariana, também filho de nosso Mário com Elizabete. Não adianta mais negar. Agora quero apenas que você me explique suas razões, embora eu saiba que não aceitarei nenhuma delas, se é que elas existem.

Violeta meneou a cabeça negativamente, pálida, gélida, aflita, tentando raciocinar uma maneira de se livrar daquela acusação.

"Como ele descobriu tudo?", pensou. Iria negar até o fim!

— Como você ousa me acusar de uma barbaridade dessas? — disse finalmente, tentando disfarçar o mal-estar. — Sei que tenho meus defeitos, mas criminosa não sou nem nunca fui.

Joaquim fitou a esposa com seriedade e continuou falando naturalmente.

— Violeta, não adianta negar. Será ainda pior para você. — No fundo, ele desejava que tudo aquilo fosse um grande mal-entendido, mas precisava se certificar e continuou:

— Conversei com a mãe adotiva do menino. Conversei com ele próprio, meu neto, que hoje já está bem crescido e tive com ele um pouco do convívio do qual você, em sua insanidade e maldade, nos privou.

Violeta levantou-se do sofá e fitou o marido com fogo nos olhos.

— E quem é essa mulher, que lhe falou tantas mentiras? Você acha mesmo que se eu tivesse dado a ela um bebê às escondidas, eu teria contado de quem ele era filho? Claro que não! Essa mulher deve ser mais uma entre tantas golpistas e, pelo visto, enganou-o direitinho.

Joaquim parou um instante, pensativo, mas logo continuou:

— Você tem toda a razão, Violeta. — Ela o olhou esperançosa. — Não foi a mãe do menino quem me contou essa história, até porque ela nunca soube mesmo de quem o bebê era filho.

— E quem foi, então, que o ludibriou desta forma?

— Berta. Foi Berta quem me contou tudo. Com detalhes — mentiu ele, "jogando" com a esposa.

Embora Joaquim não tivesse certeza do nível de envolvimento da criada naquele caso, através do relato de Margarete, ele tomou conhecimento de que Berta havia ajudado Violeta durante o parto de Elizabete. Era cúmplice de muitas barbaridades cometidas por Violeta naquela casa, mesmo que desaprovasse a maioria delas.

— Bem — esclareceu Joaquim —, a questão é muito simples. Ou você conta tudo para mim, ou irá relatar tudo ao delegado! — finalizou.

Violeta arregalou os olhos, furiosa e muito aflita, diante da possibilidade de confessar o seu crime mais sigiloso, fosse ao marido ou à polícia. Então, sem conseguir controlar-se diante de toda aquela pressão, imposta pelo seu próprio esposo, que quase sempre fora passivo diante de suas atitudes, ela vociferou descontrolada:

— Berta?! Aquela traidora infeliz! Vai embora desta casa hoje mesmo! Como ela pôde?

— Então é verdade! — murmurou Joaquim, abaixando a cabeça com um olhar vago, lamentando com pesar a confirmação indireta de culpa da esposa. Desejava profundamente ter ouvido o contrário, mas não havia mais dúvida. Violeta havia caído na armadilha dele e se denunciara.

— Eu posso explicar tudo! Seja lá o que aquela analfabeta tenha lhe falado, certamente as coisas não ocorreram como ela disse.

— Basta, Violeta! Você não vai falar mais nada. Não insista em continuar com suas mentiras, por favor. Isso já está dolorido demais para mim.

Joaquim semicerrou os olhos fitando a esposa e permaneceu em silêncio por mais alguns instantes. Em seguida, levantou-se

e mandou uma das criadas chamar Berta. Voltou a sentar-se e aguardou.

Logo, Berta adentrou o escritório, assustada, e foi fulminada pelos olhos em chamas de Violeta. Não imaginava o motivo de ter sido chamada durante uma discussão entre seus patrões.

Joaquim fitou a esposa novamente e, com olhar firme, disse:

— Violeta, se você falar qualquer coisa antes de ser solicitada, ligo no mesmo instante para a polícia, e você terá de explicar tudo para eles.

Berta arregalou os olhos em direção à patroa e começou a tremer e a torcer os dedos das mãos, como sempre fazia quando estava aflita.

— Agora, por favor, sentem-se as duas.

Elas sentaram em poltronas diferentes, ambas de frente para ele.

— Berta — começou Joaquim —, Violeta acabou de me contar que você foi cúmplice quando ela cometeu o crime de dar para adoção o filho homem, recém-nascido, de Elizabete e Mário. Por que você compactuou com tamanho crime? Por que não contestou essa barbaridade?

A criada olhou para Joaquim, depois para Violeta e para Joaquim novamente, completamente estarrecida, sem saber o que dizer.

— Não foi isso o que eu falei — retrucou Violeta, furiosa.

— Cale-se! Não me faça perder a paciência! Já disse que estou a ponto de chamar a polícia a qualquer momento.

— Calma, senhor Joaquim. A polícia não, por favor — implorou a criada.

— Responda, Berta. Por que você compactuou com uma barbaridade dessas? — insistiu Joaquim.

A criada abaixou a cabeça e não conseguiu evitar que lágrimas escorressem pela sua face. E, soluçando, disse finalmente:

— Perdão, senhor Joaquim, sei que errei muito, e nada do que eu disser irá arrancar de mim essa culpa que guardo dentro do meu coração, que me atormenta todos os dias de minha vida. O menino era tão bonito... Até hoje me lembro do choro forte dele quando saiu nos braços de dona Violeta.

— Cale-se, sua mentirosa! — gritou Violeta, levantando-se subitamente e investindo na direção da criada.

Joaquim levantou-se rapidamente e conteve a esposa, enquanto Berta continuava chorando e pedindo perdão a todo tempo.

Ouvindo a confusão, Mário resolveu ir até lá. Quando adentrou o escritório, Joaquim o olhou compadecido, ainda contendo a esposa entre os braços.

— Ah, meu filho. Lamento muito... mas era tudo verdade!

Mário fitou a mãe, incrédulo, e ela, imediatamente, ajoelhou-se diante dele, jurando que era inocente e que Berta havia mentido, mas nem ele nem Joaquim lhe deram ouvidos.

Por fim, Joaquim concluiu que a convivência entre eles, em uma mesma casa, não seria mais possível a partir dali e determinou que Violeta arrumasse seus pertences e fosse embora daquela casa.

Chorando copiosamente, ela implorou, relutou, argumentou, tentando sem êxito convencer o esposo e o filho de que eles estavam sendo injustos e que não poderia deixar a própria casa, porque não suportaria viver longe de Mário. Mas Joaquim foi incisivo, dando-lhe o prazo de um dia para partir. Ele lhe sugerira que fosse morar com uma irmã que também residia na capital. Ou era isso ou ela teria de enfrentar os rigores da lei.

Por fim, Violeta afirmou que não moraria com a irmã e que, por isso, precisava de um prazo maior para conseguir comprar um imóvel nas proximidades dali. Joaquim acatou o seu pedido, dando-lhe uma semana para partir.

CAPÍTULO 30

Sofrendo com as "perdas"

Já passava da meia-noite quando Ana Maria acordou de sobressalto. Ouviu barulhos dentro de casa e imaginou que poderia
ser Beatriz, que tinha saído ainda no início da noite. E ela estava
certa. A filha tinha chegado de uma de suas "noitadas", nervosa
e sentindo-se nauseada. Correu para o quarto e fechou a porta,
assustada, sem trancá-la à chave. Aflita, começou a andar de um
lado para o outro, especulando para si mesma as consequências
da tragédia que acabara de lhe acontecer.

Parou de andar um instante, tentando refletir.

— Talvez a polícia não descubra assim tão facilmente. Ah,
mas deixei impressões digitais naquela faca. — E voltou a andar
de um lado para o outro. — Não tem jeito. Eles vão me descobrir e
logo virão atrás de mim. Vou ter de fugir. Mas antes preciso tomar
um banho e apagar esses vestígios. — Havia sangue coagulado
em seu braço, em razão do corte superficial que sofrera, e também
nas mãos e nas roupas.

Depois do banho, Beatriz fez um curativo rápido com algodão e esparadrapo sobre o ferimento, vestiu-se com um jeans e

uma camiseta, apanhou uma mochila grande e começou a colocar algumas roupas dentro dela.

Nesse instante, a porta do quarto foi aberta de repente. Era Ana Maria.

— Mãe?! — exclamou a jovem, assustada. — Como a senhora entra em meu quarto assim, sem bater?

— Desculpe, filha. Não tinha certeza que era você. Ouvi barulhos e vim conferir. — Ela olhou para as roupas sobre a cama e para a mochila, já quase cheia. — O que está fazendo? Vai viajar a uma hora dessas?

— Preciso passar uns dias fora. — E continuou arrumando a mochila.

— E por que assim, tão de repente? Até parece que está fugindo. — Ana Maria parou um instante, refletindo sobre a situação. — Meu Deus, Beatriz! O que você fez, minha filha? Converse comigo, talvez eu possa ajudá-la.

— A senhora ajuda bastante não me atrapalhando.

— Para onde você vai? Diga-me ao menos isso.

— Eu ligarei para a senhora assim que puder, está bem?

Após arrumar a mochila, Beatriz apanhou a bolsa para conferir o dinheiro que havia conseguido com a venda de drogas. Estava tudo ali. Porém, não encontrara seu documento de identidade. Só poderia tê-lo deixado no chão do banheiro da boate, juntamente com outros pertences que não teve tempo de recolher quando deixara sua bolsa cair no chão. A situação estava ainda pior. Agora a polícia poderia chegar ali a qualquer momento — concluiu em pensamento.

Beatriz apressou-se. Pôs a mochila nas costas e pendurou a bolsa no ombro. Quando passava pela mãe, que a olhava entristecida, ela parou.

— Preciso ir agora, mãe.

Com os olhos marejados e o coração apertado, Ana Maria acariciou o rosto da filha.

— Por favor, minha querida, prometa que vai me dar notícias. Não se esqueça de que eu a amo e estarei sempre aqui para ajudá-la.

Naquele momento, Beatriz foi tomada por forte emoção, de modo que seus olhos também marejaram. Estava com medo de, pela primeira vez na vida, afastar-se de casa e de sua família. Embora costumasse negligenciá-los, no fundo, ela os amava, sobretudo a mãe, que era seu porto seguro.

Emocionada, Beatriz fitou Ana Maria com um olhar de remorso, por tudo o que deixou de ser e de fazer no sentido de retribuir todo o amor e o cuidado dispensados pelos pais e irmão. Remorso por não ter aproveitado todos os momentos em que teve a oportunidade de desfrutar da companhia e do carinho de todos os seus familiares.

Assim, ela abraçou a mãe fortemente, enquanto confessou:

— Eu a amo, mãe! Perdoe-me por tudo! Diga ao papai e ao Paulo que os amo também. Prometo que voltarei algum dia, não se preocupe.

Às palavras de Beatriz, Ana Maria não conseguiu se conter, deixando as lágrimas rolarem livremente pelo rosto, expressando toda a dor, angústia e o medo que estava sentido pelo que poderia acontecer à filha depois que ela deixasse a própria casa daquela forma. Aos seus olhos de mãe, Beatriz continuava sendo aquela menininha de cabelos loiros em cachos, sapeca e rebelde, mas também carinhosa e indefesa.

Mesmo sabendo que a filha estava em apuros, tinha consciência da própria impotência. Sabia que nada do que ela lhe dissesse ou fizesse iria demovê-la da sua decisão. Sem mais, fitando-a com pesar, sob lágrimas, disse:

— Vá com Deus, minha filha! Que Ele a abençoe e a proteja! Estarei orando por você e aguardando notícias suas o quanto antes.

Quando Beatriz se dirigia para a porta de entrada da casa, a campainha tocou, e as duas se entreolharam assustadas.

— Por favor, abram a porta. É a policia! — disse um dos policias. — E tocaram a campainha novamente.

— Polícia?! — indagou Ana Maria, olhando apavorada para a filha.

— Não me pergunte nada agora, mamãe. Espere eles tocarem mais uma vez e vá abrir a porta. Diga que não estou e que não me vê desde o final da tarde.

Nervosa, Ana Maria apenas assentiu com a cabeça, concordando com a filha. Então, aguardou a campainha tocar mais uma vez, enxugou as lágrimas e foi atender os policiais. Enquanto isso, Beatriz saiu pela porta dos fundos, pulou o muro do quintal, que dava para a rua de trás, e saiu correndo, sumindo na escuridão da noite.

— O que desejam? — perguntou Ana Maria, tentando disfarçar o nervosismo.

— A senhorita Beatriz Correia de Sousa encontra-se em casa?

— Não, senhor. Não a vejo desde o final da tarde — balbuciou. — O que está acontecendo? Por que desejam falar com ela?

Nesse momento, ainda sonolento, Osório aproximou-se e ouviu quando os policiais perguntaram pela filha e sua esposa respondeu que ela não estava.

— Os senhores são os pais dela?

— Sim, somos — respondeu Osório. — O que foi que aconteceu com minha filha, para os senhores virem até aqui uma hora dessas?

— Lamentamos o inconveniente, mas a filha dos senhores é a principal suspeita de ter assassinado uma mulher esta noite, dentro do banheiro de uma boate. Tudo indica que a motivação para o crime tenha sido a disputa por ponto de venda de drogas.

Naquele momento, Ana Maria e Osório estremeceram. Eles se entreolharam em silêncio, sentindo o chão abrir-se aos seus pés.

Ana Maria quase desmaiou nos braços do marido. Foi apenas depois de alguns minutos que o casal se recompôs e pôde conversar devidamente com os policiais.

∽

Uma semana depois, pouco antes da hora do almoço, Ana Maria aguardava a chegada do filho e do marido para almoçarem juntos, como costumavam fazer. Ansiosa por notícias da filha, sentiu um forte aperto no peito, ainda maior do que aquele que sentira quando presenciara Beatriz sair de casa fugindo da polícia. Em razão do mal-estar, deixou-se cair no sofá, cabisbaixa e com as mãos sobre a cabeça, de preocupação.

Nesse momento, ouviu um rangido de porta, ao levantar a cabeça na direção do som. Para a sua surpresa, deparou com Beatriz no vão da porta de entrada. Estava muito abatida, pálida, com os cabelos desfeitos, a roupa suja de sangue coagulado em vários locais.

— Filha! — exclamou, enquanto se levantava subitamente.

— Eu falei que voltaria — murmurou Beatriz, com fisionomia lânguida e voz sumida.

Nesse instante, o telefone tocou. Ávida por abraçar Beatriz, Ana Maria hesitou em atender, pois tudo o que ela mais desejava era rever a filha e dizer-lhe que ela e Osório haviam consultado um advogado e pretendiam enfrentar juntos aquela situação.

— Atenda, mãe, pode ser importante — aconselhou Beatriz, fitando a mãe com olhar distante.

Ana Maria olhou na direção do telefone, que tocava insistentemente, depois virou-se novamente para a filha, mas ela já havia atravessado a sala e estava adentrando o próprio quarto. Então, decidiu atender o telefone.

— Alô! Quem fala? Sim, é ela. Como? Desculpe-me senhor, mas está enganado.

No exato momento em que Ana Maria falava ao telefone, Osório adentrou a casa acompanhado do caçula Paulo. Sem perceber a fisionomia aflita da mãe, o menino seguiu direto para o próprio quarto, porém, Osório notou que a esposa falava nervosamente e aproximou-se, posicionando-se de frente para ela.

— Desculpe-me, senhor — continuou Ana Maria. — Nem eu nem o meu marido iremos, pois eu já disse que está enganado. Agora preciso desligar. Com sua licença e até mais. — E desligou o telefone.

— Quem era? Para onde estavam nos chamando? — indagou Osório, apreensivo. — Você está tremendo, Ana Maria. O que aconteceu?

— Ai, Osório. — Ela respirou fundo e botou a mão sobre o peito, enquanto falava. — Era o delegado. Ele me deixou nervosa, mas, felizmente, está tudo bem.

— E o que ele queria? Alguma notícia sobre Beatriz?

— Sim... Não... Veja só que absurdo! Se ela não estivesse aqui, eu poderia estar passando muito mal agora.

— Do que você está falando, Ana? Não estou entendendo nada.

— O delegado acabou de ligar nos chamando para... — Ela fez uma pausa, sem conseguir completar a frase.

— Vamos, querida, continue. Seja o que for, fale, estou ficando nervoso.

— Não se assuste, porque nossa filha voltou. Ela está no quarto dela. Mas o delegado ligou pedindo que fôssemos até o Instituto Médico Legal para reconhecermos... o corpo dela. Fiquei muito nervosa, claro. Quem não ficaria, ouvindo uma coisa dessas? Estou tremendo ainda. Veja — Ela esticou as mãos na direção do marido.

— Que terrível engano! — exclamou Osório! — Ela voltou? Vou até lá.

Quando Ana Maria e Osório adentraram o quarto da filha, ela não estava lá. Chamaram por seu nome, procuraram nos demais cômodos da casa e não a encontraram. Também, a porta dos fundos estava fechada por dentro.

— Você tem certeza de que a viu, Ana? Meu coração está disparado! Acho que vou ter um enfarte.

— Sim, eu a vi. Falei com ela. Não estou louca! A menos que... Meu Deus, isso não pode ter acontecido!

Nervosos e passando muito mal, eles comunicaram a Paulo que precisavam sair com urgência e que explicariam tudo quando retornassem. Em seguida, tomaram um táxi e foram até o endereço indicado pelo delegado. Chegando lá, reconheceram o corpo da filha. Ainda abalados com a trágica confirmação, foram informados pelos policiais que Beatriz estava dentro do carro de um conhecido traficante de drogas da região, quando ambos foram alvejados por tiros disparados por traficantes rivais e não resistiram aos ferimentos. A jovem estaria no lugar errado, na hora errada.

❧

Na manhã do dia seguinte, durante o velório, Ana Maria estava inconformada, chorando copiosamente, enquanto sua mão deslizava suavemente sobre a face de Beatriz, dentro do caixão. Ao seu lado, Osório e Paulo também estavam banhados em lágrimas. Da mesma forma, os demais familiares estavam desolados. Não conseguiam aceitar que a vida de uma moça tão jovem e cheia de vigor tinha sido ceifada de uma forma tão trágica e repentina.

Após o velório, o sepultamento ocorreu no final da tarde. Em seguida, a família de Beatriz se reuniu na casa de Ana Maria, com o intuito de se consolar, com a ajuda de Breno.

Desolada, porém um pouco mais calma, sob o efeito de medicamentos calmantes, Ana Maria comentou:

— Neste momento, não existem palavras que possam expressar a dor que estou sentindo, é tão profunda, que está me dilacerando por dentro. Sinto como se minha vida tivesse acabado. Os filhos nunca deveriam morrer antes dos pais.

Osório estava sentado ao seu lado, segurando sua mão em silêncio, também sob o efeito de calmantes.

— Concordo plenamente, minha cunhada — ratificou Vicente, ao lado de Adelaide, ambos muito abalados. — Isso vai contra a lei natural da vida. Os pais sempre deveriam ir primeiro.

— Por que Deus permitiu que uma tragédia dessas ocorresse em nossa vida? Por favor, meu irmão. — Ana Maria fitou Breno. — Ajude-me a entender por que isso aconteceu!

Sentado do outro lado de Ana Maria no sofá e acariciando-lhe os cabelos com ternura, Breno considerou:

— Minha querida irmã, a partida de um ente querido é sempre muito dolorosa para os que continuam nesta vida. Embora a dor nunca passe completamente, certamente, ela vai sendo amenizada com o tempo; porém, enquanto esse tempo não passa, podemos, ao menos, aliviar nosso sofrimento mantendo a fé na certeza de que Deus é infinitamente bom e justo.

— Desculpe, meu irmão, sempre fui muito religiosa e temente a Deus, mas nesta situação não consigo deixar de ter raiva Dele, de ter dúvidas de sua existência e, principalmente, dúvidas de sua bondade e justiça — desabafou Ana Maria.

— E faço das palavras de minha esposa as minhas — comentou Osório, enxugando uma lágrima que acabara de cair.

Breno contemporizou:

— Compreendo perfeitamente a reação de vocês. Tudo isso que relataram é o que normalmente acontece aos sentimentos daqueles que, como nós, sofrem uma "perda", principalmente se ela for abrupta, precoce e violenta. Contudo, revoltar-se contra

Deus não é o melhor caminho a seguir, pois toda dor é amenizada quando mudamos a forma de enxergar os fatos.

— E como podemos enxergar essa situação sem nos revoltar? — retrucou Osório.

— Veja bem, meu cunhado — argumentou Breno. — Primeiramente, precisamos entender que ter um filho é receber de Deus a responsabilidade temporária de amar, cuidar e educar um ser, mas com a consciência de que nossos filhos não são nossos. Além disso, devemos compreender que a vida aqui na Terra é apenas uma situação transitória, e o que nos acontece aqui faz parte de um planejamento traçado antes mesmo de nascermos, sempre com o objetivo maior de evoluirmos espiritualmente.

E percebendo que todos o ouviam com atenção, Breno continuou.

— Sendo assim, nossos filhos possuem seus próprios caminhos, que são traçados de acordo com o que cada um deles necessita para a própria evolução. E para trilhar esse caminho, todos nós nascemos e morremos várias vezes e em cada existência aprendemos alguma coisa de útil, que nos auxilia na evolução rumo à pureza e perfeição do espírito. Então, para pessoas desinformadas, que desconhecem as leis de Deus que regem a vida e a evolução espiritual, as situações de "perda" são normalmente encaradas como uma "fatalidade"; um fardo que semeia males no caminho dos familiares que ficam.

— E não é? — indagou Ana Maria.

— Não. Não é. Na verdade, a "morte" de nossos entes queridos, assim como outras adversidades a que somos postos à prova, não é mais do que a consequência lógica do nosso passado, ou seja, o cumprimento do planejamento por nós mesmos traçado antes de reencarnar. Sendo assim, vamos desencarnar quando as tarefas que nos propomos a realizar nesta encarnação forem realizadas.

— Meu irmão — falou Ana Maria —, ainda que você esteja certo no que diz, temo que nossa Beatriz não tenha voltado para lugar algum, porque eu a vi ontem, poucas horas após a morte dela. Ela parecia viva. Inclusive, não aparentava saber que estava morta. O que aconteceu, meu irmão? Será que estou ficando louca ou era ela mesmo? Minha menina está sofrendo? — E voltou a chorar.

— Chore, minha irmã, lave a alma com suas lágrimas, mas não permita que esse sofrimento todo perdure por muito tempo, pois logo que Beatriz for socorrida por nossos amigos espirituais, ela poderá sentir o sofrimento de todos que aqui ficaram, e isso não irá ajudá-la onde estiver.

— Então, estou certa? Era mesmo ela?

— Sim.

— Mas como isso é possível? — indagou Sofia desta vez. E Breno seguiu com as explicações solicitadas.

— Bem, tentarei explicar de uma forma objetiva. Todos nós, quando desencarnamos, passamos por um período de perturbação espiritual, que pode ser curto, durando apenas algumas horas, ou longo, prolongando-se por anos, dependendo de seu grau evolutivo. Além disso, após a "morte", continuamos com nossa individualidade, permanecendo com as mesmas qualidades, defeitos, conhecimentos e afetos, e pensando da mesma forma. Assim, aqueles que quando vivos eram demasiadamente apegados à vida material, ficarão presos ao mundo terreno, acreditando que ainda fazem parte dele, até que ocorra naturalmente um descondicionamento psíquico. Por isso, Beatriz foi atraída vibratoriamente para o local com que estava familiarizada em vida e não sabia ainda que havia desencarnado.

— Ai, meu Deus! — Exclamou Ana Maria, levando as mãos à face. — Ela irá sofrer demais quando descobrir que não está mais viva. Era linda, vaidosa, cheia de planos...

— Acalme-se, minha irmã. É por isso que estamos aqui, esclarecendo pontos importantes da relação vida e morte, para que juntos possamos auxiliar Beatriz neste momento. Precisamos orar a Deus e aos espíritos superiores para que a ajudem a entender e, principalmente, a aceitar a própria situação o quanto antes, para que ela possa ser rapidamente socorrida pelos espíritos amigos que trabalham nesse campo e levada às colônias espirituais, onde receberá auxílio e ensinamentos.

— Mas a dor é muito forte, meu irmão! Ainda mais sabendo que ela ainda está perdida! Não posso aceitar isso assim tão fácil!

— Bem, Ana, de nada adiantará você continuar assumindo essa postura — censurou Breno. — Entendo a sua dor, mas precisa trabalhar seus sentimentos em benefício de sua filha, minha sobrinha. Imagine que essa perturbação inicial pela qual ela está passando seja inevitável para todos nós. Se Beatriz vai demorar mais ou menos nessa condição, isso irá depender do merecimento dela, porque, infelizmente, o desencarne não nos livra de nossas imperfeições, mas pense que essa situação é temporária e podemos auxiliá-la com nossas orações. Você precisa, minha irmã, reforçar sua fé em Deus, com a certeza de que Beatriz logo estará muito bem, sendo auxiliada, estudando e se preparando para uma nova encarnação. E quando esse momento chegar, sua tristeza e lamentos em Terra não serão benéficos a ela, pois Beatriz poderá senti-los de onde estiver e ficará preocupada e igualmente triste.

Breno fez ligeira pausa e afagou novamente os cabelos da irmã. Percebendo que ela o ouvia com atenção, continuou:

— Quanto à sua dor e a de todos nós, ela é fruto da educação que recebemos em nossa cultura ocidental. O que deveríamos sentir é uma saudade semelhante, ou mesmo um pouco mais forte, àquela que sentimos quando nossos parentes realizam uma viagem que irá durar alguns anos. Entendo que pensar assim não é nada fácil, exatamente em razão da nossa cultura enraizada ao longo de nossa vida, mas precisamos nos instruir e nos esforçar para tentarmos enxergar que nossa existência terrena é curta, e em breve todos nós iremos nos reencontrar inúmeras vezes, seja na vida espiritual ou carnal. E, nesse ínterim, cada um precisa seguir seu próprio caminho, rumo à própria evolução espiritual, ainda que estejamos ligados emocionalmente a muitas pessoas, parentes ou mesmo amigos.

Eles permaneceram reunidos e conversando ainda por algum tempo. Apesar da dor lancinante e inevitável que todos estavam sentindo, sobretudo os pais e irmão de Beatriz, as palavras de Breno estavam abraçando a todos como um bálsamo caridoso às esperanças perdidas.

C A P Í T U L O   3 1

E a vida continua

Algumas semanas se passaram, e, aos poucos, a vida dos personagens desta história seguia seu curso natural, cada um a seu modo.

Na casa dos Pedrosas, a atmosfera estava suave e tranquila, pois Violeta já havia partido. Ela conseguira comprar um imóvel no mesmo bairro e visitava o filho quase todos os dias. Mário ainda estava muito ferido e, quando encontrava a mãe, não conseguia agir naturalmente com ela. Era ríspido e intolerante, ao que Violeta relevava e continuava insistindo em seu perdão e aceitação. Ela havia prometido a si mesma que se vingaria de Berta, pois continuava pensando que ela teria sido a responsável por toda a tragédia que havia assolado a sua vida. Sofia também não estaria livre do peso de sua vingança, por ter se aproximado do filho de maneira tão sórdida. Também iria pagar pela traição que lhe fizera! No fundo, tudo de ruim que estava lhe acontecendo era culpa dela.

Após a partida de Violeta, Mário e Joaquim convidaram Margarete e João Eduardo para morar com eles, pois o menino deveria

assumir a sua condição de filho de Mário, cuja paternidade ele pretendia reconhecer o quanto antes. Mas como Margarete era acostumada ao trabalho, pediu que a destinassem a algum serviço na mansão, de forma que ela foi contratada oficialmente como governanta da família, pois Berta havia voltado para a sua cidade natal, no interior do Estado.

Com a nova formação da família, sem a presença de Violeta e com a chegada de João Eduardo, inevitavelmente, Mário e Sofia haviam se aproximado ainda mais, com o incentivo indireto dos dois irmãos, Mariana e João Eduardo. A babá passara a dormir na casa e só retornava ao seio familiar aos domingos, seu único dia de folga.

Nos dias de semana, quando Sofia não tinha aula à noite, assim como durante as manhãs e tardes de sábado, todos juntos, incluindo Joaquim e Margarete, saíam sempre para desfrutar de agradáveis programas familiares.

Com frequência, Bernardo, Breno, Solange, Pedro e Paulo também participavam dos momentos felizes e prazerosos com aquela grande família que se formara. Em respeito ao amigo, Mário não voltou a tocar Sofia e a respeitava como a uma irmã, ainda que seus sentimentos de amor por ela continuassem a crescer dentro dele, tomando a cada dia proporções maiores. Com Sofia se passava o mesmo.

Entretanto, mais alguns dias depois, Mário precisou se ausentar novamente da capital, para tratar dos negócios da família, que estavam em plano de expansão para duas outras capitais do país. Mesmo escrevendo e telefonando à babá com frequência, foi inevitável que sua ausência física durante quase três semanas tivesse contribuído para que a relação entre Sofia e Bernardo se solidificasse. A união do casal estava se tornando ainda mais afinada, agradável e íntima, com o total consentimento e apoio dos pais, irmãos e demais familiares de Bernardo, que se encantavam com Sofia a cada dia que passava.

Quando faltava um dia para o retorno de Mário, como fazia com frequência aos domingos, Bernardo almoçou com Sofia na companhia da família dela. Ele aproveitou a ocasião para surpreendê-la com um lindo anel de brilhantes, que representava um pedido formal de casamento.

Em seu íntimo, Sofia preferia que Bernardo tivesse discutido o assunto com ela em particular, de modo que lhe fosse possível avaliar os próprios sentimentos antes de tomar uma decisão tão séria. Contudo, diante da manifestação de alegria e satisfação de seus familiares presentes, ela aceitou o pedido. Estavam noivos.

No dia seguinte, quando Mário chegou a casa de viagem, passava das quatro da tarde. Ele foi recebido com muita alegria por Mariana, João Eduardo, Margarete e Sofia. Joaquim ainda não havia retornado da empresa.

Após cumprimentar a todos com abraços e beijos calorosos, Mário reuniu-se com eles na confortável sala de estar, para entregar-lhes os presentes que havia trazido para todos.

Mariana e João Eduardo ficaram muito entusiasmados com os brinquedos que ganharam e ali mesmo começaram uma divertida brincadeira com eles. Margarete recebeu um bonito vestido e, mesmo estando feliz pelo gesto de consideração de Mário, foi com certo constrangimento que ela agradeceu:

— Muito obrigada, doutor Mário! É mesmo muito bonito! Não precisava se incomodar.

— Não há de quê, Margarete, mas precisava sim! — retrucou Mário, sorrindo. — Você merece muito mais do que isso. Serei eternamente grato a você e a seu esposo por terem recebido meu filho em seus braços como se ele fosse de vocês e, principalmente, por terem dado a ele tanto amor, educação e princípios éticos e

morais. Além disso, já lhe disse para me chamar de Mário, afinal, você é a mãe de meu precioso filho!

Margarete corou e sorriu desconcertada.

Quando foi a vez de Sofia, Mário fez questão que ela fechasse os olhos. As crianças adoraram a brincadeira e auxiliaram o pai em seu intento. Em meio a sorrisos e expectativas, Sofia fez o que pediram. Então, Mário tirou de dentro de uma das malas uma pequena caixa preta, quadrada e de pouca espessura. Em seguida, ele a posicionou de frente para Sofia, enquanto Mariana e João Eduardo se divertiam conferindo se ela estava cumprindo a promessa de manter os olhos cerrados.

Então, Mário abriu a caixa com cuidado e disse:

— Meninos, ela está livre da sentença, pode abrir agora, Sofia.

E quando Sofia abriu os olhos, dentro da caixa escura que ele segurava diante dela estava um lindo colar de ouro branco com algumas esmeraldas.

— Este é para a mulher que vem cuidando maravilhosamente bem da minha joia mais preciosa e que agora está auxiliando também na criação de meu príncipe.

Com as faces rubras, surpresa e admirada, Sofia exclamou:

— Meu Deus, Mário! Que colar maravilhoso! É lindo! — Mas logo sua expressão modificou-se, dando lugar a um constrangimento visível. — Não posso aceitar. De forma alguma.

— Não só pode como deve — retrucou Mário. — E isso não é um pagamento pelos seus serviços, porque eles são muito mais valiosos. É apenas uma forma de eu lhe dizer o quanto lhe sou grato por tudo e como a admiro, como profissional e como mulher! Por favor, aceite.

Os olhos de Sofia marejaram. E com voz embargada pela emoção, respondeu:

— Eu não posso...

— Pode sim.

— Bem... se insiste, não posso lhe fazer essa desfeita. — E todos sorriram.

Mais tarde voltaram a se encontrar no jantar.

Então, a um dado momento, João Eduardo olhou para o pai e disse:

— Meu pai, me responda uma coisa, por favor...

— Sim, pode perguntar, meu querido.

— Eu, particularmente, gosto muito do tio "Bê", e a minha irmã Mariana também. — Mariana assentiu com a cabeça, e ele continuou: — Mas, me diga, o senhor vai mesmo permitir que Sofia se case com ele?

Mário ficou em silêncio alguns instantes, fitando Sofia com um ar de surpresa e indagação. Então, respondeu:

— Por que está me perguntando isso, meu filho? Ao que me consta, Sofia e Bernardo são apenas namorados.

— Não, senhor. Eles agora são noivos — informou o menino. — Noivaram ontem.

O semblante de Mário se modificou, e ele não conseguiu disfarçar o descontentamento diante da notícia.

— É mesmo, Sofia? Estão noivos? — indagou, fitando a babá. — Desejo que sejam muito felizes! — disse, forçosamente.

Em seguida, ele voltou a atenção para João Eduardo e continuou:

— Meu filho, Sofia é uma jovem independente e faz da vida dela o que desejar. Se ela pretende se casar com meu estimado amigo Bernardo, que assim seja, pois ele é um ótimo homem, e eu jamais poderia dizer nada contra essa união.

— Mas, se Sofia se casar com ele, ela irá embora desta casa — objetou o menino.

— É mesmo, papai — concordou Mariana. — Como serão nossos dias sem ela?

Mário fez silêncio, refletindo sobre o que falar para os filhos. Então, Joaquim ajuntou:

— Crianças, vocês acham que só porque Sofia vai casar-se com nosso amigo Bernardo, ela vai nos esquecer? Claro que não!

— Mas ela não será mais a nossa babá, vovô — retrucou Mariana.

— Mas, minha querida — esclareceu Joaquim —, ainda que não seja mais a babá de vocês, Sofia já é parte de nossa família, e, por isso, ela jamais se afastará de nós. Além do mais, não se esqueçam de que Bernardo também é uma pessoa muito querida por todos nós. Sendo assim, eles sempre estarão nos visitando. Não é mesmo, Sofia?

— Claro, senhor Joaquim! — respondeu Sofia. E voltando-se para as crianças, disse: — Meus amores, eu amo vocês como se fossem meus filhos e amo esta família como se fosse a minha. Portanto, é como o vovô Joaquim disse. Mesmo que eu não continue sendo a babá de vocês, estarei sempre por perto. Prometo.

Não muito satisfeitas com as declarações de Sofia, as crianças continuaram o jantar normalmente, enquanto Mário tentava inutilmente disfarçar o descontentamento que tivera com aquela desagradável notícia, que o havia apanhado completamente de surpresa.

Mais tarde, quando se recolheu aos seus aposentos, Mário não estava conseguindo conciliar o sono tão facilmente. Precisava falar com Sofia, saber maiores detalhes sobre o seu noivado tão repentino. Pensou em ir até o quarto de Mariana, onde a babá dormia, mas receou acordar a filha. Não estava conseguindo conter sua necessidade de lhe falar. Então, apanhou caneta e papel sobre o criado-mudo e resolveu escrever-lhe uma carta. Quando finalizou, estava mais aliviado e pôde, finalmente, adormecer, imerso em lembranças de momentos agradáveis na companhia de Sofia.

No dia seguinte, antes de sair para o trabalho, Mário entregou a carta nas mãos dela, dizendo:

— Por favor, leia quando estiver a sós. Eu precisava falar-lhe, mas resolvi escrever esta carta a ter de aguardar dias por uma oportunidade de conversar com você em particular.

Então, Sofia aproveitou o momento em que Mariana estava na aula de piano e João Eduardo na escola, para ler a carta. Ela foi até o quarto, sentou-se na própria cama, que havia sido colocada ao lado da de Mariana, abriu a carta e a leu compenetrada:

Cara Sofia,

Sei que havia prometido não mais importuná-la com meus devaneios sentimentais, mas, depois do que eu soube hoje, não consegui me conter.

Eu precisava falar-lhe, sobretudo porque, se você vai mesmo desposar meu amigo, já não me resta a mais ínfima esperança. Tomei a liberdade de extravasar tudo o que sinto neste momento.

Não compreendo como isso foi acontecer, mas a amo desesperadamente. Quando você chegou a esta casa e começamos a trocar cartas, eu ainda me encontrava completamente envolvido no amor que sentia por Elizabete. Por isso, não percebi que meus sentimentos começaram a brotar silenciosamente, já desde a sua primeira linha. No entanto, confesso que, quando a vi pela primeira vez em Ilhabela, meu coração foi tomado por um amor avassalador. Naquele dia, um sentimento intenso e inesperado me atingiu, como um tornado impiedoso que não mede consequências do estrago que faz.

Juro que jamais desejei tamanho infortúnio em minha vida, amar a mulher de meu melhor amigo, mas não tive domínio algum sobre a força descomunal desse sentimento, que

me assola em todos os dias de minha vida, mas que também aquece e alimenta o coração.

Perdoe-me mais uma vez por minhas palavras, que podem até lhe parecer insanas, porém eu precisava lhe falar tudo isso. Desejo do fundo de minha alma que seja feliz com Bernardo e sei que o será, pois se trata de um homem especial. Por fim, renovo aqui minha promessa de deixá-los em paz, com a certeza de que, se vocês estiverem felizes, também estarei.

Contudo, respeitosa e silenciosamente, eu a amarei eternamente.

Mário

Sofia findou a leitura com os olhos e a face encharcados em lágrimas e foi sob elas que escreveu uma carta em resposta. À noite, depois do jantar, entregou-a a Mário, que a guardou em seus aposentos e a leu antes de dormir:

Prezado Mário,

Não tenho palavras para externar o que sinto neste momento. Sob lágrimas lhe escrevo, tomada de emoção, tristeza e culpa.

Já que estamos nos confessando mutuamente, preciso dizer-lhe que também o amo. Curiosamente, afirmo-lhe que o mesmo se passou comigo quando o vi pela primeira vez. Senti como se uma bomba de sentimentos tivesse me atingido o coração e explodido toda e qualquer razão que houvesse dentro dele. Sim, foi também intenso, inusitado, avassalador e, sobretudo, irracional, pois não consigo explicar a origem desse amor.

No entanto, também por amor e consideração a Bernardo, nós dois erramos, e agora teremos de pagar o preço desse erro. Erramos em permitir que o tempo passasse sem que nos declarássemos um ao outro, mas assumo a maior culpa, por não ter confessado tudo a Bernardo no seu devido tempo. E agora o nosso tempo passou. Perdoe-me pela fraqueza de não ter conseguido evitar essa situação.

De uma forma diferente, também amo, admiro e respeito nosso Bernardo e, por ele, sufocarei o amor que sinto por você dentro de meu peito e tentarei ser feliz ao lado dele.

Contudo, respeitosa e silenciosamente, também o amarei eternamente.

Sofia

CAPÍTULO 32

O passado encontra o presente

Os dias se passaram, e Mário, a muito custo, estava cumprindo a promessa de deixar a relação de Sofia e Bernardo seguir em paz, sem a sua interferência.

Algumas vezes, Bernardo surpreendia Sofia com o olhar vago, que nunca explicava, ou a sentia pouco entusiasmada diante dos planos de partilharem uma vida a dois em breve.

Assim, sem motivos para se delongarem, Bernardo e Sofia marcaram a data do casamento. Seria uma cerimônia simples, de união civil, tendo como convidados apenas os familiares e os amigos mais íntimos do casal. Eles decidiram, em comum acordo, que fariam a cerimônia na casa de Bernardo, onde o advogado morava com os pais e um irmão, pois o jardim espaçoso comportaria confortavelmente os convidados, sob uma extensa área de sombra generosa formada pelas copas de algumas árvores.

Assim, o dia do casamento entre Sofia e Bernardo havia chegado, ensolarado e com temperatura agradável. Todos os convidados se faziam presentes no início da tarde. O ambiente era acolhedor, sereno e cheio de júbilo, decorado com bom gosto e

simplicidade, onde rosas brancas adornavam as mesas destinadas ao almoço que seria oferecido em comemoração à união do casal.

Em um canto do jardim, havia uma mesa por trás da qual um juiz estava posicionado, tendo à sua frente o casal de noivos. Sofia trajava um lindo e gracioso vestido cor-de-rosa bem claro, e Bernardo, um terno bege, ambos ladeados pelas suas respectivas testemunhas.

Nesse momento, Bernardo sentiu um ímpeto de voltar-se para trás, como a procurar algo na imensidão do nada, mas, quando o fez, logo descobriu o porquê daquele pressentimento. Por trás dos noivos, a certa distância deles, havia a figura estranha de um homem de pé, trajando um longo casaco e um chapéu escuro, fitando o casal. Todos o olhavam intrigados.

Com um movimento brusco, o homem sacou de dentro do casaco uma arma de fogo e disparou na direção de Sofia, que também se virou imediatamente, para conferir o que chamara a atenção de Bernardo.

Quase que simultaneamente ao barulho do tiro, na verdade, milésimos de segundos depois dele, Sofia presenciou Bernardo deslizar abraçado ao corpo dela até cair no chão, ensanguentado e inconsciente. Ele havia se posicionado na frente do alvo do atirador, Sofia. Com o tumulto formado em torno do casal, o atirador saiu correndo dali e conseguiu fugir facilmente.

Desesperada, Sofia ajoelhou-se ao lado de Bernardo. Sobre a poça de sangue que se formara sob eles, em prantos, ela implorou:

— Por favor, Bernardo, meu querido, não vá embora! Resista! Não morra! Está me ouvindo? Por favor, não nos deixe!

Dentre os convidados aglomerados em torno do casal, havia um médico, velho amigo da família. Imediatamente, ele se ajoelhou ao lado de Bernardo e checou seu pulso e respiração. Em seguida, pressionou a orelha direita contra o peito dele, depois disse:

— Não está respirando, e o coração não está batendo! Ele teve uma *parada cardiorrespiratória*.[7] Chamem uma ambulância, urgente! — E começou a fazer uma massagem em Bernardo, na tentativa de salvar a vida do rapaz.

— Já chamamos uma ambulância, Roberto — disse a mãe de Bernardo, chorando copiosamente, já também ajoelhada ao lado do filho e afagando-lhe os cabelos.

Nesse momento, Bernardo viu-se fora de seu próprio corpo carnal, caído ao chão, encharcado de sangue.

Logo em seguida, ele sentiu ser puxado rapidamente através de um túnel em direção a uma luz muito forte e brilhante. Durante esse percurso, uma retrospectiva de importantes momentos de sua vida foi-lhe passando à mente, com uma velocidade extraordinária, como se ele estivesse assistindo a um filme acelerado, do qual era protagonista.

Enquanto experimentava um conjunto de sensações inexprimíveis, de estranhamento da situação, o seu corpo estava sendo manipulado pelo médico, que executava a massagem cardiorrespiratória na tentativa de reanimá-lo. Durante o procedimento, a pulsação cardíaca e a respiração foram restauradas, porém, Bernardo continuou desacordado. Logo a ambulância chegou e o levou para o hospital.

Enquanto era puxado através do túnel e assistia a um filme de sua própria vida, Bernardo experimentava uma sensação de paz e quietude infinitas.

---

7. Nota da Editora: A parada cardiorrespiratória é a situação clínica em que o coração deixa de funcionar, e o indivíduo deixa de respirar, podendo ser seguida ou não de morte. A realização de uma massagem cardíaca de urgência pode restabelecer a função de batimento cardíaco e salvar a vida do indivíduo acometido. Pode ser originada por diversas causas, incluindo sangramentos e hemorragias, acidentes, traumas, infarto agudo do miocárdio, doenças cardíacas e respiratórias, dentre outras.

Até que, finalmente, ele se viu em um campo de grama verde brilhante, com uma grande variedade de flores coloridas e perfumadas. Ao longe, uma mulher, sua mentora espiritual, trajando vestes brancas luminosas, caminhava serenamente em sua direção.

Ao se encontrarem, Bernardo indagou:

— Estou morto?

— Não, meu querido — respondeu a mulher, com voz maternal e suave. — Está apenas descansando um pouco de suas atribuições terrenas em corpo. Porém, terá de retornar em breve.

— Mas sinto uma paz tão infinita neste lugar... E se eu não quiser mais voltar?

— Sua missão na Terra ainda não chegou ao fim. Como um bom conhecedor das leis de Deus, sabe que precisa voltar. — E sorriu afavelmente para ele.

Em seguida, ela estendeu-lhe a mão e disse:

— Venha comigo. Sua curta estadia conosco lhe será bastante proveitosa. Retornará ainda mais esclarecido quanto aos seus deveres para com Deus, para com seus irmãos na Terra e, principalmente, para com sua própria evolução espiritual.

ᘐ

Chegando ao hospital, Bernardo foi operado com urgência. Os médicos retiraram a bala que lhe havia perfurado o pulmão. Contudo, ele entrou em estado de coma profundo.

Dois dias depois, passou a respirar sem a ajuda de aparelhos, e o coração funcionava perfeitamente bem. Ainda assim, Bernardo não acordou.

Dessa forma, quinze dias se passaram, até que, finalmente, Bernardo despertou do coma. Estava no horário de visita, e, como vinha fazendo nos últimos dias, Sofia monologava com ele quando presenciou o momento em que abriu os olhos.

Eufórica, ela apertou imediatamente a campainha destinada a chamar os profissionais de saúde. Em seguida, voltou-se novamente para Bernardo e afagou-lhe carinhosamente os cabelos, fitando-o nos olhos. Percebeu quando os lábios dele se entreabriram e murmuraram o seu nome.

— Sim, meu querido. Estou aqui ao seu lado. Mas não fale nada ainda. Não deve fazer esforços. Você acabou de acordar de um sono profundo. Os médicos estão chegando para avaliá-lo.

A mão de Bernardo deslizou lentamente sobre a cama procurando a mão de Sofia, que imediatamente segurou a sua com firmeza.

— Tudo vai ficar bem, meu querido. Você voltou para nós, graças a Deus! — E beijou-lhe a fronte.

Poucos dias depois que acordou do coma, Bernardo foi transferido da unidade semi-intensiva para um apartamento, onde seria acompanhado por mais alguns dias. Durante esse período, sua mãe, Sofia e Solange se revezavam dia e noite como acompanhantes de quarto. Os amigos e familiares se revezavam nas visitas, principalmente os companheiros de longas datas, que frequentavam o mesmo centro espírita que ele.

Assim, os dias que se sucederam, enquanto Bernardo estava hospitalizado, foram-lhe muito agradáveis e preciosos, pois a presença constante de tantas pessoas queridas enchia o ambiente de júbilo e harmonia, essenciais à sua recuperação.

Quando faltava um dia para a alta hospitalar de Bernardo, Sofia despediu-se dele no final da tarde, pois tinha prova na faculdade, e foi substituída por Solange, que iria pernoitar no quarto, fazendo companhia ao advogado.

Como faziam sempre que estavam juntos, Bernardo e Solange conversaram bastante e sorriram juntos em muitas ocasiões. A um dado momento, ele perguntou:

— Então, cunhada, acabou o livro que lhe emprestei antes de me "hospedar" aqui?

Os dois sorriram juntos.

— Ah, sim! — disse Solange, sentada em uma poltrona ao lado da cama de Bernardo. — Terminei há dois dias. Gostei bastante dos ensinamentos espíritas em meio a um romance tão bonito!

— Eu tinha certeza de que iria gostar!

— E estava certo! Confesso que, quando via Sofia lendo esse tipo de livro, não imaginava que eles pudessem oferecer uma leitura tão agradável, mesclando tão perfeitamente histórias exemplares e inspiradoras com ensinamentos tão essenciais à nossa vida.

— É verdade. Agora você já sabe que, além dos livros puramente doutrinários, também existem esses, em que você sempre poderá saborear boas histórias, românticas, enriquecedoras, inspiradoras... enquanto adquire conhecimentos relacionados à vida e à evolução do espírito.

Um pouco emocionada, Solange levantou-se e aproximou-se de Bernardo. De pé ao lado da cama, segurou uma das mãos dele e considerou:

— Agradeço a Deus todos os dias por você ter entrado em nossa vida, Bernardo, pois, juntamente com meu tio Breno, tem nos guiado para um caminho de plena felicidade. E agradeço, principalmente, por Ele ter permitido que continuasse conosco.

— Fico lisonjeado com suas palavras, cunhada, querida. Também sou grato a Ele por estar entre vocês. Deus não põe pessoas em nossos caminhos sem que haja um propósito em nosso benefício. Ainda que, em algumas situações, isso não seja tão perceptível, quando as interações são conflituosas, mas, mesmo nesses casos, Ele sempre age em benefício dos envolvidos.

Solange assentiu.

— Bem — disse Bernardo —, voltando aos livros... trouxe algum para hoje?

— Ah, sim! Trouxe dois, que comprei antes de vir para cá. Um deles é *O Evangelho Segundo o Espiritismo*, e o outro não é espírita. A sinopse me chamou muito a atenção, e eu o comprei.

— Hum... fiquei curioso. O que, essencialmente, lhe chamou atenção?

— Fiquei interessada por dois motivos principais: primeiro, porque se trata de uma história real; segundo, porque a autora, que é brasileira, conta a história de amor de uma tia distante, irmã de seu tataravô, relatada no diário pessoal dela. O diário foi encontrado pela autora dentro de um baú antigo, no sótão da casa de seus avós. Depois disso, ela pesquisou onde pôde e ouviu alguns familiares que atestaram a veracidade dos fatos descritos no diário. Por fim, todos concordaram que os escritos fossem transformados em um livro. Você sabe... adoro romances assim, com tramas inusitadas e originais, e a ligação que senti com esse livro é algo muito estranho, pois parecia que eu era literalmente atraída por ele, como se alguém me empurrasse na sua direção!

— Que interessante!

Solange voltou à poltrona, onde estava sentada e havia deixado a bolsa, e retirou um livro de dentro dela. Em seguida, aproximou-se novamente de Bernardo e estendeu-lhe a obra, dizendo:

— É esse o livro. Já ouviu falar dele?

Bernardo o tomou nas mãos, analisando-o externamente. Leu o título, a orelha e, por fim, a sinopse na contracapa.

— Tem razão. Parece ser mesmo uma história bem interessante! Não conhecia

— Então leia. Eu lerei o outro, que você já conhece bem. Depois leio esse.

Bernardo aceitou de bom grado o empréstimo. Pouco depois, eles mergulharam em suas leituras, ela, sentada na poltrona, e ele, à cama, recostado em um travesseiro.

Tão logo começou a ler, Bernardo franziu o cenho, mordendo os lábios, desconfortável, e não demorou para Solange perceber que os olhos dele estavam marejados.

— Está tudo bem, Bernardo?

Ao que ele respondeu com a voz embargada:

— Sim, está tudo bem. Estou apenas começando a me emocionar com esta história. Não se preocupe. — E voltou para a leitura:

"... Romero fora obrigado pelos pais, sobretudo pela mãe, a cortejar Carmelita, ao que o rapaz não se opôs de início. Porém, após algum tempo do namoro, o jovem rompera o compromisso com a moça, pois havia conhecido e se apaixonado perdidamente por Maria Eugênia...

Algumas páginas depois...

... Assim, Maria Eugênia e Romero juraram amor eterno um ao outro. Mas os pais do moço não pretendiam permitir que seu primogênito desposasse uma mulher de classe social tão inferior à dele, que era filho do maior fazendeiro da região. Além disso, aos olhos de seus pais, Maria Eugenia não tinha berço. Embora as terras do pai dela fossem cobiçadas por muitos, elas haviam sido conquistadas a custo de muito trabalho braçal. Mesmo vivendo confortavelmente, ela era vista como a filha de imigrantes esfarrapados que tinham conseguido sobreviver às adversidades da colonização de terras estrangeiras.

Carmelita era a mulher certa para Romero. Nascida em berço de ouro, era filha de um desembargador de prestígio, dono de muitos hectares de terra, abastado e influente na cidade. Por tudo isso, os pais do rapaz sentiam-se na obrigação de garantir-lhe o melhor. E o melhor para ele era casar-se com Carmelita...

Mais algumas páginas depois...

... *Assim, Romero combinou com Maria Eugênia que ele voltaria a cortejar Carmelita por mais algum tempo, apenas para que seus pais não o enviassem à guerra. Nesse ínterim, Romero e Maria Eugênia continuaram se encontrando às escondidas e, em um momento de paixão avassaladora e inconsequente, fruto de um amor puro e inabalável, ela se entregou para ele.*

Pouco tempo depois, quando a guerra já havia acabado, Maria Eugênia noticiou ao amado que esperava um filho dele. Ao saber disso, Romero reuniu os pais em uma conversa franca e revelou-lhes a situação. Sua amada iria ter um filho seu, e ele iria casar-se com ela, com ou sem o consentimento deles.

Mesmo experimentando profundo desgosto e fúria diante da reve-lação do filho — de sua postura inconsequente e leviana —, seu pai, o ex-tenente-coronel Fonseca Goes de Furtado Sá, concordou em apoiá-lo, pois enxergava que a vida de uma criança inocente estava em jogo. Po-rém, sua mãe jamais aceitaria aquela situação, embora tivesse fingido o contrário, dando a entender ao filho que também iria apoiá-lo.

Assim, inconformada com a decisão do filho, poucos dias depois, quando o ex-tenente-coronel havia se ausentado a trabalho, Antônia Julieta providenciou para Romero uma viagem de urgência ao Rio de Janeiro, onde a família também tinha negócios e precisava da ajuda dele. Romero aceitou de bom grado a missão, pois, muito em breve, pretendia se esta-belecer naquela cidade e construir a vida ao lado de Maria Eugênia e do filho. Porém, sabendo que a amada tinha viajado à capital com os pais, para fechar novos contratos de venda de gado, e acreditando na aparente disposição de Antônia Julieta em apoiá-lo, pediu à mãe que explicasse toda a situação a Maria Eugênia quando ela retornasse, após a partida dele.

Quando Maria Eugênia retornou a Lages, Antônia Julieta foi visitá--la, como havia prometido ao filho. Porém, contou a jovem uma história diferente. Explicou-lhe que o filho havia deixado o país para não ter de assumir a criança que crescia em seu ventre. Disse também que Romero não voltaria por anos e a encorajou a interromper a gravidez.

Apesar de ter se abalado com as duras palavras de Antônia Julieta, a princípio, Maria Eugênia duvidou da veracidade de suas afirmações, pois eram completamente incoerentes com a postura de Romero ante o amor deles e o filho que teriam juntos. Porém, com o passar dos dias, a falta de notícias do amado começou a abalar a confiança que ela tinha nos sentimentos dele. Romero, por sua vez, lhe escrevia com frequência, mas as cartas eram interceptadas por sua mãe, que havia subornado um funcionário dos correios, de modo que as correspondências do filho nunca chegavam a Maria Eugênia...

... Após dois meses sem notícias de Romero, vendo-se sozinha, grávida e desamparada, abandoada por seu grande amor, a quem um dia ela devotara total confiança, Maria Eugênia sentiu-se destroçada. Teve vontade de acabar com a própria vida, mas esse pensamento foi logo demovido pelo amor e pela consciência da responsabilidade para com aquele ser indefeso que trazia em seu ventre. Assim, ela não teve alternativa senão contar toda a situação aos seus pais que, mesmo decepcionados com a filha, se prontificaram a apoiá-la e a ajudá-la no que fosse necessário.

Diante das circunstâncias, Josué conseguira arranjar um casamento para a filha com um antigo pretendente, que se dizia apaixonado desde que ela se tornara uma bela moça e que, por amor, aceitaria suas atuais condições. Criaria seu filho como se fosse dele, contanto que na cidade ninguém soubesse da verdade. Sua mãe, Maria, preparou todo o enxoval com rapidez, o que causou estranheza e suscitou comentários maldosos sobre aquela união tão repentina...

Romero não entendia a ausência de notícias de sua amada, e, quando estava prestes a retornar, ávido por revê-la, sua mãe escreveu comunicando-lhe que Maria Eugênia iria casar-se com outro e que havia perdido a criança pouco depois que ele deixara a cidade. Decepcionado e com o coração partido, ele desistiu de voltar pelo momento.

Assim, Maria Eugênia casou-se com Augusto um mês depois que acertaram a união, já com quase cinco meses de gestação. Para sustentar o segredo do avançado da gravidez, a jovem manteve-se reclusa na própria residência, sem se deixar ser vista por ninguém da região.

Augusto era um homem de posses, estabilizado na vida, já maduro, viúvo e de bom coração. Lidava com Maria Eugênia com muita dedicação, amor e respeito. A pedido da esposa, para fazer-lhe companhia, ele trouxera para morar com o casal a mucama Zuíla — que servira Maria Eugênia com satisfação e dedicação desde quando ela chegara a Lages com a família. Além de Zuíla, Augusto também destinou uma de suas criadas para servir a esposa no que ela precisasse.

Mais um mês se passou, e a gestação de Maria Eugênia aproximara-se dos seis meses. Sempre que pensava em Romero e no seu abandono, ela chorava bastante e caía em uma tristeza profunda. Mas o amor pela criança que crescia em seu ventre, o apoio dos pais e a dedicação e atenção do esposo e de Zuíla conseguiam reanimá-la, dando-lhe forças para continuar.

A essa época, Romero decidiu, finalmente, retornar a Lages e escreveu à mãe comunicando-lhe sobre sua volta, mesmo contra a vontade dela. Poucos dias depois, Antônia Julieta encontrou Carmelita na rua, e a jovem, ávida por notícias de Romero, bombardeou-a de perguntas sobre o rapaz.

Após ter sido informada por Antônia Julieta da iminente volta do amado, Carmelita encheu-se de esperanças, de modo que, um dia depois da chegada dele, ela foi procurá-lo. Porém, o jovem a rejeitou com segurança...

Mais algumas páginas depois...

... Ainda inconformado com a atitude de Maria Eugênia, Romero determinou-se a buscar uma maneira de revê-la para cobrar-lhe explicações. Com a ajuda de Zuíla, o reencontro foi realizado, e tudo foi esclarecido. Assim, eles decidiram que em breve iriam fugir juntos. Porém, obcecada pela ideia de ter Romero de volta, Carmelita o estava seguindo desde o dia em que ele voltara para Lages, de modo que a jovem presenciou o encontro

do casal. Envolvida por uma fúria insana, jurou que iria se livrar da rival a qualquer custo. Com esse intuito, naquela mesma semana, ela subornou a criada que servia à Maria Eugênia e a orientou para que pingasse diariamente em suas bebidas algumas gotas de uma solução extraída de uma planta tóxica, de modo a envenená-la lentamente. E assim a criada o fez, sem que Maria Eugênia ou Zuíla nada percebessem.

Alguns dias se passaram, e Maria Eugênia começou a sentir-se muito mal, com tonturas, náuseas, vômitos, palidez e desmaios frequentes, ao que Zuíla e sua mãe a tranquilizaram, afirmando que tais sintomas eram comuns durante a gravidez. Porém, quinze dias depois que começou a ser envenenada, acomodada na cama para dormir ao lado do esposo, Maria Eugênia sentiu um líquido viscoso e quente descendo-lhe por entre as pernas. Ao perceber que se tratava de sangue, ela segurou fortemente a barriga e soltou um grito forte de desespero e dor. Augusto fitou-a assustado. Vendo todo aquele sangue a encharcar a roupa da esposa e as vestes de cama, ele saiu correndo para buscar a ajuda do médico que acompanhava a gestação da esposa.

Logo as dores no ventre de Maria Eugênia se intensificaram, de tal modo que a fizeram morder os lençóis da cama. Quando Augusto retornou trazendo o médico, deparou com a esposa falecida sobre a cama, e em seus braços havia duas crianças muito pequenas e delicadas, banhadas em seu sangue..."

Nesse ponto da leitura, quase no final da narrativa, Bernardo fechou o livro. Seus olhos encharcados de lágrimas a rolar ininterruptamente pelas faces impediram-no de continuar.

Solange havia adormecido no sofá, e, para não acordá-la, Bernardo soluçava baixinho, reprimindo no peito um pranto surdo, dando vazão à angústia que abraçava seu coração naquele momento, em razão do conteúdo triste e trágico daquela história.

Então, quando seu pranto havia cessado e o coração serenado, ele abriu novamente o livro e concluiu a leitura. No capítulo final, soube que Augusto investigou a morte da esposa e descobriu que a criada a tinha envenenado sob a orientação de Carmelita. Com isso, ele as denunciou à polícia, e, após uma investigação, ambas foram presas. À mesma época, ele descobriu o diário de Maria Eugênia, no qual ela narrava a própria história de vida. Em última homenagem à amada esposa, ele completou a narrativa dela com o desfecho dessa história, que foi publicada em um livro muitas décadas depois, por uma tataraneta do irmão (Pablo) de Maria Eugênia.

Após terminar a leitura, Bernardo fechou o livro e ficou absorto durante alguns instantes, rememorando passagens marcantes daquela bela e trágica narrativa. Pouco depois, exausto, adormeceu.

Em desdobramento espiritual durante o sono, quando o espírito fica liberto, foi atraído para um aposento amplo e claro, que lhe pareceu uma sala de reuniões. No centro, havia uma mesa muito grande com várias cadeiras dispostas em torno dela, nas quais três amigos o aguardavam: Elizabete, Leonardo e sua mentora espiritual. Com alegria e serenidade, Bernardo aproximou-se para cumprimentá-los e foi recebido com muito carinho. Logo em seguida, iniciaram uma sublime reunião.

Primeiramente, os espíritos amigos informaram ao advogado que lhe seria permitido reavivar lembranças de sua encarnação anterior. Também lhe seriam revelados importantes fatos da vida de pessoas relacionadas a ele durante a referida encarnação. Por fim, informaram que tais lembranças e revelações teriam sido permitidas por espíritos superiores e que seriam recordadas quando ele retornasse do desdobramento, com o propósito benevolente de auxiliar aquele círculo de pessoas.

Assim, Bernardo ficou sabendo que a história que lera no livro, baseada em fatos reais, descrevia, sobretudo, o passado de Sofia e Mário, quando estes viveram como Maria Eugênia e

Romero. O casal era unido por um amor de várias encarnações, puro, sublime e verdadeiro, e, por isso, na presente existência, estava destinado a se reencontrar e dar continuidade a essa relação interrompida drasticamente na última encarnação.

Os pais de Romero, Antônia Julieta e o ex-tenente-coronel Fonseca, renasceram como os atuais pais de Sofia, Adelaide e Vicente. Eles haviam traçado a própria missão de resgatar suas faltas cometidas a Maria Eugênia no passado, por meio do amor maternal e paternal, cuja função repousa sobre a obrigação moral de amar e educar sua prole, guiando-a sempre para o caminho do bem. Além disso, as privações materiais e trabalho árduo aos quais Adelaide e Vicente estavam sendo submetidos haviam sido por eles escolhidos como forma de provação, consequentes à condição de soberba, autoritarismo e falta de humildade que lhes nortearam a vida e atitudes em outrora. A essa prova, Vicente estaria se saindo superior à esposa, aceitando com resignação a vida de restrições, esforço e humildade destinada ao casal. Também no passado (como Antônia Julieta), Adelaide fora a mais manipuladora, furtiva e impiedosa dos dois. Embora estivesse se esforçando, Adelaide ainda sentia grandes limitações no trato sentimental para com Sofia, o que não acontecia com Vicente.

Buscando compreender a justiça de Deus e amenizar a dor da perda da esposa, Maria Eugênia, Augusto passara a se dedicar à própria espiritualização. Reencarnando como Breno, ele estaria dando continuidade e aprofundamento aos estudos que outrora iniciara, ao mesmo tempo em que mantivera os laços de afeição e cuidado para com Maria Eugênia, que voltara como sua estimada sobrinha Sofia.

Carmelita havia voltado como Violeta, a atual mãe de Mário. Ela precisava resgatar suas faltas para com ele por meio do amor materno, assim como, no momento certo, receber de braços abertos a nora Sofia, juntamente com seus filhos, de quando fora

Maria Eugênia, que faleceram com a mãe em decorrência da intoxicação encomendada por ela. As crianças eram agora Mariana e João Eduardo.

Como mãe de Mário, teria também a provação do desapego carnal, em que Violeta deveria manter-se favorável e serena diante dos relacionamentos amorosos do filho, porém ela sucumbira às suas provas, mais uma vez. O apego exagerado e os ciúmes irracionais que ela nutria pelo filho eram-lhe resquícios de várias encarnações anteriores, não superados nem mesmo por meio do laço maternal. Com a falha de Violeta, os mentores espirituais logo perceberam que ela não conseguiria aceitar de bom grado Sofia como nora, pois, inconscientemente, lhe teria muito mais aversão do que a qualquer outra mulher que se aproximasse do filho.

Então, a mucama Zuíla, espírito nobre, puro, resignado e iluminado, teria reencarnado como Elizabete, com o objetivo de continuar ajudando e conspirando para a união do casal Maria Eugênia e Romero. Ao voltar como Elizabete, estava destinada a casar-se com Mário e receber seus filhos que não chegaram a nascer na encarnação anterior, até que todo o cenário fosse favorável à chegada de Sofia àquele lar, a ela destinado.

Por fim, Bernardo recordou-se de que os pais de Maria Eugênia, Josué e Maria, eram atualmente ele e Solange, respectivamente, o que explicava os fortes laços de amor, compreensão e cuidado que havia entre eles. Suas lembranças o fizeram reviver com intensidade o amor e o companheirismo do casal, que teve início quando se conheceram e se casaram apaixonados, ainda na Espanha, e que os acompanhou até o resto da encarnação. Sentiu os momentos de dificuldade e esforço para chegarem a Corrientes e os anos de labuta árdua até conseguirem lá se estabelecer. Depois reexperimentou momentos de muita felicidade, paz e harmonia ao rememorar os longos anos que se seguiram em Corrientes, ao lado de sua amada família. Logo em seguida, vieram a tristeza,

a melancolia, a saudade, a expectativa e o medo, quando da fuga repentina ante a iminente invasão paraguaia.

As lembranças de Bernardo também o fizeram sentir novamente as angústias e incertezas da época em que migraram para o Brasil e enfrentaram meses de adversidades até conseguirem se restabelecer em terras estrangeiras mais uma vez. Por fim, seu coração experimentou a maior de todas as dores, quando recordou o momento da separação de sua primogênita, Maria Eugênia. Então, percebeu que apenas uma coisa não tinha variado durante os anos em sua vida: Maria sempre estivera ao seu lado. Esposa fiel e amável, mãe zelosa, abnegada, guerreira, companheira... Naquele momento, sentiu um forte sentimento renascer dentro de seu peito.

CAPÍTULO 33

Uma segunda chance

No dia seguinte, ainda bem cedo, enquanto Sofia se aprontava para ir ao hospital, pois Bernardo teria alta, Vicente passara muito mal. Pelos sintomas que apresentou, Sofia suspeitou que ele estivesse enfartando e chamou imediatamente uma ambulância.

Sofia e Adelaide ligaram para Ana Maria e Breno. Solange foi também avisada no momento em que deixava o hospital. Pouco tempo depois, todos eles se encontravam reunidos em um hospital de emergência, aguardando notícias médicas sobre o estado de saúde de Vicente.

Quando um médico se aproximou, Adelaide, visivelmente aflita, foi a primeira a se pronunciar:

— Então, doutor, o que houve com o meu marido? Ele está bem, não está?

O médico chamou todos a um canto da sala e explicou:

— O seu esposo teve mesmo um infarto agudo do miocárdio, como a nossa amiga e futura enfermeira, Sofia, suspeitou logo aos primeiros sintomas. Posso afirmar sem sombra de dúvidas

que foi o fato de ela ter socorrido o pai tão rápido que salvou a vida dele de imediato, mas ele ainda corre risco de vida.

Adelaide arregalou os olhos e indagou, assustada:

— Como assim? O senhor está querendo dizer que ele... — Ela foi interrompida pelo médico.

— Calma, dona Adelaide. O socorro imediato permitiu que seu esposo pudesse receber a adequada assistência médica a tempo. Assim que chegou, ele foi operado com urgência. Fizemos o que pudemos, mas o caso dele é delicado. As próximas horas serão decisivas para sabermos se irá reagir positivamente ao procedimento realizado.

Depois que o médico se foi, Breno pediu que fossem todos a um local mais reservado. Em seguida, ele orientou que unissem as mãos em um círculo e orassem a prece do Pai-Nosso, enquanto rogavam, em uma corrente de vibrações a Deus pela saúde de Vicente. Por fim, considerou:

— Senhor, agora o entregamos em Tuas mãos. Que seja feita a Tua vontade.

Sofia tinha avisado a Margarete o ocorrido ao pai e, por isso, não foi trabalhar, permanecendo no hospital durante todo o dia, juntamente com seus familiares. No início da noite, os médicos informaram que o quadro de Vicente havia piorado, mas que a família nada poderia fazer permanecendo ali, faminta e exausta. Então, eles deixaram o hospital, e cada qual seguiu para a sua residência. Precisavam recuperar as energias.

Naquela noite, Solange e Pedro fizeram companhia à Sofia e à Adelaide. As irmãs estavam impressionadas com a reação da mãe ante a situação. Sempre parecera fria e indiferente com relação a Vicente, insatisfeita pela vida que levava. Chegava até a cogitar a separação... Mas agora estava experimentando um sentimento forte e verdadeiro, há muito adormecido.

— Por que será que mamãe está tão abalada? — indagou Solange a Sofia, enquanto tomavam uma xícara de café à mesa da cozinha. — Será que é remorso?

— Não sei — disse Sofia, repousando a xícara sobre o pires. — Deve ser um misto de sentimentos, desde o remorso por nunca ter dado o devido valor ao nosso pai, até o arrependimento por ter deixado de viver momentos agradáveis e felizes ao lado dele, só porque não tinham mais o mesmo padrão elevado de vida que um dia tiveram.

— Só peço a Deus que nosso querido pai saia dessa e, de quebra, que essa situação possa servir de lição para nossa mãe. Que ela aproveite para repensar seus valores e atitudes nesta vida.

— Concordo, irmã.

Em seu quarto, Adelaide encharcava de lágrimas o lenço que tinha nas mãos, atormentada com a ideia de perder o marido. Sofia e Solange bateram à porta, para tentar consolá-la, mas ela não abriu. Continuou reclusa, repassando em mente toda a sua vida de casada. Lembrou-se de quando conhecera Vicente e de como haviam sido felizes no início do casamento, quando tinham posses e ela usufruía de uma vida confortável e até com certo luxo. Em seguida, recordou-se de como tudo passou a ser difícil depois que eles ficaram pobres.

Mesmo assim, reconheceu que Vicente estava sempre ao seu lado, ao lado da família. Era bom pai, bom marido, paciente, trabalhador, resignado com o próprio destino. Dessa forma, ao se ver diante do risco de morte do marido, Adelaide percebeu que o amava e por isso chorava e temia tanto pela vida dele. Ela havia se distanciado do esposo apenas por uma incompatibilidade de ideais entre o casal. Enquanto Vicente mantinha inabaláveis a resignação e a fé em Deus e estimulava a esposa a agir da mesma forma, Adelaide se distanciara de Deus e era relutante a qualquer conselho do marido nesse sentido. Ela não se conformava com a situação de sofrer privações de tudo aquilo que ela considerava ser importante para a sua vida: dinheiro, riqueza, roupas caras, perfumes, luxo e tudo o mais relacionado ao supérfluo.

Mas o esposo vivia tentando convencê-la de que nada lhes faltava. Mesmo sem os recursos de antes, Deus, em sua infinita bondade, continuava lhes provendo de tudo o que precisavam para continuar sendo uma família grata e feliz: trabalho digno, o alimento de cada dia, duas filhas e um neto maravilhosos, um teto para se abrigarem e, principalmente, saúde.

A esse misto de pensamentos, as lágrimas rolaram com uma intensidade ainda maior, como a lavar a alma de tudo o que ela gostaria de deixar para trás. Em seguida, desejou profundamente uma segunda chance, que o marido vivesse para que ela pudesse, finalmente, mostrar-lhe que começava a enxergar a única verdade que sempre estivera diante de seus olhos. Ajoelhou ao pé da cama, uniu as mãos e fez uma sentida prece, pedindo perdão a Deus e rogando pela vida do esposo.

No dia seguinte, a família de Vicente, reunida novamente no hospital, fora comunicada sobre a considerável melhora no estado geral de saúde dele, e todos puderam respirar aliviados, retomando suas atividades diárias. Apenas Adelaide permaneceu no hospital, pois aguardava o momento em que pudesse falar com o marido.

Naquela noite, Sofia não teria aula na faculdade e, dessa forma, após deixar o trabalho, fora visitar Bernardo, que havia retornado para casa no dia anterior.

Como sempre acontecia, ela foi recebida com atenção e carinho pela mãe dele, que a encaminhou ao quarto do filho. Sofia encontrou Bernardo sentado na cama, folheando novamente o livro de Solange.

Ao vê-la entrar, Bernardo pousou o livro sobre as pernas e abriu um largo sorriso, dizendo:

— Minha querida! Que bom revê-la! Como está o seu pai?

Sofia aproximou-se, curvou-se sobre ele e beijou-o levemente nos lábios. Em seguida, considerou:

— Felizmente, ele está ótimo! Os médicos disseram que não corre mais risco de vida e que em breve terá alta.

— Que ótima notícia! E você, como está?

— Mais aliviada agora — disse, sorrindo serenamente. Em seguida, ela fitou o livro entre as pernas de Bernardo e indagou, curiosa:

— Hum... Livro novo? Do que se trata?

Bernardo tomou novamente o livro nas mãos.

— Já tinha acabado de ler. Estava apenas revendo algumas passagens. Você poderia devolvê-lo para mim, por favor? — E estendeu o livro na direção dela. — Foi Solange quem me emprestou.

Sofia segurou a obra, deslizou a outra mão sobre a capa e leu o título. Depois, seguiu para a orelha.

— Hum... Parece interessante! Trata-se de uma história real.

— Sim, querida. É um livro muito especial, mas antes que você chegue à contracapa e leia a sinopse, eu peço que deixe para fazer isso no conforto de sua cama, quando retornar para casa.

— Por quê? — indagou ela, franzindo o cenho e fitando Bernardo com curiosidade.

Ele sorriu um pouco melancólico.

— Posso apenas adiantar que você precisa ler esse livro quando estiver sozinha, em seu quarto, apenas na companhia de Deus. Ele tem muito a lhe "dizer".

— Nossa! Que segredos será que escondem essas páginas? Estou ainda mais curiosa! É espírita?

— Não, apenas leia, meu anjo, e logo descobrirá. Certamente, conversaremos sobre ele após a sua leitura. Depois devolva e agradeça à Solange por mim, por favor. Ela também pretende lê-lo em breve.

∽

Após chegar a casa, tomar um banho relaxante e comer alguma coisa, Sofia se acomodou confortavelmente na cama. Recostada em um travesseiro e com o livro da irmã em mãos, estava pronta para mergulhar naquela história.

Tão logo terminou de ler a sinopse, seu coração já batia descompassado, pois ela conhecia aquele enredo, assim como seus personagens principais, pois eram eles que protagonizavam aqueles sonhos repetitivos e intrigantes, que sempre a emocionavam muito. Como poderia haver tamanha "coincidência"?!

Então, Sofia não perdeu mais tempo e começou a "devorar" as páginas do livro. Quanto mais avançava na leitura, mais tinha certeza de que não se tratava de coincidência. Era a história de seus sonhos, e ela era real! Logo as lágrimas caíram, extravasando um pranto de dor e angústia. A cada página que lia, era como se estivesse revivendo, com detalhes, as passagens de seus sonhos.

Sofia avançou na leitura até altas horas, quando não aguentou mais, adormeceu abraçada ao livro. No dia seguinte, acabou a leitura dentro do ônibus, a caminho do hospital, onde o pai melhorava a cada instante, para a alegria dos seus familiares, sobretudo de Adelaide.

Chegando ao hospital, com os olhos inchados de tanto chorar, foi direto para o lavabo na sala de espera. Passou uma água sobre o rosto e retocou a maquiagem. Depois seguiu para o quarto do pai. Adentrando o recinto, cumprimentou a mãe, a irmã e conversou um pouco com Vicente. Por fim, devolveu o livro a Solange, recomendando-lhe a leitura, e despediu-se de todos.

De imediato, Solange havia percebido certo desconforto na irmã e, antes que ela se fosse, segurou-a pelo braço e indagou:

— O que houve, Sofia? Por que está assim, triste, abalada?... Não sei ao certo.

— A resposta está neste livro, minha irmã. A propósito, Bernardo pediu-me que lhe agradecesse por ele. Leia-o. Depois conversaremos melhor. — Beijou-lhe a face carinhosamente e saiu.

No caminho para a casa dos Pedrosas, um turbilhão de pensamentos, imagens, sensações, emoções e sentimentos bombardeavam-lhe a mente. Imersa em tais pensamentos, seguiu o seu dia de trabalho um tanto emocionada e irrequieta, embora tivesse conseguido disfarçar bem.

No dia seguinte, Sofia resolveu faltar à aula na faculdade para poder visitar Bernardo. Estava ansiosa para discutir sobre o livro com ele.

Foi com euforia que adentrou o quarto do advogado, ávida por aquele momento, aguardado, a muito custo, ao longo de todo o seu dia. Vendo-o sentado na cama, terminando de realizar um pequeno lanche noturno antes de dormir, Sofia aproximou-se, beijou-lhe os lábios suavemente e considerou:

— Você também reconheceu nesse livro a história de meus sonhos repetitivos, não foi, meu querido? Poderia me dizer o que acha de tudo isso?

Bernardo ficou em silêncio, segurou as mãos dela com firmeza e a fitou nos olhos.

— Sofia...

— Sim?

— Se eu lhe perguntar uma coisa, promete que me responderá com toda a sinceridade?

Ela franziu o cenho, com certo desconforto e expectativa.

— O que você quer saber, meu querido?

— Primeiro quero saber se me promete que será sincera. — E sorriu para ela, carinhosamente.

Ela hesitou um instante.

— Está certo — disse, finalmente. — Prometo.

— O que você sente... quando está ao lado de Mário?

Sofia ruborizou-se e estremeceu por dentro, desvencilhando as mãos das dele subitamente.

"Por que será que ele está me fazendo essa pergunta?", indagou a si mesma. "Será que percebeu algo? Ou pior... será que Mário lhe disse alguma coisa?"

— Por que está me perguntando isso? — disse finalmente.

— Primeiro me responda, por favor, depois explico. Fique tranquila. Pode falar a verdade.

Sofia sentiu que estava diante da oportunidade de se redimir diante de uma atitude que nunca julgou correta — a de esconder de Bernardo o que sentia por Mário. Ela baixou a cabeça e ficou em silêncio durante alguns instantes, reunindo forças e coragem. Depois ergueu novamente a cabeça e fitou Bernardo nos olhos.

— Perdoe-me, meu querido... — murmurou, meneando a cabeça negativamente. E sem mais conseguir conter o pranto, desabou a chorar.

Bernardo a puxou para si e a abraçou com carinho, afagando-lhe os cabelos.

— Não chore assim, minha querida. Não precisa sentir-se culpada por nada.

— Co... como não? — retrucou ela, soluçando, abraçada a ele. — Eu lhe escondi uma coisa tão séria dessas, e agora você descobriu tudo — não sei nem de que forma —, mas sei que eu deveria ter conversado com você antes e lhe falado tudo, desde o início. Envergonho-me de minha fraqueza.

Ela afastou-se dele e, enxugando as lágrimas com as mãos, o fitou novamente.

— Você não vai me perdoar, não é? Não mereço perdão. Ao mesmo tempo... juro que tentei sufocar esse sentimento dentro de mim e...

— Por favor, Sofia — interrompeu ele —, me escute. Sente-se aqui ao meu lado. Precisamos conversar longamente.

Ela sentou-se e Bernardo começou:

— Veja bem, minha querida, os laços de afeto, simpatia e semelhança de inclinações não são destruídos após o desencarne e reencarnações, pois a verdadeira afeição espiritual é a única que sobrevive à destruição do corpo e também a sucessivas encarnações. Assim, muitas vezes, espíritos ligados por sentimentos verdadeiros de amor, amizade, afeição... seguem juntos em uma próxima ou em várias encarnações consecutivas, reunindo-se numa mesma família ou num mesmo círculo afetivo, e trabalham juntos para o progresso espiritual de todos. Porém, o passado em forma de presente não nos faz chamar, para nosso ciclo afetivo, apenas os afetos. Trazemos também, principalmente, aqueles com os quais possuímos dívidas a resgatar...

Bernardo seguiu relatando para Sofia tudo o que lhe fora revelado durante sua experiência de desdobramento vivenciada logo após a leitura do livro.

Após esclarecer todos os pontos referentes ao passado e o presente que os unia, ele a fitou com um olhar fraternal e considerou:

— Por tudo isso, minha querida, eu queria que você soubesse que... bem, de minha parte, você está livre para retomar a história de amor com Romero — ou Mário —, que foi tragicamente interrompida.

Os olhos de Sofia marejaram, ela abraçou Bernardo calorosamente e murmurou:

— Muito obrigada, meu querido, por tudo. Eu o amo muito. Muito mesmo!

Depois de alguns minutos, eles se afastaram e se olharam nos olhos.

— Eu também a amo, Sofia. E penso que vamos continuar unidos por esse amor até o final de nossos dias.

petit

Sofia deslizou a mão sobre o rosto dele, carinhosamente, enquanto o envolvia em um sorriso afetuoso.

— Que Deus o abençoe, meu querido!

— Que Ele nos abençoe a todos!

CAPÍTULO 34

Finalmente, juntos!

Durante o restante daquela semana, Mário estivera em uma viagem de negócios, retornando no sábado logo bem cedo.

Encontrou Sofia na companhia de Mariana e João Eduardo em um piquenique improvisado no jardim da casa, sob a sombra de árvores robustas. Eles estavam sentados sobre uma toalha extensa, quadriculada em tons de vermelho e branco, sobre a qual havia frutas, sucos, pães, bolos e geleias.

Sofia usava um vestido de tecido leve e solto, no tom branco, salteado com flores de cores claras, além de um chapéu bege de abas largas. Sentia-se leve como o seu vestido ao vento; como as borboletas e os pássaros que se aproximavam para atestar a atmosfera de paz e harmonia que os envolvia naquele momento. Tinha resolvido sua situação com Bernardo da melhor maneira possível, e isso libertara seu coração da culpa que estivera sentindo nos últimos meses.

Vendo Mário se aproximar, ela rememorou as passagens do livro que descreviam os encontros entre Maria Eugênia e Romero, nos quais seu coração disparava descompassado ao fitar o amado

aproximar-se, mas desta vez era diferente. Eles estavam livres de perseguições e empecilhos que outrora os impedira de viver plenamente o amor que sentiam um pelo outro.

— Papai! — disse Mariana, feliz, ao perceber a presença do pai ainda ao longe.

Quando já bem próximo dos três, Mário parou e retirou os sapatos e as meias, para sentir a energia da grama fria verdejante penetrar-lhe pela sola dos pés e fluir por todo o seu ser.

Caminhou um pouco mais e parou diante do limiar da toalha de piquenique, envolvendo os três em um olhar de muito amor. Durante alguns instantes, contemplou em silêncio aquela cena extasiante — Sofia, linda e serena, fitando-o com olhos brilhantes e apaixonados, ao lado de seus dois filhos queridos, saudáveis e sorridentes, emanando felicidade e paz interior.

— Posso me juntar a essa festa? — indagou, finalmente, sorrindo.

— Ah, papai. Não precisa nem pedir — disse Mariana, feliz. — Sente-se logo conosco. Que bom que chegou!

Mário sentou-se ao lado deles, beijou-lhes na face e cumprimentou Sofia apenas verbalmente.

— Não vou nem me dar ao trabalho de perguntar se estão bem, porque isso já vejo nos rostinhos de vocês — disse ele, sorrindo para os filhos, enquanto pinçava-lhes as bochechas coradas.

— Sim, estamos muito bem — falou João Eduardo.

— E agora que o senhor chegou... — comentou Mariana. — ... Agora estamos completos.

— E você, como está? — indagou Sofia. — Como foi de viagem?

— Tudo correu muito bem, graças a Deus! Estou um pouco cansado, mas este lugar... estar aqui ao lado de vocês... Sinto como se minhas energias estivessem se renovando como mágica.

— Entendo. Nada melhor do que respirar esse ar puro... estar em contato com a natureza e...

— E ao lado daqueles que amamos — completou Mário.

Sofia corou e desviou o olhar para uma borboleta que Mariana mostrava a João Eduardo.

— E você, Sofia? — perguntou Mário. — Como tem passado? Você e Bernardo já decidiram a data da nova cerimônia de casamento?

Ao ouvir a pergunta do pai, rapidamente, Mariana desviou o olhar na direção dele e se antecipou:

— Ah, papai... Essa é uma novidade que o senhor ainda não sabe.

Mário franziu o cenho, curioso.

— Que novidade?

— Sofia não vai mais se casar com o tio Bê — respondeu Mariana.

— É — ajuntou João Eduardo. — E, com isso, ela não vai mais nos deixar.

Mário fitou Sofia de súbito, boquiaberto e esperançoso.

— É verdade, Sofia? Vocês não... digo, vocês desistiram de oficializar a relação?

— Não — respondeu ela, sorrindo exultante.

Mário entristeceu.

— Então... apenas adiaram a data?

— Nem uma coisa, nem outra.

— E o quê, então?

— Somos agora apenas bons amigos — falava com um sorrisinho maroto e as sobrancelhas arqueadas.

Mário não conseguiu conter a felicidade que àquelas palavras lhe imprimiram ao penetrar os ouvidos e sorriu de satisfação, tal qual uma criança diante do doce.

— Verdade? Bem... digo... Mas está tudo bem entre você e meu amigo, não é? Foi um rompimento amigável, sim?

— Estamos muito bem, sim. Não se preocupe. Surgiu um fato novo em nossa história e, depois disso, conversamos e resolvemos seguir apenas como grandes amigos.

Mário sentou-se ao lado dela, enquanto as crianças se distraíam com alguns pássaros que se aproximaram para recolher as migalhas de pão. Em seguida, tomou suas mãos entre as dele e disse:

— Sofia, assim que possível, eu gostaria muito que você me contasse tudo o que aconteceu entre vocês. Não estou me sentindo muito bem com essa notícia... Quer dizer... com relação ao meu amigo. Você sabe...

— Já disse que pode ficar tranquilo. Eu lhe contarei tudo e verá que não tem culpa de nada. Quer dizer... não assim, da forma como está pensando. Está tudo bem, acredite em mim. Eu, Bernardo, você... Continuamos como sempre fomos: muito amigos.

Mário respirou aliviado.

— Assim me sinto bem melhor, sobretudo, para fazer o que pretendo fazer neste exato momento.

— E o que você...

— Shh — Ele tocou os lábios dela suavemente, interrompendo-lhe a fala.

Em seguida, com cuidado, retirou o chapéu que ainda estava na cabeça dela e o posicionou na frente deles, de modo a se esconderem das crianças. Por fim, aproximou-se dela, lentamente, e a beijou nos lábios com todo o seu amor, demoradamente.

Mariana e João Eduardo viraram-se na direção do casal e, percebendo o que estava acontecendo, sorriram felizes, enquanto aplaudiam a cena.

— Não adianta se esconderem — disse Mariana, com astúcia.

— Isso mesmo — ajuntou o irmão. — Nós sabemos bem o que estão fazendo aí atrás desse chapéu.

Sofia e Mário não conseguiram conter o riso. Mário abaixou o chapéu e, sorrindo, fitou os filhos e disse:

— Ah, é? Se são tão espertinhos assim, saibam que é isso mesmo o que vocês estão pensando. Nós nos beijamos porque nos amamos e vamos nos casar em breve.

Sofia sorriu desconcertada.

— Finalmente! — exclamou Mariana.

— Que maravilha! — completou João Eduardo.

— Agora... — falou Mário, com um sorriso malicioso —, em consideração a vocês dois... sem o chapéu — E beijou Sofia de súbito, na frente dos filhos, com muito amor. E as crianças voltaram a aplaudir o casal, felizes como nunca.

A um canto do jardim, Elizabete os observava, satisfeita e com o coração transbordando de felicidade. Aquela missão estava cumprida. Pelo menos, por enquanto, haveria um longo período de paz e harmonia entre todos eles.

∽

Duas semanas depois, em um sábado ensolarado e de temperatura amena, Adelaide ofereceu um animado almoço em sua casa, para comemorar a recuperação de Vicente. Sofia compareceu acompanhada de Mário, Mariana, João Eduardo, Margarete e Joaquim.

Os familiares de Sofia já sabiam de seu relacionamento firmado com Mário. No entanto, o pedido oficial de namoro feito por Bernardo a Solange pegou a todos de surpresa, com exceção de Sofia e da irmã, que conheciam bem a história de Josué e Maria. Também, uma vez estando em processo de divórcio, Joaquim dera início a um relacionamento amoroso com Margarete.

Após a investigação da polícia — que conseguiu encontrar o homem que havia atentado contra a vida de Bernardo —, foi constatado que Violeta fora a mentora e mandante do crime, cuja intenção era atingir Sofia e vingar-se da jovem. Procurada pela polícia, ela conseguiu fugir para outro estado; porém, com a ausência do filho, estava sucumbindo à depressão e veio a falecer de tuberculose três meses depois.

Seis meses haviam se passado, Mário e Sofia, assim como Solange e Bernardo, marcaram a data do casamento — no mesmo dia. Resolveram que fariam uma cerimônia única de união civil, com a presença de familiares e amigos íntimos. O evento ocorreu no salão de festas da casa de Mário, e todos estavam radiantes de felicidade. Um ano depois, Solange e Sofia engravidaram, também à mesma época, agraciando os dois casais com a bênção da vida e chegada de duas crianças ao ciclo daquela família feliz.

Assim, a paz, a harmonia e a felicidade reinaram naquele ciclo de pessoas durante longos anos, mostrando que, quando o amor e o destino se encontram, o Universo e as Leis Divinas conspiram em benefício de todos, rumo ao progresso do espírito.

Fim

Ao terminar a leitura deste livro, talvez você tenha ficado com algumas dúvidas e perguntas a fazer, o que é um bom sinal. Sinal de que está em busca de explicações para a vida. Todas as respostas de que você precisa estão nas Obras Básicas de Allan Kardec.

Se você gostou deste livro, o que acha de fazer que outras pessoas venham a conhecê-lo também? Poderia comentá-lo com aquelas do seu relacionamento, dar de presente a alguém que talvez esteja precisando ou até mesmo emprestar àquele que não tem condições de comprá-lo. O importante é a divulgação da boa leitura, principalmente a da literatura espírita. Entre nessa corrente!